# 近世の王権と仏教

大桑斉著

思文閣出版

# 序言――なぜ、近世、王権、仏教、なのか――

徳川将軍治下の二百六十余年は、江戸時代と呼ばれ、近世と歴史に位置づけられるが、勿論当時にこのような呼称があったわけではない。東照神君ないしは東照大権現の始め給うた、公方様の治められる世、これが同時代人の認識であった。神君・大権現という神ないしは仏が創始した神聖なる体制を意味していよう。その天下を治める公方様を始め各地の殿様は、この神仏の心を体して民を憐れむ仁政、慈悲の治国を為す存在であった。大権現の公儀がおさめる江戸の世界は、宗教を公から締め出して私的領域に封じ込めた近代からは、異郷である。

このような認識を踏まえた近世史研究があるのだろうか。宗教を重視する研究動向が全くないわけではないが、体制そのものが神聖性を帯びるという視点はないように思う。それとは逆に、徳川将軍治世の江戸時代、近世という世界は、宗教世界中世を克服した世俗世界であり、権力も国家も社会も思想も脱宗教であり、それを深化させて近代という非宗教世界を目指した、このような認識が基本となってきた。

渡辺京二『逝きし世の面影』（平凡社ライブラリー、二〇〇五年、初出は葦書房、一九九八年）という書物は、近世を近代の異郷として描き出そうとしていることで注目されねばならない。幕末・明治の外国人の見聞記を素材にして、滅亡した「江戸文明とか徳川文明」と称される一つの文明のありかたを描き出した大著である。「文明」とは、「歴史的個性としての生活総体のありよう」で、「ある特定のコスモロジーと価値観によって支えられ、独自の社会構造と習慣と生活様式を具現化し、そのありかたが自然や生きものとの関係にも及ぶような、そして食器から装身具・玩具にいたる特有の器具類に反映されるような、そういう生活総体」（一〇頁）である、と規定される。そのコスモロジーのもとで、「当時の日本が自然環境との交わり、人びと相互の交わりという点で自由と自立を保証する社会だった」、「浜辺は彼らの自身の浜辺であり、海のもたらす恵みは寡婦も老人も含めて彼ら共同のものであった。イヴァン・イリイチのいう社会的な「共有地《コモンズ》」、すなわち人びとが自立した生を共に生きるための交わりの空間は、貧しいものも含めて、地域のすべての人びとに開かれていた」（一三一頁）、このような文明であった、という。それは近代とは明らかに異なる世界であった。その文明での宗教や信仰に関しては、「熱烈な信仰からは遠い国民である。しかしだからといって非宗教的であるのではない」といわれる。そこで宗教とされるのは「生活のよろこびと融けあった」、「心安く親しみのある宗教」（五三八頁）であり、「日常を越える聖なるもの大いなるものの存在を感知する心でもあった」（五四五頁）。だから、プロテスタント系の外国人観察者にとっては、それらは宗教とは異なると見なされたし、当時の、さらには現代の日本の知識人層の宗教観もそれと一致する、という。その視点から日本人は信仰に程遠いといわれて納得してきたのである。近代人・知識人からは宗教と見なされないような宗教心の世界、これが江戸文明だったということになろう。近世史研究者がおちいっている観点からは、宗教に見えないような宗教によって成り立っているのが徳川文明なのである。

歌舞伎十八番の内に『景清』という演目がある。古浄瑠璃や幸若に淵源し、近松はこれを素材に『出世景清』として浄瑠璃化した。拙著『民衆仏教思想史論』（ぺりかん社、二〇一三年）では、この作品は観音信仰に生きた平家の勇将景清が観音威力の庇護の下で頼朝を付け狙う物語として捉え、民衆に仏教が住み着いていると述べた。やがて団十郎によって歌舞伎十八番中の一つとして演じられ、同じく景清を主人公とする『関羽』『解脱』『鎌髭』とともに景清物という一連の荒事の重要演目とされた。これらでは、景清は関羽の化身となり、観音が身代わりになって牢破りに力を貸し、最後は『道成寺』を下敷きにしての鐘入りで解脱にいたる。景清という荒人神の成仏の物語なのである。人びとはこのような形で、渡辺京二のいう日常を超えた聖なるものを感知していたといえないだろうか。世俗的に見える日常生活は、その根底に聖なる世界との繋りがあった。これを問題化するところから、近世宗教世界という視座が生まれる。

江戸の世界に、天皇と将軍という二人の王が存在したともいわれる。その内で実際の統治を担当したのは紛れもなく将軍であり、王権という概念を領域の領民統治に置けば、江戸の王権は将軍であった。統治には被統治者との合意が不可欠であるから、被統治者の民衆が宗教世界に住む存在ならば、王権がこれを統治するという合意調達は宗教を媒介にせざるを得ない。江戸世界の宗教性を問題化するには、王権と宗教の関係論が必然である。

ポスト近代の今、現代にいたってにわかに宗教が注目を浴びてきた。近世・近代という世俗化社会で意義を失ったかに見えた宗教が復活したのだろうか。そうではなかろう。宗教は退場したのではなく、近代という眼が宗教を見失っていたのである。近代が終わったと認識されたときに、宗教を見る眼が復活したのである。近時、明治・大正期に、予想外に仏教が意味を持っていた、知識人たちが意外に仏教に着目しているということがいわれ出した。近代に遭遇した知識人たちが、近代思想によって仏教を再評価しようとしたというのである。しかしそれは、知識人という階層による宗教の近代的認識であって、一般民衆の仏教、とくに信仰としての仏教が、例外的に妙好人などの信仰を別にすれば、評価されたわけではなく、江戸以来の遅れた迷妄の内にあった、という評価は動いていない。

江戸が宗教的世界であったとしても、それは近代的宗教、信仰から見れば、さほど評価すべき質を持っていない、という大前提が揺いでいない。しかしその中で、習俗的宗教と異なって、救済信仰という様相を持つ真宗という存在が、ようやくにして認知され出した。と同時に、それは真宗という特殊な事例である、真宗特殊論として批判され出した。習俗的宗教を基準とするから救済信仰が特殊となるが、宗教学的には真宗は一切衆生の無条件救済を掲げる普遍宗教であり、習俗的信仰の方が個別的な民族宗教なのである。特殊と普遍が逆転されねばならない。

しかしそれだけなら、習俗的信仰を遅れた特殊として否定するだけに終わってしまい、江戸世界の宗教性論は空中分解する。そうではなく、その両者を総合して近世宗教が論じられねばならない。別途に『民衆仏教思想論』を著わしたのは、そのような習俗的宗教地帯の民衆仏教を論じながら、その根底において普遍宗教としての救済民衆仏教と通底するものを発見しようとしたことに他ならない。

本書はこうしたことを念頭において、王権論を中心にした第一部と、近世を仏教が土着した世界として論じた第二部で構成した。さまざまな機会に発表した論文・講演に新稿を加え、それら相互の関連性を配慮して修正や増補を試み、各章の成り立ちについての短いコメントを冒頭に記した。

# 目　次

# 第一部

# 将軍権力と仏教

# 第一章　近世国家の宗教性

『日本史研究』600号（二〇一二年八月）「特集　国家の形成を捉え返す」所収。編集部から「近世国家の宗教性」というテーマで執筆を依頼されての論文である。研究史を総括して整序することで課題に迫ることを意図した。宗教史・思想史からの研究と政治史・国家史などの研究が交わることなく併存している研究状況の打破を企図し、本書の総論の位置にある。本書収録の既発表論文中で最も新しい論文で、それ以前に発表した関連論文とのかかわりは末尾の「参照文献一覧」に付記した。また修正を必要とする箇所に＊印で注記を加えるなど、最小限の変更を加えている。

## はじめに

近世国家の宗教性という課題を与えられた。史料を駆使しての実証研究ではなく、近世国家論の研究の状況を宗教に視点をおいて総括することで責めを果たしたい。

国家の宗教性とは、国家に付随する宗教的側面という意味ではなく、国家自体が宗教的性格を有している、宗教にもとづいて編成されている、宗教的権威によって成り立っている、というような意味と解される。日本近世国家は、「聖教分離の俗権力による国家」（勝俣96）というように、脱宗教性、世俗性が強調されてきた。近来、渡辺浩10が一連の研究から「徳川家は、この世を超越する者を危険視した以上、逆にこの世を超越する者によって自らの支配を正統化することもできなかった」、「ただ強者として支配すればいいのである」という御威光支配論を強調するのは、世俗国家論の一つの帰結であろう。そのことを改めて問うのが今回の課題で、近世国家を宗教性において捉え返すことが要請されている。

近世国家論で正面から宗教性を問うた研究は見あたらない。信長・秀吉・家康の「神格化」が問題として一般的に認識されたが、それが国家の宗教性という問題として検討されたことはない。そもそも「神格化」は、朝尾直弘71が信長が「「神にして不滅なるもの」として尊敬される」ことを求めたと提言したことに始まり、そこに大名領主の「上に立つ絶対者」としての「将軍権力」の構想を見た。朝尾は、信長の王権に神聖性超越性を見、そこから展開した「将軍権力」が近世国家編成の根幹となったと、王権に超越性絶対性を認めるが、それを宗教性とは見なさず、従ってその「将軍権力」による国家に宗教性を見ない。以後この路線が継承され、王権に超越性を認めることがあっても、国家に宗教性を見ることはなかった。ただ一人深谷克己78は天皇は公儀の「金冠部分」であり、幕藩制国家を「宗教的・身分的諸観念を国家序列のうちに総括する封建的「権威」として天皇を置く封建的王国形態をとる封建国家」と規定し、「幕藩制国家の非宗教的性格、と理解されている通説的認識を批判する」ことを提起している。

## 一　王権論の理論と近世王権論

王権論は近世でも盛んである。大津透06は、王権は、A・M・ホカートの『王権』86のように文化人類学などでの国家以前の未開社会の権力や権威、「王の神聖性」を分析する概念であるとしながら、荒木敏夫97の王権の三区分――①王の権力、②王を王たらしめている構造・制度、③時代を支配する者・集団の権力――も「神聖王権」の概念が踏まえられていると言い、文化人類学的・社会史的王権概念の有効性を認めているから、近世王権論もまた文化人類学的「王の神聖性」概念を適用し得るはずである。

水林彪他二人編『王権のコスモロジー』98序において水林は、王権の内在的論理解明の方法である「王権の詩学」を方法として、王権に「権力とこれに服従する人々を一個の幻想的な共同体へと編成する機能」を見出した。水林は近代国家を想像共同体と捉えるベネディクト・アンダーソン87の論を踏まえていると思われるが、近世王権論ないしは国家論に「王権の詩学」が方法的に共有される必要があるというのであろう。「幻想的な共同体」編成を王権の機能と考え、加えて、前資本制社会での「人格的身分制的関係は、〈人神（血統カリスマ）崇拝〉〈人格的、身分制的関係は、血統という人々の身体的属性の帰結であるとする観念〉に支えられつつ、〈儀礼〉という可視的な制度に表現されて再生産される」と、王権によって編成される「幻想的共同体」は人神崇拝を必然とすることをいう。

近世で王権・国家を成り立たしめる内在的論理、荒木敏夫的にいうなら、王を王たらしめ、国家を国家たらしめている構造・制度の解明が課題になる。軍事政権として成立した徳川将軍権力を王たらしめる支配体制の構造・制度が国家であり、それには権威が問題になる。「幻想共同体」として近世国家が成り立つには、如何なる権威的装置が必要だったのか。王権の権威装置として「神格化」という問題が捉えられねばならない。

安丸良夫02では、ホカート『王権』は、天皇をも適例として世界各地の王権を総括して、「絶対的超越的な神聖王権のイメージ」を提示し、「一人の神聖な王に体現され」た「王権には、元来、人々の想像力に訴えて、世界の全体性をコスモロジー的に代表してその支配下の共同体に臨む、宗教的権威性がそなわっている」と、王権とコスモロジー的・宗教的権威との不可分性がいわれる。「王権の正統化イデオロギーが宗教的形態をとることの究極的な根拠は、民衆の生活様式が宗教的性格をもっていることに対応しており、そのことをふまえての、権威と権力を兼備した超越性が王権なのだ」と、民衆の宗教性に王権宗教性の究極的根源を想定している。安丸良夫92でも、信長の「天下」は、①武威―権力的支配秩序、②天皇―官位制など儀礼秩序、③寺社―宗教的宇宙論的秩序の三重構造で、①のみならず「統一権力の形成過程は、②③の次元をともなってはじめて有効に展開しえた」と、武威・儀礼・コスモロジー・宗教を統合する超越性において王権がいわれている。民衆の宗教性が前提にあるからである。

列島統一過程に、社会学者上野千鶴子88はパシフィケーションという概念を適用する。植民者と宣教師が原住民の戦闘を禁止し独占する平和、というより「鎮圧」であるが、日本では植民者ではなく、内部の政権によってなされたと、近世国家の成立を民衆征服と捉える議論を提起した。この「鎮圧」された「平和」には、民衆の日常的宗教性がつきまとう。さらに上野は、国家・王権の自己認識に不可欠な、外部を特権的にコントロールする権力、外部の独占権、それを王権と呼ぶという国家論を提示する。外部とは空間的領域外のみならず、認識の外部つまりは超越的な不可知な領域でもある。これを享けて中世王権論で新田一郎06は、「認識の〈外部〉におかれた「カミ」のはたらきを〈内部〉へと穏やかに導入し、世界を平穏ならしむること」で「神聖王権」となると提言する。「鎮圧」による内部形成と、超越性という外部導入、その内部と外部がともに宗教性においてあることで国家・王権もまた宗教性を帯びる。近世王権論に十分援用できる理論である。

近世王権論にはこうした王権論の反映がない。堀新06は研究史を整理して、王・王権を一つとみるか（武家を王・王権とみるか）が問題であるとし、王権を一つとみる単独王権論（吉田昌彦）・公武結合王権論（堀新）、武家をも王権と見る徳川王権論（大桑斉・曽根原理）・二人国王王権論（荒野泰典・紙屋敦之・黒田日出男）・複合王権論（山本博文）に区分する。藤田覚06も二人国王説（荒野泰典・紙屋敦之・黒田日出男）・複合王権説（山本博文・堀新）・徳川王権論（曽根原理・大桑斉）・天皇国王論（吉田昌彦）と分類する。このような研究史整理自体が問題で、近世国家の宗教性という視点、その内での天皇論、あるいはその宗教性を問題にする視点が捨象され、天皇と将軍のいずれが王かという問題に限定されてしまっている。

池享06では、網野善彦02の「人の力をこえた聖なるものへの畏怖、信仰、宗教」が王権を支えるという論をとりあげるが、「王権」との結びつきが不明であると批判し、またヨーロッパ王権研究での樺山紘一02の、国王は超越性・神秘性を有するという見解を、「歴史学が対象とする王は、人類学的「王殺し」で犠牲として捧げられるような象徴的存在ではなく」と一蹴する。池論文を収録する編者大津透の提言に反して、社会史や文化人類学の王権論を退けている。加えて池は、荒木敏夫の王権の三区分論から、①王の権力を王権、②〜③を王権論として区別すべきという。網野や樺山は王の権力を問題にしているのであって、王権の構造をとりあげる王権論ではないと批判しているのであろう。それなればこそ近世国家の宗教性が問題になるはずであるが、それを課題とする大桑02・曽根原説も武家王権論の一種としか捉えられていない。

## 二　近世国家形成の諸契機と宗教性

近世国家の宗教性は、国家形成の諸契機とのかかわりにおいて出現する。近世国家形成のいかなる必然性が宗教性に帰結したのか。

一般に、国家は、一定地域を領域として限り、その内部を秩序化し均質化して外部を差異化し、中間の周縁をも内部に取り込む。内部・外部・周縁を画し、かつ一元化する観念、差異化し均質化し、秩序化されたコスモスとして世界を捉えるコスモロジーがそれを支えるが、領民の日常性が宗教によっているとき、宗教的超越者としてコスモスの主体が出現する。この超越的主体がカミであり、その威力のおよぶ領域が国家、その威光によって統治する者が王である。国家・王があらゆる他者に対して超越性を持つというイデオロギーとなる。超越王権は内部に対して「神格化」をもってし、外部に神聖国家を標榜し、反転して内部にもその観念を普遍化し、周縁にはそれに従属した神々や宗教者を配置する。

日本の近世国家は、兵農分離というパシフィケーションによって武家領主が民衆を支配する装置である。支配者たる武家政権は、被支配民衆の宗教的日常性が宗教的超越的コスモロジーに立脚するから、それを吸収する装置を必要とし、「神格化」をもって対応し、宗教的超越的コスモロジーを用意する。統一政権による近世国家形成過程においては、民衆の宗教性への対応から超越王権を確立すべく、権力者が神聖化を遂げたのであるから、これを近世国家が宗教性を必然とする〈民衆的契機〉と呼ぶことにする。

その対極には、パシフィケーションを遂行し維持する主体として武家領主の一元的結集が強化されねばならない。主君と家臣、将軍と大名など領主間関係がカミへの誓約によって成り立っている（倉地克直76、朝尾直弘88・91、深谷克己03）ように、領主的結集もまたカミによって支えられている。主君の祭祀・祭礼がそれを再生産する。さらには、結集した領主間に階層的な秩序が形成されると、その最高位者は、同輩中の第一人者から飛躍して、絶対的超越性を獲得して王をめざす。領主間結集の宗教性が王権の超越性、神聖化、宗教性を必然とする。近世国家の宗教性は〈民衆的契機〉とともに〈領主的契機〉にもよっている。

近世国家形成を民衆と領主の対決克服の過程と見る以上のような見解は、この時期を変革期と見なす史観と連動しているが、九〇年以降、中世近世移行期とする史観が隆盛となって、否定的に見られるようになった。池享10では、「幕藩制国家の成立は日本列島上の政治的統合の進展・強化の帰結であり、戦国争乱はその過程で起きた統合をめぐる主導権争いや抵抗の圧伏」と、「社会集団」の矛盾抗争と秩序維持システム「公儀」の形成過程と見なした。そこでは、「横並びの一揆的性格の強い秩序を、主従制に基づく縦の関係を基本とする秩序へと組み替え」がなされた、という。これが移行期論の大枠であろう。横並びの一揆は、国人一揆・惣国一揆あるいは大名家中の一揆的結合という例で論じられ、民衆の一揆という捉え方はない。一向一揆も神田千里95によって

「宗派としての本願寺教団のために戦った」と社会集団抗争と見る。そこでは、その抗争が社会集団を横の関係から縦の秩序へ組み替えるというテーゼに言及がなく、変革期否定に問題を残している。

移行期論には民衆が見えず宗教がない。社会集団間抗争の秩序化の帰結が国家であれば、国家は民衆支配装置ではなく秩序維持の調停装置となる。社会集団に超越する宗教性は必要ではなく、国家の宗教性も問題にならない。移行期論が抹消した民衆、その宗教性、そして国家の宗教性という問題が、さらには「変革」が、いま問題的に再浮上している。移行期論では回答不能であろう。

国家形成には、内部的契機とは別に、外部＝異域との差異化を課題とする〈対外的契機〉が随伴する。日本型華夷秩序観念によって神聖化された国家を内外に誇示する神国観念が主張された。もう一つの外部である異界＝死者の領域に対しては、死後安穏を保証するシステムとして寺檀制度が設けられ、コスモロジー的な異界支配が行なわれる。それを支える僧侶身分を本末制と門跡制で構成した宗派集団たる教団、これらが〈コスモロジー的契機〉における国家の宗教性の装置となる。

〈民衆的契機〉から生まれる王権神聖化は、〈領主的契機〉や〈対外的契機〉にも対応した結果であり、〈コスモロジー的契機〉を根底に置くように、契機自体が相互に絡み合い、そこから個々の宗教事象が成立している。それらを媒介するのが天皇である。権力者神格化や神国観念と天皇の関係性は見やすいし、寺檀制度も皇室の藩屏としての門跡制を媒介にすることで天皇と結びつく。〈領主的契機〉における起請文は、そこに記された神々を媒介にすれば天皇とまったく無関係ではない。近世国家の宗教性は、何らかの形で天皇に結節する側面をもっている。天皇は近世国家の宗教性の直接の表象ではないが、それらと各々関係性を持つ媒介的存在である。深谷の天皇金冠論である。天皇と将軍関係論も、このような視点から見られるべきだろう。

## 三　〈民衆的契機〉＝神格化と〈領主的契機〉＝神体化

近世国家における宗教性の四つの契機を逐次検討する。問題になる王の神聖化を、生前の自己「神格化」と、死後に神と祀られる「神体化」とに区別する。「神として体現する」、死後にその身体（E・H・カントローヴィッチ92の「政治的身体」）が神とされた、という意味であり、両者に差異が見出せる。「神格化」は〈民衆的契機〉から考えられ、神体化ではむしろ〈領主的契機〉が優先したと考える。

### （1）信長自己「神格化」と現当二世救済

信長の生前自己神格化を朝尾直弘71は、一向宗に対抗して現世利益が強調され、「今生と後生を支配する宗教的イデオロギー」となったと捉えた。一向宗との対抗という〈民衆的契機〉が自己神格化を導いたというのである。深谷克己81もまた、幕藩制国家の成立を「人民的諸勢力と対立過程」に見て、統一政権の「始祖」の神格化は「人々の宗教的王国構想」の徹底的な壊滅、無力化であったと〈民衆的契機〉をいうが、現当二世救済というような信仰内容への踏み込みがない。倉地克直著書96の序章は、朝尾を継承して、一向一揆体制原理と対抗克服への志向が信長の神格化となり、現当二世救済を掲げたと言い、幕藩領主においては、農民層を思想的に支配する絶対的統一者としての将軍権力理念を、近世武士団を支配身分として統括する論理として確立することが課題であったという。民衆は信心によって現実生活に能動性を獲得しつつあり、信心における後生の一大事と世俗権力・現実秩序の関係（仏法と王法、後世と現世の問題）という矛盾解決を課題としたと、信心・後生の一大事という民衆宗教性を見ることで、神格化＝〈民衆的契機〉論を前進させ、それを踏まえた将軍権力形成に〈領主的契機〉を見るのである。

信長の神格化そのものを、三鬼清一郎76は、宣教師の記録のみで、史料的裏づけを欠いていると批判した。しかしその一方81で、信長は伊勢神宮の式年遷宮を再興し、善光寺如来を美濃へ勧請するなど、「鎮護国家の思想から民衆の素朴な信仰心までを体現した」姿を見せるが、それは戦国大名・一向一揆との戦いで学びとった戦略、宗教的粉飾であった、という。重要なのは、民衆的信仰心までをも信長が吸収したという点にあり、神格化を否定するにせよ、信長権力の形成に宗教的な〈民衆的契機〉を見ることでは朝尾説にむしろ接近することになった。

### (2)刀狩令の現当二世救済と豊国大明神

信長の〈民衆的契機〉による自己神格化の民衆救済理念を継承したのが秀吉の刀狩令であった。没収した刀脇指は大仏建立の釘かすがいに使用するから「今生之儀者不及申、来世までも百姓たすかる」、百姓は耕作専念によって「子々孫々まで長久」、それが「国土安全万民快楽之基」であるという。民衆の現当二世救済保証に加えて「国土安全万民快楽」という治国安民論へと傾斜し、またそれを保証するのが秀吉ではなく大仏であることで信長と異なっている。

刀狩令を藤木久志75は、「一向一揆との対決のなかで創りだされ」て「関白政権の法」となったもので、百姓は農具、侍は武具という社会理念を語り、百姓の大仏への結縁《けちえん》が今生来世の救済をいうことで「あの信長の摠見寺創建によせたねらいとつきあわせみるべき」と、信長の現当二世救済の〈民衆的契機〉の系譜に位置づけた。その後、刀狩令と海賊禁止令、同時発令の惣無事令を合わせて「豊臣平和令」85と表現したのは、ここにパシフィケーションを見たのである。刀狩令は、『多聞院日記』に「現ニハ刀故及闘諍、身命相果ヲ為助之」とあることから、「武具の惨禍からの現世救済論」であり、それと「大仏建立の仏事への結縁＝来世救済論との、みごとな組み合わせ」で、そこに「万民快楽之基」を見た。現当二世救済が〈民衆的契機〉によって積極化されたのである。ところがその後、朝尾88は藤木が指摘したように刀狩令は大名に宛てた指示であったと認め、「百姓を説得させるための戦略的なイデオロギー」であると〈民衆的契機〉を戦略と見なした。刀狩令に現当二世救済を認めながら、理念か戦略かという微妙な見解の差異が生まれたが、むき出しの権力者自身の神聖化による宗教的支配をさけ、大仏を前面に立てて巧妙にカムフラージュしているだけで、〈民衆的契機〉の継承においては同じであり、手段を弄するだけむしろその政策は深まっている（大桑89）。

秀吉は死後に豊国大明神に祀られ神体化されるが、その神には現当二世救済という理念が見出せない。倉地76では、豊国大明神という神号は日本の惣名「豊葦原中津国」に由来し、秀吉が「和朝之王」として、「公儀の神」となったことを意味し、その祭礼には諸大名が参加し、家康もまた豊臣体制を代表して公的に加わったこと、その七回忌は「公儀の神」として家康の指示によって営まれたが、京都町人の風流《ふりゅう》踊を盛大に展開せしめることで、民衆の不定形な願望や不満を「公儀の神」に直接転轍する演出であったという。豊国大明神は除災と繁栄の神、もっぱら現世の利益を保証する神となったから、刀狩令の理念は継承されなかった。「公儀の神」となること、つまりは領主的結集を意味する「公儀」にとっての神となることは、後生を保証する宗教的救済神ではなく、除災と繁栄という社会的救済神への転換であった。豊国大明神は〈領主的契機〉による権力神であった。

### (3)家康の現当二世救済と東照大権現の「利民」

現当二世救済という課題は家康に引き継がれ、政治理念として掲げられた。第一には、曽根原理96が指摘したことで、駿府において家康が行なった各宗僧侶との論議・法問は、正統八宗を綜覧することで家康が自らを天皇に、同時に超越者転輪聖王に擬するものであり、「家康を神に見立てる儀式」であったと解釈した。家康は生前に神格化を試みていたのである。そのような論議・法問の論題に「現世安穏後生善処」とか「五逆罪人不可成仏」などが見え、現当二世救済が課題になっていたことがうかがえ、それは家康が救済主体に上昇していくことを示すと考えた（大桑02）。第二に、家康の日課念仏や増上寺存応との法問をとりあげて平野寿則07は、それらは、殺生と往生という内面的課題であると同時に、天下太平を実現する社会的課題への対応で、その実現を目指しての生前神格化は、宗教的諸観念を総括する具体的な根拠を獲得しようとするものであった、という。民衆の現当二世救済を目的に家康は生前において神格化を試みていたのである。いま一つ、家康の軍旗に「厭離穢土欣求浄土」と大書されていたことも関連しよう。それは家康個人の願望であるとともに、民衆の願望でもあり、その救済を意味し、徳川政権の現当二世の民衆救済の理念を表象する（大桑02）。

以上のように、徳川政権までの権力者・王の生前における自己神格化は、対峙してきた民衆の現当二世救済という宗教的願望を吸収し、それを保証する権力を構築する〈民衆的契機〉によっているのである。神にあらざる人間が、権力を掌握して神の如くに振る舞い、人びとの後生までをも保証するという、きわめて異常なありかたが現出した。その異常性を克服するには、権力者・王は死後に、その政治的身体を神に上昇させる神体化をとげるしかない。しかしそれは、生前神格化とは異なった権力神の様相を呈してくる。

家康は死後に東照大権現となる。曽根原理96によれば、『東照社縁起』においては、東照権現は、諸神統合の唯一神である山王権現と同体で、仏教の俗諦常住（現象世界こそが真実という観念）の立場から、「仏教による現世利益をもたらす存在」とされている。東照大権現は現当二世救済の神ではなく、現世利益の神となる。また、天照大神が伝教大師から受けたところの、天皇の即位を仏教で意義づける口伝である「治国利民法」も、山王権現＝東照権現の法として、現世利益を意味している。

同縁起を検討してみると、真名縁起では家康は「為二二世安楽君一、今顕二東照大権現正一位一、剰覚三現世安穏後生善処法（中略）必守二山王神道一」と見え、現当二世救済をも目指す如くであるが、仮名縁起では「我は現世安穏後生善処の文に依て家門を繁昌」せしめたが、「有時、我常在此娑婆世界説法教化の文に当て、忽然として大悟」して山王神道にいたり、「東照大権現とあらわれて、広く衆生を度し、別しては家門繁昌にして、氏族永さかえむ、守護神と成たまふ」と見えている。現当二世救済から現世利益の社会的救済へ向かった東照大権現と理解できよう。

信長の自己神格化、秀吉の刀狩令、家康の法問・論議・軍旗〈厭欣旗〉などに見られた現当二世救済という宗教的理念は、秀吉が豊国大明神に、家康が東照大権現に神体化されたときに、「除災と繁栄」・「利民」という社会的救済に置き換えられた。権力者たちが生前に意図した現当二世救済は、死後に神体化されるに当たって放棄され、宗教的救済よりも現世の利民、つまりは仁政、社会的救済が理念に掲げられた。神体化された王は、民衆の救済を掲げるにしても、それは社会的救済であり、それに加えて、後継王権を守護するという〈領主的契機〉によって、神と祀られるのである。それが「公儀の神」である。従って、近世国家の宗教性は、現当二世の民衆救済という本来的宗教性の意味ではなく、きわめて政治的な、現世利益の宗教性において見られることになる。そうであれば、倉地が提言した民衆の信心を吸収する宗教性という問題は、いったいどうなるのか、のちに考える。

## 四　神体化と諸契機

### (1)信長神体化と人神

前節では、〈民衆的契機〉からの神格化が〈領主的契機〉での神体化によって変化し、現世利益的な権力神にいたると考えた。神体化を遂げることのなかった信長においても、〈領主的契機〉が働き、権力神の性格が並存すると想定される。石毛忠81は、信長の政権構想を論じて、天下支配権の根拠を撫民仁政という普遍的政治原理に求め、「麟」を形象化した花押は「自らを聖王に擬」するもので、周の文王にちなんだ岐阜改名などから、「自らを至上の権威（超越神）」とした、それには、「「天下」思想＝『天道』思想に基づいて将軍を追放し（下剋上）」、一方で「自己神格化によって下剋上の運動を断ち切ろうとした」と、下剋上への対応という〈領主的契機〉に神格化の理由を求めた。背景には大名たちの神格化――島津日新遺訓の「吾子孫三代迄は、菩薩の分身也」、毛利元倶起請文の「御父子（毛利輝元父子）御事ハ、氏神」などの事例――があり、それに対して「超越的絶対者として君臨」することを目指したとも考えた。〈領主的契機〉による超越王権論である。

石毛別論76でも、「天下」思想＝『天道』思想では、「一向一揆・法華一揆などを支える宗教イデオロギーを克服することが難しかった」という〈民衆的契機〉のみならず、「家臣・領民・諸大名に絶対権力の把持者、超越的主宰者として君臨しなければならなかった」〈領主的契機〉をも想定して超越王権化を論じ、「権力神」の意図を見出した。さらに石毛の第三論文04では、信長は「「第六天魔王」のような超越的な存在になりきって一向一揆を殲滅」し、「本願寺宗主以上のカリスマ性を身につけて聖俗二世界の新秩序を一元的に確立すること」を目指したと〈民衆的契機〉から王権の超越化を説き、その一方で、下剋上を完全に克服する最高主権者として君臨する新たなイデオロギーを準備しようとしたというように、〈領主的契機〉をも見ている。

信長や大名たちの神格化を人神の成立と見る視点に立てば、戦国期の人と神の関係論という意味での〈コスモロジー的契機〉が問題になる。先に見た水林の「人格的身分制的関係は、〈人神（血統カリスマ）崇拝〉に支えられる」という指摘が想起される。水林の別論06では、「幕藩体制が人的身分制的統合秩序の末期的形態である」といわれるから、人神は前近代の社会結合形態によって必然とされたのであり、四つの契機を超えた社会の基礎構造からの神格化論となる。より具体的な議論として、かなり古くなるが森竜吉59が信長自己神格化を人神と見、本願寺法主崇拝と同質と見なした論があった。戦国期に信長・本願寺法主に通底する人神観念の存在が指摘された。これまた社会構造からの人神論であるが、その後検討されることがなかった。

近年では曽根原理08が、「生き仏」本願寺法主の克服に神格化の必然性を想定し、その思想根拠を、唯一神道の吉田兼倶が「天地にありては神といい、万物にありては霊といい、人にありては心という、心とは神なり」という〈人間＝神〉論に求めた。兼倶は、死者の霊に「大明神」号を授与し、吉田家当主は死後「霊社」と神に祀られた。たしかに「心とは神」という思想は、人を神にする思想原理になりうるし、唯一神道が戦国期に各地の大名と交流して展開した事実からすれば、大名神格化の論理となったことも想定できよう。

加えて、心に神の存在を見、人を神とする思想は、その神が超越神であることを論理化しなければならない。兼倶の神観念は、万物に超越する究極原理を意味し、それが外部存在でありつつ万物内在とするもので、その超越的最高神は諸々の神仏の存在、権威を否定する唯一神ではなく、それらの存在を前提にそれら包摂し従属せしめる超越的な最高神格であった。多神教を前提にそれらを体系化する超越した最高神観念と規定した（大桑89）。〈コスモロジー的契機〉が人神成立の背景に想定され、諸々の大名権力を前提として、彼らに超越し編成する最高権力者「将軍権力」の姿がこれに重なり合う。

超越性に関しては野口武彦93の見解が参考になる。なぜ戦国期に宗教活動が前景に現れ、権力と抗争するのかと問い、「あらゆる宗教は政治権力以上の権威、つまり超越をめざす」が、その超越とは「人間の救済を人意の測知できぬところで決定する至高の存在」で、それが専修念仏という一神教によって土俗化された、という。阿弥陀仏という最高神による一神教の民衆的形成期として戦国期が見られている。野口は、超越の形成＝信長自己神格化＝権力神の成立を言い、それは土俗化された一神教への対抗にあったというから、それは〈民衆的契機〉への応答としての〈領主的契機〉、並びに最高神という〈コスモロジー的契機〉が王権の超越性を生み出したと見なければならない（本書第二部第一章参照）。

### （2）「日輪の子」から豊国大明神へ——超越王権の形成と挫折——

信長自己神格化が〈民衆的契機〉による現当二世救済と合わせて、〈領主的契機〉による超越王権への志向、それが最高神という〈コスモロジー的契機〉を持つことが明らかになったが、秀吉の「日輪の子」自称は、信長神格化とは異なり、〈対外的契機〉が大きな意味を持っている。天正十八年（一五九〇）の朝鮮国王宛書簡に「予当㆓于托胎之時㆒、慈母夢㆔日輪入㆓懐中㆒、相士曰、日光所ㇾ及、無ㇾ不㆓照臨㆒、壮年必八表㆓聞仁風㆒、四海蒙㆓威名㆒者、其何疑乎」と見えるのを初めとして、天正十九年・文禄二年（一五九三）のフィリピン諸島長官宛、文禄二年の明宛・高山国宛などに同様な文言が見える。太陽が母の胎内に入った夢を見て生まれた子であり、日光が遍く照らすように、四海に威名を轟かすことが約束されたというのである。

石毛忠81は秀吉の「日輪の子」自称を「日光感生譚」と呼び、当時の一般的風習であった日輪崇拝を背景に、太陽神にして皇室の祖先神天照大神の分身として「至上の神的権威を付与」するものと解した。さらには日蓮が「教主釈尊をば日種と申、摩耶夫人日をはらむとゆめみてもうけ給る太子なり」と言い、吉田兼倶が「舎那仏の生身は、吾が国土の本主、日月両神（天照大神と豊受大神）の尊形」というように、日輪が伊勢神であり釈迦・舎那仏であるという三教一致的信仰と不可分と、当時の宗教観念と関連づけた。その限りでは〈コスモロジー的契機〉に近い。

ところがその後、北島万次86は、「日輪の子」神話は始祖神話として東アジアに流布する日光・日精による生誕＝「感生帝説」に起源し、五山禅僧によって輸入されて蓄積され、秀吉に起用された西笑承兌らが外交文書に応用したことを明らかにした。「日輪の子」文言は「主として東アジアの周辺諸国や異域に服属を強要する場合の書翰」及び明に対する書簡に見え、「天下・異域統一は天命」と誇示し、日本が「東アジアの異国・異域に君臨する」正当性を主張するものと見なされた。「日輪の子」宣言は〈対外的契機〉から生まれたことになる。これによって石毛説は棚上状態となったが、両説を合わせれば、国内の〈民衆的契機〉の日輪信仰を土台に、東アジア「感生帝説」という神話によって王権神聖性を外部に宣言するという〈対外的契機〉〈コスモロジー的契機〉を複合した神格であり、内に向かっては大仏に現当二世救済を委ねる、このような神格であったことになる。「感生帝説」説は朝尾88に受け継がれ、「秀吉みずからを日輪になぞらえ、「日輪の子」として東アジア地域に君臨することの正統性を強く主張しようと試み」たとされ、北島説は確固たる位置を占めることになった。しかしその複合的神格に関しては放置されたままであった。

諸契機の絡み合いから複合的に捉えたのが西山克93である。「日輪受胎神話」で神々の系譜に連なった秀吉が、大仏千僧会によって仏教諸宗派を豊臣「王家」の宗教として編成し、大仏―刀狩令の現当二世救済を担わせたのである。大仏が地震によって崩壊すると、それに換えて善光寺如来が勧請される。三国伝来の善光寺如来は、インドでの月蓋長者、百済の聖明王、日本での本田善光と続く「輪廻転生の第四のリンクに、秀吉自身を位置づける」ものであった。秀吉は生身の如来に連なり、その如来は堕地獄した天皇を救済したと語られる（『善光寺縁起』）から、秀吉は天皇に対する絶対的な優位に立った。その物語は、さらにはインド―百済―日本という「仏法東漸」を、軍事的に遡行するものとして「唐入り」を意味化し、善光寺如来前での施餓鬼は「大明朝鮮闘死群霊」を管理し慰撫するものであった。善光寺如来によって、秀吉は生身の如来にリンクされ、天皇に優位し、朝鮮侵略は正当され、戦闘死霊を慰撫するものとなったという指摘である。西山説は善光寺信仰という〈民衆的契機〉を背景に朝鮮侵略という〈対外的契機〉に踏みこみ、東アジア神話という〈コスモロジー的契機〉にまでおよぶ秀吉神格化論であり、〈領主的契機〉からも、生身の如来秀吉が、結集した領主たちに超越する王であることを誇示するという意味を持つ。まさに諸契機を総動員しての神格化であった。

秀吉は死後に神体化され豊国大明神となる。生前神格化の発展であるよりはむしろその挫折と考えられる。西山説の以下のような見解がそれを示唆する。朝尾91が、権勢を振るった実力者を神と崇めたのは豊国大明神が最初としたが、それは誤りと指摘し、「鳴動する「始祖」」たちにその先例を見、これに位置づける。「大仏鎮守」の名で阿弥陀ヵ峰に廟所が造営された豊国大明神のモデルは、「「王家」や輔弼家の「始祖」を祀る」京都東山将軍塚、石清水八幡宮、摂津多田院、後鳥羽院御影堂（水無瀬神社）、大和多武峰（談山神社）で、室町・戦国期にはこれら王家や摂関家の始祖たちが国家の安危をめぐって鳴動を繰り返していた。阿弥陀ヵ峰に祀られた当初は新八幡という神号であったが、それは「天皇家第二の「始祖」神を略奪し、豊臣「王家」とその国家の繁栄のために警告し鳴動する秀吉の遺骸、あるいは聖霊」を意味した。しかし「豊国大明神」号へと変更されたことで、天皇家第二始祖から転じて、多武峰大織冠大明神と同列に置かれたことを意味し、「新たな輔弼家の「始祖」神に位置づけられ、位階制的な神々のパンテオンに編入されてしまった」。この指摘に従えば、豊国大明神という神体化は、国家輔弼《ほひつ》の人神の系譜において朝廷に組み込まれ、超越王権への試みは挫折したのである。のちに東照大権現が克服せねばならない課題を残した。河内将芳99は、秀吉神格化は、政権の威信が内外の危機的状況にあって選択された守護神化であると〈対外的契機〉を強調し、それが「「八州之鎮守」を望んだ家康神格化へと受け継がれてゆく」と指摘する。しかし、その間には大きな淵がある。

### （3）東照大権現——超越王権始祖の創始——

家康は遺言で一周忌後に日光に勧請せよ、「八州之鎮守」になろうと命じ、自ら死後の神体化を宣言した。豊国大明神に続いて王権の守護神が成立した。その祭祀は吉田神道か山王一実神道か、神号は明神か権現かの議論を経て、最終的に東照大権現号が決定された。

朝尾直弘75は、神格化を進めた天海の目的は「「八州の鎮守」から日本の鎮守へ、さらに広く東アジア全体に威光を及ぼす一大神格に仕立てるところにあった」とし、『東照大権現縁起』にその論理を見出した。山王権現は、自分は「日域の冥神」と名乗り、「いま此の三界みな是れ我れ有り、其中の衆生悉く是れ吾子なり」と言い、「人間の生死を超えた世界全体に存在する神性として自己を主張」し、「山王一社のほか諸神無し。一切諸神はみな山王の分身」と、「宇宙の根源神」を主張したという。日本は、三輪の金光から三光の神聖が生まれた神国で根本、異域は枝葉だから、朝鮮通信使・琉球慶賀使が日光に参詣し、オランダ商館から献上品があるのは「東アジアの守護神東照大権現の神威を荘厳」するもので、『東照大権現縁起』のいうところを証明するものと見なした。東照大権現の本地たる山王権現は世界宇宙の根源神にして神国日本及び東アジアの守護神とされたのであり、東照大権現は〈対外的契機〉とそれを裏づける〈コスモロジー的契機〉によって性格が規定された。

秀吉が東アジア的な「感生帝説」を採用したのと異なり、東照大権現は神聖性を自家調達することでエスノセントリズムの性格をあらわにする。それはまた、現当二世救済を掲げる家康自己神格化とはおよそ異なる契機から成立し、別の課題に対応したものであり、秀吉の刀狩令と豊国大明神のギャップに等しい。豊国大明神も東照大権現も、王権の要請によって神体化の性格づけがなされ、守護神的性格が濃厚になってきた。

東照大権現を〈コスモロジー的契機〉から問題にしたのが高木昭作89である。『東照大権現縁起』冒頭の天地創成部分は三輪神道によっていて、大日如来の垂迹三輪大明神と同体の天照大神、その天照大神の子孫天皇によって神と祝われた東照大権現は、天皇と国土を守護する役割を与えられ、三輪明神の出現で神国となった日本は諸国に超越すると説かれる。家光は東照大権現を尊崇し、大日―天照大神―天皇―東照大権現―将軍という系譜の正当性が根拠づけられたと論じた。『縁起』は三輪神道によって天皇が東照大権現に優位すると説くことで、自国固有の宗教言説によるコスモロジー的な王権神聖化というエスノセントリズムと規定したことになろう。

曽根原説96は〈コスモロジー的契機〉から東照大権現を意味化する。別論文02では高木説を批判し、山王神道は三輪神道とは別物と指摘し、高木とは逆に東照大権現が天皇に優位すると主張し、高木が反論[03]するという展開があった。曽根原は朝尾にも批判を向け、朝尾が依拠した山王権現を宇宙の根源神とする文言は『法華経』の引用で、山王権現の本体である釈迦が宇宙の根源神であることを示すものであり、釈迦の説法に連なった桓武天皇と伝教大師が政治と仏教を分担して日本を救うと誓約し、伝教大師は叡山で山王権現と出会って釈迦の垂迹であることを明らかにし、次いで天照大神へ「治国利民法」を中核とする釈迦の教えを伝えた、という。釈迦—伝教大師—天照大神と伝承された「治国利民法」が、釈迦の垂迹山王権現から東照大権現に受け継がれるのである。その「治国利民法」とは、先述したように天皇の即位を仏教で意義づける口伝で、現象世界こそ真実とする俗諦常住の立場から俗と聖の一体、王法と神道の一体を悟ることであり、「利民」という文言は宗教的現当二世救済ではなく、社会的救済を意味している。『縁起』における東照大権現は現世の守護神であった。そうであれば、批判にもかかわらず、曽根原説は朝尾説を補強して東照大権現守護神論に帰結する。家康生前の課題であった民衆の現当二世救済に対応する側面が見出せず、信長自己神格化や秀吉刀狩令の〈民衆的契機〉の系譜に連なることがない。

　近世国家において超越王権は、民衆の現当二世救済という〈民衆的契機〉において成立したが、後継王権によって神体化されて守護神となると、現世安穏に傾斜して後世善処が見失われた。豊国大明神・東照大権現ともに後世を見通す性格を持っていない。

　東照大権現の現世的守護神的性格は、家光期の固有の課題に対応していると考えたのがH・オームス[90]である。「遺産相続者である家光」の課題は、「〝受け継いだ〟その最高位」を承認させ、支配体制を「正しい社会秩序なのだと全員に思い込ませる」正当化にあった。「徳川王朝の「始祖」として家康を聖化」し、「聖性を帯びた創業者を継承する者という役割」で自身を権威づけ、「政治的征服の体制であった」徳川権力の成り立ちを忘却させ

〈発生の忘却〉、体制そのものが昔からあった神聖な体制であり、家康は「天道」の体現者であると意味づけた。こうして「軍事権力は、聖なるものとの結合を通じて宗教性を帯びた政治権力へと変質した」のである。オームス説のように、家光ないしは家光期固有の課題という〈領主的契機〉が守護神東照大権現を生み出したと見るべきだろう。

曽根原第二著書08では、山澤学06、野村玄06の研究を参照しつつ、家光守袋に収められていた「いせ天小大しん、八満大ほさつ、とう小大こんけん、将くん、しんもたいも一ツ也」という文書（高木89にも引用）が注目される。天照大神・八幡菩薩・東照大権現という「徳川の守護神と天皇家の守護神が連合」という構想を家光が持っていたという。しかし家光の守袋には「二せこんけん／二世将くん、二世転りん／二世こんけん」と書かれた短冊もあったことからすれば、神々の連合である以上に、家光を二世とすることで始祖神にして転輪聖王であるという東照大権現が創始され、家光という新王権がその神統譜に書き込むまれたことに意味があった。東照大権現と転輪聖王の二世と位置づけることで家光王権も神聖王権となるのである（大桑02）。

家光期には、家光自身の東照大権現信仰や天海による守護神化、沢庵や鈴木正三による仏教的な職分論や治国論による体制の宗教的意味化の営為があったが、加えて『東照社縁起』とは別に始祖神話形成の動向が見られた。広く読まれた『東照宮御遺訓』の原型となる『井上主計頭覚書』が家光期に成立し、徳川政権の武威を担う武道が平時には慈悲を根本とする撫民仁政と表わされ、その慈悲を体現した家康は阿弥陀仏であるという神話が説かれだす。東照大権現は慈悲の阿弥陀仏となることで、社会的現世的救済から、後世救済という課題を担わされることになる。この書は、やがて綱吉の御前で物語られて『松平崇宗開運録』という始祖神話となった。松平家の天下掌握は阿弥陀如来からの授与であるとして王権神授説も説かれた（大桑・平野07）。幕府自前の権威源泉への要求という〈領主的契機〉が、慈悲・仁政という〈民衆的契機〉を吸収して始祖神話が生み出され、幕府という世俗権力は宗教性で荘厳されることになる。

＊神田秀雄14が、上記の家光期から綱吉期の始祖神話形成論を要約紹介して自説へ援用している。寺檀制度の枠外で活発化する民衆の宗教的活動に対応して、綱吉の一連の宗教的対応には綱吉自身が「霊験や利益を享受する頂点に立たねばならないとする発想が含まれて」おり、人びとの意識が現世と後生の現当二世コスモスとそれを主宰し守護する存在の実在を信ずるのに対応して、将軍は「「転輪聖王」であることを自認するほかなかった」、という。そこから、生き神としての民衆宗教の開祖が見通されている。

幕府の「自律的な正当性の源泉を確立する方向」から「家康の神格化とその崇拝の創造」がなされたと捉えるケイト・ナカイ01の提言も重要である。将軍権威の自律性を示すものとして、一六三〇年代には「大君」称号や家康崇拝（日光廟の建て直し、江戸に分祀の寛永寺建立、東照社から東照宮へ、勅使派遣など）など、綱吉段階では寛永寺の寺院複合体の拡大と完成、久能山・東照宮の修理があった。ところが「この目的を達成するためには朝廷の参与を必要とする」という逆説が生まれ、「自律的な戦略と朝廷依存的なそれとの絡み合い」が進行する。これに異議を唱えたのが新井白石で、包括的で議論の余地のない権威を明白にし維持する「礼」――それは「社会的政治的秩序を、底辺に横たわる自然秩序との一致へともたらす呪術的な力」であった――によって、将軍を名実一致の正統な王にすることが試みられた。ナカイの論ずるところからは、東照大権現は、朝廷依存の矛盾を持ちながら、「礼」の根源として幕府の自律的権威性の源泉となったと見ることができる。家光期・綱吉期という二つの画期において、東照大権現は始祖神となることで超越王権の自律的な権威源泉となった。

＊綱吉期には、必ずしも東照大権現が「超越王権の自律的な権威源泉となった」とはいえない。本書第一部第三章で考察したように修正したい。

信長自己神格化に始まった超越王権の形成は、民衆の現当二世救済の標榜をともない、秀吉の刀狩令に、家康の生前の自己神格化の諸活動に継承された。その一方で、日輪受胎神話から豊国大明神へ、そして東照大権現として神体化されるとき、それは後継王権の超越性と正当性を証明し守護する「公儀の神」=権力神の方向へ展開する。〈民衆的契機〉と〈領主的契機〉の絡み合いで、次第に後者の意味合いが強化されたのである。しかし領主側の「百姓成立」政策は民衆の社会的救済を保証するが、権力神は現当二世保証をなしえず、その意味での民衆編成ができない。近世国家は王権守護と民衆の社会的救済の権力神という宗教性を持つことになったが、信心生活を基盤にする民衆を合意の上で編成する装置を持っていない。民衆の現当二世救済願望に応答しえるのは本願寺である。国家は本願寺に現当二世救済を委ね、これを国家装置の補完とすればよい。こうして近世国家は、権力神東照大権現による現世の社会的救済、二世救済の本願寺という二重の宗教性を持つこととなった。近世国家の他者である本願寺は、組み込まねばならない他者となった(後述)。

## 五　神国思想──〈対外的契機〉と〈コスモロジー的契機〉──

日本近世国家は、統一政権支配下の列島を国土とし、その住民を領民に編成して成立するが、十六〜十七世紀の東アジアという時空間との密接な関連という〈対外的契機〉において、それを外部に向かって宣言する。前提になったのは、東アジア世界を一つのコスモスとして秩序化し、天命を受けた天子の統治する文明世界と、その化外の未開世界から構成されるコスモロジーとしての華夷思想である。神国表明も、その世界観の内において、戦国・近世初期の宗教的世界観を媒介として再編成された伝統的宗教的自国意識によるものであるが、それが〈対外的契機〉からの虚構的自国意識なのか、何らかの実態性をともなった自国意識なのかが問題である。

神国思想論もまた朝尾75が口火となった。先に見たように、山王権現を「宇宙の根源神」、三輪の金光から三光の神聖が生まれた神国、東照大権現は東アジアの守護神という論である。華夷秩序を前提に、それを逆転して宗教的中華を自国に求める意識で、〈対外的契機〉によって神国宣言となった。北島万次86は、神国意識の根底に固有の宗教観念を見出した。天正十五年（一五八七）の宣教師追放令、同十九年のインド副王宛返簡に見られる南蛮向けの神国観念は、キリシタン禁制と一体になり、「王法や神代の風度など日本固有の神国規定によって説明」されている。秀吉が「聖護院道澄を媒介に「領主」「地主」的守護神を主張する天台系の神国意識をみずからのもとに編成」し、森羅万象・万物の根元を神とする唯一神道の主張を合わせて、「国土加護と表裏一体の関係においてキリシタンの排除を直接の目的」としたという。〈対外的契機〉からの神国観念に内部的思想系譜を重視する〈コスモロジー的契機〉論で、いわば神々の住む国、神々に守られたという神国観念であり、近世国家に内実をもった宗教性の表明と解することができる。

刀狩令の「国土安全万民快楽の基」という文言に注目した高木昭作84の論もまた北島と同様な性格を持っている。万民の幸福を保証するという「秀吉の平和」が受け入れられた基盤は、国土や自然が「神仏や悪霊の棲処であり、人々は宗教的あるいは呪術的な儀礼」で対処していたことにあり、「国土安全・万民快楽」は「宗教・呪術を離れては存在しなかった」。秀吉はそれを保証する宗教的能力を有する天皇から関白に任じられて、「神仏に守られた国」＝神国を「むくり・こくり」の世界に対峙した、という。悪霊の棲処の国土が神仏に守られて神国となり、外部と区別されるというコスモロジーが想定されている。それらの帰結として「国土に平和と繁栄をもたらす体系としての近世の国家は、人々が集団を通じて国土や自然と交わる排他的な宗教的・呪術的パイプとして機能し」、天皇や寺社・宗教者は国土安全を祈る役割を与えられて、「宗教的・呪術的装置であると同時に、国家の行政組織でもあるという二重の機能をもつことになった」という。近世国家＝国土安全宗教的装置論とでもいうような論であり、神国は実態を持っていたのである。

高木89には別に神国思想への言及がある。近世における神国思想研究の必要性について論じ、家光期で東照大権現の権威が高められ、その宗教的権威を独占することで家光は立場強化に成功したが、そこで「この時期の天皇の権威と、それを権威としてあらしめている、将軍から民衆までの間の、神国観ないし神国思想」が浮上したことを問題にする。将軍権力の強化は天皇権威とその根底の神国思想の高揚をともなったことに研究の必然性が求められている。先の論は〈コスモロジー的契機〉からの神国思想の必然論であったが、ここでは将軍権力や近世国家の基盤の問題として論じられ、むしろ〈領主的契機〉から見られている。

以上のように、神国思想研究は〈対外的契機〉論からその基盤となった自国意識の解明にむかったが、その後、実のある展開を見せていない。大桑03・08では以下のように考えた。秀吉が善光寺如来を勧請して仏法東漸の道を逆にたどって東アジア諸国に対処しようとしたことは先に見たが、それは〈三国＝仏教〉世界で唯一実態を持つ〈日本＝仏国〉意識となった。それがキリシタンに対すると、これを南方の蛮族＝南蛮と捉え、「八宗九宗の内」（宣教師追放令）として〈日本＝仏国〉に抱え込もうとしたが、しかし全く異質の世界であることが明らかになると、〈南蛮＝キリシタン〉に非らざる「大日の本国」として〈日本＝仏国〉が強化され、大日の垂迹した神々の国として〈日本＝仏国神国〉へと展開した。家康段階の慶長十八年（一六一三）の「排吉利支丹文」では、「日本はもとこれ神国」、「また仏国と称す」、「神明応迹の国にして大日の本国」、「神と仏とその名異なりてその趣一」という文言が連ねられ、〈日本＝大日の本国＝神明応迹＝神国〉という論理が明確化された。〈南蛮＝キリシタン〉に非らざる〈三国＝仏教〉世界、その根本にして特殊として〈日本＝仏国神国〉という秩序が観念されたのである。十五世紀末に唯一神道として明確な形をとった根本枝葉果実論が根拠となった。ハビアン『破提宇子』は「日本ハ神国、東漸ノ理ニテハ仏国」と述べるように、この意識は宗教界に普遍化し、「排吉利支丹文」の筆者崇伝もまたこの認識を持っていたのである。国内的普遍的〈コスモロジー的契機〉からの仏国神国観念をベースに、東アジア・南蛮に対する〈対外的契機〉が神国思想への展開を促した。神国意識・思想は、近世国家においても一定の実態を有していたと見なしたい。

ところが、以上の諸見解とは逆に、戦国期の民衆的宗教的国土観の解体に近世国家意識を見る藤井学75の論がある。近世国家と宗教の関係論を正面からとりあげた最初の研究で、仏教の主導下にある江戸前期までの民衆思想に統一政権はいかに対決したかという問いを設ける。中世権力を支えた王法仏法相依論に対決した法華宗の釈尊御領や真宗の仏法領などの仏法為先論が、民衆的基盤となって宗教的国土国家観の根底となり、国土即仏土、衆生即仏子論となって戦国仏教の理念となった。統一政権はこれら双方の宗教理念の解体を目指す。信長の山門焼討は王法仏法相依論を破滅させ、一向一揆や法華一揆の解体は仏土の理念、同朋的平等主義を敗退させた。統一政権の政治理念には仏教的なものは存在せず、政治は宗教を支配し奉仕される。神仏依存を否定した後には、権力それ自体、「生得にして固有な支配の正当性を保持するものであるという、自己の権力の絶対性への確信」があった。統一政権の権力者は体制の守護神、国家神となる。国土人民はすべて王土王民とする思想が仏土仏子思想を克服する。このように、戦国仏教の仏土仏子思想が、自己にのみ権威源泉をもつ統一政権の王土王民思想に転換されたというのである。コスモロジー的転換による近世国家宗教性克服論になる。朝尾や北島・高木には藤井説への言及がないままに棚上げされているが、本来的には真っ向から対立する主張である。確かに仏教的国土観は、それを支える仏教教団の政治性が否定されて現実性を失ったが、キリシタンに対抗する神国仏国観念のように、近世国家を根底において宗教的に支える理念の一つとして存在し続けたように、王・国土の神聖化によって、王土王民思想も宗教化されたのではなかろうか。この観点から藤井説は再検討されねばならない。

国家は、領域領民を限り、区切り、囲い込み、かつそれ以外を排除することによって成り立つ。国家は、限り、排除する理念を確立する（本書第二部第一章参照）。前近代で国家は、国家を構成する諸要素に対して、また対峙する他国家に対して、はるかに優越する超越性を標榜する。超越性は聖なるものと観念されて、国家は神聖国家となる。日本近世国家は、仏国神国という神聖国家で、東アジアを同質の宗教世界と見ながらそれに超越し、かつ異質の宗教世界南蛮を排撃するという論理によって成り立つ。神国思想はこのような自国意識であり、日本近世国家は神国思想を必然とする宗教性においてある。

## 六　〈コスモロジー的契機〉――異界・死者――

次に、観念領域の他界・異界である後世とのかかわりから、近世国家の宗教性を考える。後世をコスモロジーの内に秩序づけるためには、後世と死者を支配する仏教が王権に囲い込まれ独占的に掌握される必要がある。信長は神格化して神仏を従えることで、秀吉は大仏によって、家康は生前神格化で仏教を囲い込むことで、それぞれこの問題に対処した。

安丸良夫92は、先に見たように王権の根源の宗教性として武威・儀礼・コスモロジーとの統合を想定し、その内で民俗次元の問題の重要性を指摘した。民俗は、近世秩序においては中枢からずれた「周縁的現実態」であり、独自に分化発展する活力的次元で、しかも「権力支配の直接には届かない、曖昧で不確かな領域」、「不安や疑惑の対象とされやすい領域」として、王権の支配外にあってそれを揺るがす存在である、と理解される。高埜利彦89は、寺社統制、民間宗教者の身分編成を、国土安全の「祈禱主催権」を持つ国主による、領主制を越えた存在を国家レベルで統制・編成するものと捉え、さらには身分的周縁論から位置づけようとして、多くの若手研究者に影響を与えた（高埜00）。高埜には近世国家の宗教性という観点がないが、安丸のいう民俗次元を国家装置として掌握しようとするものと理解することができる。

民俗次元を観念領域においてみれば、死霊の世界であり後世の問題であろう。死霊を鎮魂し、排除し、後世を支配するためには、何らかの装置が必要である。先に、近世国家の宗教性は権力神東照大権現による現世の社会的救済、二世救済の本願寺という二重構造と想定したが、さらにはそれを脅かす民俗次元の宗教性を加えて三重構造と見なされる。現世的権力神にとって、後世を包み込む本願寺は他者であったが、民俗次元という宗教性もまた取り込まれ封じ込められることに対する反撃力を有する恐るべき他者なのである。それは端的に幽霊や妖怪である。

儒者林羅山が怪談を好んだことに高田衛89は「異界再編成」の衝動を見た。中国の新旧の怪事は、「わが国固有の、迷信にみちた民俗的異界に取って代わるべき、新しい精神の中の「異界」であった」という。仏教の唱導活動もまた民俗的旧伝を退け、「新しい異界像（仏教的異界像の近世的証明）を提示」した。下野羽生村での累という怨霊の物語は、祭祀を怠ったムラ共同体へのタタリと見なし、その鎮魂に当たった祐天の住した飯沼弘経寺再興は、江戸と日光を結ぶ線上に「徳川封建神学的聖地を設定」することにあったとする（高田94・本書第一部第三章参照）。まさに権力神東照大権現は民俗からの反撃を封じ込める仏教を支える権威としてあった。権力神と仏教と民俗の三重構造と、前二者による後者封じ込めである。

黒住真94は、民俗次元の問題と仏教囲い込みを論ずる。尾藤正英92の「国民的宗教論」「棲み分け論」を踏まえ、神儒仏の習合を「思想体制における近世的「統一」形態」、「近世的思想複合」と捉え、神は生殖・豊穣・繁栄など慶事の祝福と保証を、仏は「葬儀・法要や攘災鎮護の祈禱つまり異界的な霊魂に対する操作・安定の行為（「鎮め」「調伏」「弔い」「供養」「成仏」など）」の働きを分掌する。仏教が他界や死へ関与する絶対性は、割拠的・反秩序的となる危険性を持ち、逆に反社会的なものの鎮撫による秩序形成という両刃の剣として働くことから、仏教囲い込み、それによる秩序形成が必然とされた。「寺請・宗門改め制度」は「霊魂の帰属を安定化」し、「霊魂の身元保証」となり、排除と禁忌の対象としてのキリシタンは、「反秩序的で危機感・不安感を喚起すべき〈異物の徴〉」であり、「秩序意識から疎外された投影物――近世日本が秩序化するための対抗物として必要とした

〈鬼〉にほかならない。仏教という装置は、その攘災機能によって、この反社会的〈鬼〉を排除し秩序空間を守るところの「固め」となった」という。霊魂という不安なる物への対応として仏教囲い込みが必然とされ、寺檀制・寺請制が用意されたというのである。寺檀制は単なる戸籍制度ではない。近世国家の宗教性を支える装置なのである。

## 七　真宗と東照大権現

寺檀制＝寺請制によって死者も生者も間接的ながら国家の管理下に置かれると、仏教による民衆教化がさらに重要な意味合いを持った。現当二世救済の民衆の信心に対応して教化活動を行なったのが真宗であるが、それは特殊な宗派、特定地域の信仰とされてきた。しかし有元正雄95によれば、真宗寺院が全寺院数に占める比率が四十％前後以上の地域は、中部以東で六カ国、西日本で十カ国、近畿圏七カ国、都合二十三カ国、寺院率こそ三十％前後であるが、有数の真宗門徒地帯である三河・尾張を加えれば二十五カ国が真宗地帯で、国数では三分の一以上、その他の地域の真宗門徒を加えれば四割前後が真宗門徒となる。現世利益や祈禱宗教とは明らかに異なり、しかも大勢力である救済宗教真宗を捉える視点が必要である。

先に本願寺は近世国家の他者といったのは、国家が捉えきれない領域を担う者との意味である。加賀藩主前田利常は、その他者真宗が国の仕置きをなしているという認識を持っていた。農政改革に当たって寺地を地子地にと献策した家臣に対して「国の仕置き大方門跡より致され、我等仕置きは少分の事、一向宗が重宝」と述べた（大桑09・神田95）。権力神しか有しない国家は、信心為本に生きる門徒たちを掌握しえないが、本願寺は王法為本で国家への順応を説くことで、国主に代って「国の仕置」をなしていたのである。その本願寺は朝廷の藩屏である門跡に補せられて国家に抱え込まれ、権力神の直接支配のおよばない領域をカバーすることで、国家の宗教装置の役割を果たしていた。

「公儀の神」東照大権現が各地に勧請されたが、真宗地帯では真宗への対抗装置の意味を持つ。中野光治08が明らかにした受容の実態論を参考に、城下町の東照宮に関する見解（大桑01・09）を再論する。城下町寺院群を漠然と軍事的防御拠点と見なしてきたのは俗説にすぎず、城下町空間を聖域化し囲い込む祖霊による観念的宗教的防壁と見るべきで、東照宮勧請は「公儀の神」による城下及び領国の宗教秩序の創設、改変を意味する。社会学者若林幹夫00は、前近代都市は内部領域を宗教的な世界観によって形成する一つのコスモスであり、神々や死者など理念的位相を不可欠とし、外部一般から区別する神・王権・貨幣、その具現化としての神殿・政庁・市場にもとづくコスモロジーによって「聖なる地理」が生まれると論じた。神殿である東照宮・藩主菩提寺（群）、政庁たる居城は、象徴的建築物として城下町空間のヴィスタ（展望・眺望）を形成し、宗教的秩序を表象する（宮本雅明93）。「公儀の神」東照宮の勧請は宗教的秩序を改変するとともに、大名の治国という営為を宗教的営為に等置し、将軍―大名―家臣という幕藩制ヒエラルキーを東照宮―大名・家臣祖霊（菩提寺群）という宗教的ヒエラルキーに転化する。それを沢庵が論理化したことは別に述べた（大桑02）。東照宮の宗教的理念は東照宮縁起などに教説化されているが、それは秘儀であって、東照宮は教化の言説を持たない。東照宮勧請は、新たなヴィスタを形成することで、言説によらない東照宮イデオロギーを視覚的に示す。東照宮祭礼もまたそうである。

東照宮と菩提寺群は、祖霊信仰を媒介に結びつくが、それでは真宗を包摂しえないから、真宗地帯では東照宮と大名居城が本願寺有力寺院や別院（御坊）に向き合っている（以下の都市のヴィスタに関しては、大桑09の概念図参照→本書第一部第五章参照）。和歌山では、東照宮は城下外の和歌浦に勧請されたが、海南の菩提寺からこの地を経由して城下の寺町・和歌山城、本願寺鷺森別院にいたる南北一直線上に位置する。東照宮は居城を背後から支える家臣団祖霊の菩提寺群を前衛にして本願寺に向き合う。金沢では、城内北端に勧請された東照宮は、その真北の東西本願寺別院に向き合い、背後の本丸の後方に菩提寺群と墓所を従えている。名古屋では、城南端の東照宮の南に菩提寺群と本願寺掛所がある（ただし成立は遅れて元禄期）。福井では城の北端の東照宮が、西南の菩提寺群を背景に、西北の真宗寺院群と向き合う。広島では、城をはさんで西に真宗筆頭寺院仏護寺とその寺内があり、東の明星山に勧請された東照宮と東西ラインを形成している。

これに比して、真宗が優勢でなく、また特記すべき有力宗派もないような地域では、東照宮の位置には向き合うような意味が見出せない。水戸では城内西端に勧請された東照宮はこの地域の天台宗有力寺院三宮別当薬王院が別当を兼帯することで、城下の寺院群を統括した。弘前では、当初は寺院群が城東に南北に連なり、その北端に東照宮が勧請された。慶安大火後に寺院群が城南に移されると、城下北部の城と東照宮の東西ラインが南の寺町に並行するような姿になる。寺町には真宗寺院が多いことがかかわっているかもしれない。岡山と鳥取はともに池田氏の城下であるが、岡山では西・南・東の三方に城を取り巻くように寺院群が配置され、それらから離れた東南の丘陵に東照宮が勧請される。鳥取では、碁盤目町筋の東に寺院群、その北の谷間に東照宮が勧請されている。ともに、何かに向き合うのではなく、むしろ孤立したような配置を見せている。松江でも、城の西と南に展開する寺院群から離れた東の丘陵に勧請されていて、やはり孤立的である。

ユニークな配置を持つのは仙台である。城下町の西南に青葉城が位置し、神体化した伊達政宗霊廟瑞鳳殿が近接し、菩提寺群・寺町・惣鎮守社が城下を取り巻くように配置され、その環状線上の東照宮は政宗霊廟と対角線上で向き合っている。あたかも領国の宗教勢力を総動員した鶴翼の陣の中央に政宗神体が着陣して東照大権現を包囲するようでもある。仙台では、迎えられた東照宮が向き合ったのは政宗であった。

城下町のヴィスタは大名にとっては住民の宗教的支配の、住民にとっては領主・公儀による保護と繁栄の表象であろうが、それを一体化するのが城下町の祭りとしての大規模な東照宮祭礼であった。真宗地帯の和歌山・名古屋・福井・広島、非真宗地帯では水戸・弘前・岡山・鳥取が知られる。中野08はこれらを総括的に検討し、城下町祭礼となったか否かに視点を置いて類型化しているが、城下町祭礼となったのは東照宮と将軍―大名という支配体制を視覚化することによる支配の正当性を認識させる意義があり、町方練物《ねりもの》が中心の和歌山・仙台では民衆のエネルギーを注がせる民衆統合の機能、家臣団供奉中心の岡山・鳥取などでは、家臣団に支配者としての自覚を促し武威を誇示する（倉地96）というが、宗教性に関しては視線がおよんでいない。紀州藩の和歌浦への勧請を考察した高橋修90が、紀州家頼信の民衆教化政策と合わせて考察し、地域社会の聖地から徳川氏の聖域に改変すべく、領国支配の象徴となる宗教施設としての東照宮を中核に和歌浦全体を再編成したことを説いているのは極めて重要な指摘である。

論ずべき研究を多々逸していることをお詫びせねばならない。また綱吉期にまで言及を考えていたが、最早紙幅が尽きた。それは近世国家の第二段階の宗教性として別個に論じられるべきだろう（本書第一部第三章参照）。この拙論は、形成期近世国家の四つの契機――支配される民衆の日常性、支配する領主結合のあり方、対外的国家表明、それらを支えるコスモロジーに宗教性が貫徹し、近世国家は宗教性を不可欠の要素とすることを、関連諸研究が指し示していると指摘した。ただそれらが近世国家の宗教性として論じられてこなかったに過ぎない。拙論が総合的実証的近世国家宗教性論への踏み台になれば幸いである。

【参照文献一覧】

朝尾直弘「「将軍権力」の創出(三)」（『歴史評論』266号、一九七一年↓『将軍権力の創出』所収、岩波書店、一九九四年↓『朝尾直弘著作集3』所収、岩波書店、二〇〇四年）

『日本の歴史17鎖国』（小学館、一九七五年→『朝尾直弘著作集5』所収、岩波書店、二〇〇四年）
『大系日本の歴史8天下一統』（小学館、一九八八年）
「東アジアにおける幕藩体制」（『日本の近世1』、中央公論社、一九九一年→『朝尾直弘著作集8』所収、岩波書店、二〇〇四年）
有元正雄『真宗の宗教社会史』（吉川弘文館、一九九五年）
ベネディクト・アンダーソン（白石隆・白石さや訳）『定本想像の共同体　ナショナリズムの起源と流行』（書籍工房早山、初版一九八七年、二〇〇七年）
網野善彦「社会・国家・王権」（『岩波講座天皇と王権を考える1人類社会の中の天皇と王権』、岩波書店、二〇〇二年）
荒木敏夫「王権論の現在――日本古代を中心として」（『歴史評論』564号、一九九七年→『日本古代王権の研究』所収、吉川弘文館、二〇〇六年）
池　享「中世における王権」（大津透編『王権を考える　前近代日本の天皇と権力』、山川出版社、二〇〇六年）
「中近世移行をどう捉えるか」（『日本中近世移行論』、同成社、二〇一〇年）
石毛　忠「織豊政権の政治思想」（『日本思想史講座4』、雄山閣、一九七六年）
「思想史上の秀吉」（『秀吉のすべて』、新人物往来社、一九八一年）
「織田信長の自己神格化」（同編『伝統と革新』、ぺりかん社、二〇〇四年）
上野千鶴子・網野善彦・宮田登『日本王権論』（春秋社、一九八八年）
大桑　斉『日本近世の思想と宗教』（法藏館、一九八九年）
「都市文化の性と聖」（『岩波講座近代日本文化史2』、岩波書店、二〇〇一年→『民衆仏教思想史論』所収、ぺりかん社、二〇一三年）
「徳川将軍権力と宗教――王権神話の創出――」（『岩波講座天皇と王権を考える4宗教と権威』、岩波書店、二〇〇二年）→**本書第一部第二章**
「東アジア世界と日本近世の仏教」（池見澄隆・斎藤英喜編著『日本仏教の射程』、人文書院、二〇〇三年）

「近世国家の宗教編成とキリシタン排撃」（『日本思想史学』40号、二〇〇八年）→本書第二部第三章
「幕藩権力と真宗」（龍谷大学国史学会『国史学研究』32号、二〇〇九年）→本書第一部第五章
大桑斉・平野寿則（編）『近世仏教治国論の史料と研究　松平開運録／東照宮御遺訓』（清文堂、二〇〇七年）
大津　透「王権論のための覚書」（同編『王権を考える　前近代日本の天皇と権力』、山川出版社、二〇〇六年）
ヘルマン・オームス（黒住真他訳）『徳川イデオロギー』（ぺりかん社、一九九〇年）
勝俣鎮夫『戦国時代史論』（岩波書店、一九九六年）
樺山鉱一「ヨーロッパの王権」（『岩波講座天皇と王権を考える1人類社会の中の天皇と王権』、岩波書店、二〇〇二年）
神田千里『信長と石山合戦』（吉川弘文館、一九九五年）
E・H・カントローヴィチ（小林公訳）『王の二つの身体（上・下）』（平凡社、一九九二年→ちくま学芸文庫、筑摩書房、二〇〇三年）
河内将芳「豊国社の成立過程について――秀吉神格化をめぐって――」（『ヒストリア』164号、一九九九年→『中世京都の都市と宗教』、思文閣出版、二〇〇六年）
神田秀雄「民衆信仰の興隆」（『シリーズ日本人と宗教　近世から近代へ2神・儒・仏の時代』、春秋社、二〇一四年）
北島万次「豊臣政権の対外認識」（永原慶二・稲垣康彦・山口啓二編『中世・近世の国家と社会』、東京大学出版会、一九八六年→『豊臣政権の対外認識と朝鮮侵略』所収、校倉書房、一九九〇年）
黒住　真「儒学と近世日本社会」（『岩波講座日本通史13』、岩波書店、一九九四年→『近世日本社会と儒教』所収、ぺりかん社、二〇〇三年）
「近世日本思想史における仏教の位置」（『日本の仏教』1、法藏館、一九九四年）→同前
倉地克直「幕藩制前期における支配思想と民衆」（『日本史研究』163号、一九七六年→『近世の民衆と支配思想』所収、柏書房、一九九六年）
「東照宮祭礼について」（『近世の民衆と支配思想』、柏書房、一九九六年）
曽根原理『徳川家康神格化への道』（吉川弘文館、一九九六年）

「徳川王権論と神格化問題」(『歴史評論』629号、二〇〇二年)
『神君家康の誕生』(吉川弘文館、歴史文化ライブラリー、二〇〇八年)
高木昭作 「「秀吉の平和」と武士の変質――中世的自律性の解体過程――」(『思想』721号、一九八四年→『日本近世国家史の研究』所収、岩波書店、一九九〇年)
「寛永期における将軍と天皇」(『歴研アカデミー5民衆文化と天皇』、青木書店、一九八九年→『将軍権力と天皇』所収、青木書店、二〇〇三年)
高田　衛 『江戸怪談集　中』解説(岩波文庫、岩波書店、一九八九年)
『新編江戸の悪霊祓い師《エクソシスト》』(ちくま学芸文庫、筑摩書房、一九九四年)
高埜利彦 『近世日本の国家権力と宗教』(東京大学出版会、一九八九年)
編『シリーズ近世の身分的周縁1民間に生きる宗教者』(吉川弘文館、二〇〇〇年)
高橋　修 「紀州東照宮の創建と和歌浦」(『紀州東照宮の歴史』、和歌山県立博物館、一九九〇年)
ケイト・ナカイ 『新井白石の政治戦略』(東京大学出版会、二〇〇一年)
中野光治 『諸国東照宮の史的研究』(名著刊行会、二〇〇八年)
西山　克 「豊臣「始祖」神話の風景」(『思想』829号、一九九三年)
新田一郎 「中世における権威と権力――「王権」という道具立てをめぐるコメント――」(大津透編『王権を考える　前近代日本の天皇と権力』、山川出版社、二〇〇六年)
野口武彦 『日本思想史入門』(筑摩書房、一九九三年)
野村　玄 『日本近世国家の確立と天皇』(清文堂、二〇〇六年)
三鬼清一郎 「戦国・近世初期における国家と天皇」(『歴史評論』320号、一九七六年→『織豊期の国家と秩序』所収、青史出版、二〇一二年)
「織田政権の権力構造」(『講座日本近世史1』、有斐閣、一九八一年→同右所収)
水林　彪・金子修一・渡辺節夫(編)『王権のコスモロジー』(弘文堂、一九九八年)

尾藤正英『天皇制史論』（岩波書店、二〇〇六年）
『江戸時代とは何か』（岩波書店、一九九二年）
宮本雅明「ヴィスタと景観演出」（高橋康夫ほか編『図集日本都市史』、東京大学出版会、一九九三年）
森　竜吉「幕藩体制と宗教――本願寺教団を対象とした封建的宗教の思想史的な試論――」（『日本宗教史講座1』、三一書房、一九五九年）
平野寿則「序章――研究と課題」（平野寿則・大桑斉編『近世仏教治国論の史料と研究　松平開運録／東照宮御遺訓』、清文堂、二〇〇七年）
深谷克己「幕藩制国家と天皇――寛永期を中心に――」（北島正元編『幕藩制国家形成過程の研究』、吉川弘文館、一九七八年→『近世の国家・社会と天皇』所収「寛永期の朝幕関係」、校倉書房、一九九一年→『深谷克己近世史論集3』所収、校倉書房、二〇〇九年）
「幕藩制国家の成立」（『講座日本史近世1』、有斐閣、一九八一年→同右所収）
「近世における誓詞慣行と神君創造」（『早稲田大学大学院文学研究科紀要』48号、二〇〇三年→『深谷克己近世史論集2』所収、校倉書房、二〇〇九年）
「近世日本における政治習俗と信仰習俗」（『アジア地域文化エンハンシング報告集Ⅲ』、二〇〇四年→同右所収）
藤井　学「近世初期の政治思想と国家意識」（『岩波講座日本歴史10』、岩波書店、一九七五年→『法華文化の展開』所収、法藏館、二〇〇二年）
藤木久志『日本の歴史15織田・豊臣政権』（小学館、一九七五年）
『豊臣平和令と戦国社会』（東京大学出版会、一九八五年）
藤田　覚「近世王権論と天皇」（大津透編『王権を考える　前近代日本の天皇と権力』、山川出版社、二〇〇六年）
A・M・ホカート（橋本和也訳）『王権』（人文書院、一九八六年）
堀　新「織豊期王権再論――公武結合王権論をめぐって――」（大津透編『王権を考える　前近代日本の天皇と権力』、山川出版社、二〇〇六年　＊初出の『日本史研究』掲載論文で、論文名および所収書名を誤記した。御詫びして訂

正致します→『織豊期王権論』所収、校倉書房、二〇一一年）
安丸良夫　『近代天皇像の形成』（岩波書店、一九九二年）
「序論」（『岩波講座天皇と王権を考える4宗教と権威』、岩波書店、二〇〇二年）
山澤　学　「東照宮祭礼と民衆」（『国史学』190号、二〇〇六年）
若林幹夫　『都市の比較社会学』（岩波書店、二〇〇〇年）
渡辺　浩　『日本政治思想史〔十七〜十九世紀〕』（東京大学出版会、二〇一〇年）

# 第二章　徳川将軍権力と宗教——王権神話の創出——

『岩波講座天皇と王権を考える4宗教と権威』（岩波書店、二〇〇二年）に収録した論文。近世国家の宗教性を論じた前章（第一部第一章）はこれを前提としている。家康から綱吉までを通史的に叙述したため、各論が必ずしも十分に展開し得ていない恨みがあるが、全面改訂は見送った。ただし、とくに問題の部分に補注を付して訂正に替えた。また、注であげた拙稿の内、本書に収録した論文にはその部・章を付記し、発表後に管見に入った研究などは＊で追加記入した。

## はじめに

「宗教的・身分的諸観念を国家的序列のうちに総括するものとしての天皇・朝廷」を考え、「一般に、幕藩制国家の非宗教的性格、と理解されている通説的認識を批判」しようとした深谷克己以来[1]、すでに四半世紀近い時間が経過した。その間、確かに幕藩制国家における天皇の問題は研究が深まったが、幕藩制国家が世俗国家であり、将軍権力は世俗権力であるという認識は依然として通説の位置を保ち続けている。それは、近世社会を世俗化過程で捉える前提によっている。けれども私見では、近世社会における宗教は単なる残滓ではなく、意味的な存在である[2]。そこでは権威はもとより権力もまた、基盤となる社会の宗教性を抜きにして成り立ち難いから、権力自体が宗教性を持つか、さもなければ何らかの媒介項によって宗教を内部に取り込まねばならない。

上野千鶴子[3]は、「将軍家が〈祭司王〉的な側面がまったくない完全な〈世俗王権〉だという見方には疑問がある」と言い、城下町が礼的空間であることを例とし、徳川権力の儀礼的支配をその証にあげている。反論を受けてもなお、王権は〈権力〉だけでは成立せず〈権威〉を必然とするが「徳川権力には本当にオーソライザーが必要だったんでしょうか。〈権威〉を自家調達する機構は持てなかったのでしょうかね」といさがっている。近世史研究への外部からの、徳川将軍権力＝世俗権力論への大胆な疑問の提示であった。徳川将軍権力を王権と見なせば、権威の問題、正当性の根源の問題は必然であり、そのことが明らかにされないままに、徳川将軍権力は世俗権力と見なし続けられてきたのである。

徳川将軍権力をめぐる研究状況は宗教性の問題を未解決のままにしていると考えるところから、本稿ではその宗教とのかかわりを問題とする。具体的には、権力正当化の源泉としての家康神格化や、東照大権現の論理、それにもとづく仏教治国論などをとりあげ、それらは一群となって徳川将軍権力の始祖神話を創出したと仮説し、その検証を試みる。

## 一　徳川将軍権力の成り立ちの認識

徳川将軍権力と宗教という問題は、その成り立ちをいかに認識するかにかかわっている。先掲の上野千鶴子は、植民地における原住民内部の戦闘禁止、支配者による戦闘権独占を内容とするパシフィケーションという観点から、将軍権力の成り立ちは和平実現というよりは「鎮圧」であり、暴力を独占する超越性を形成することで、徳川権力は祭司権を持つ王権となったという。この観点はヘルマン・オームスが、「徳川時代初期の政治的・社会的構造が軍事的性格をもち、……初期徳川日本は「軍人国家」（garrison state：私訳では「占領体制国家」）であり、その政治体制は征服の体制であった」[4]と言い、統一政権と一向一揆を中心とする百姓との戦いは征服戦争であり、武力闘争だけでなくイデオロギー闘争でもあったと捉え、権力者の神格化や天皇権威の利用を論ずるのと相通ずる。

オームスが念頭においた研究者として名をあげている高木昭作の「兵営国家」論[5]は、「近世の軍隊は、武装・非武装を問わずすべての集団をその構成要素とし、将軍の統制下に置くものであった。この意味で近世においては国土それ自体がひとつの巨大な兵営であった」というものである。軍役体系に民衆を組み込んだ支配体制をとる国家を意味し、征服した百姓を国家体制に編成する段階でのありかたを論じたものといえよう。また一方、朝尾直弘[6]が、「武士が百姓と本気で戦い、殺しあった」百年間を経て、武士は百姓の形成した「公」を吸収しながら「公儀」を形成し、十七世紀初期には「公儀」と百姓の契約による支配の実現を論じたのは、征服国家の百姓編成を「契約」と捉えた、という位置関係にある。オームス・高木昭作・朝尾直弘の徳川将軍権力ないし国家論は、いずれも武士と百姓との闘争と、武士による百姓征服という認識を前提に、国家編成のキー概念をイデオロギー・役・契約に置いたものである。徳川将軍権力の成り立ちを、このように武士と百姓の闘争と征服、そこからの国家形成、百姓編成の問題として捉えるなら、徳川将軍権力の性格もまたこの観点から論じられなければならないことが示唆される。

「信心を媒介としながら日常的道徳の実践者として登場しつつあった」「民衆の能動性を、支配秩序の維持へと動員し編成する」という課題を近世国家成立期にみた倉地克直[7]の見解が重要となる。武力的に支配されながらも、民衆は能動的主体性を確立しようとする存在であり、それが宗教・信心によって支えられているのであるから、権力は民衆編成において宗教を取り込まざるを得ない。そのとき、民衆支配の論理としての治国論の形成が必然とされる。前田勉[8]は、東アジアの中での近世日本は「支配者が武士であった」という特異性をもち、その武士と朱子学の関係を媒介するものは「主に軍隊統制論を問題」にする「兵学」であり、それは同時に「軍隊統制の技術、考え方をそのまま平時の治国平天下に応用した政治論」でもあり、「武士が支配する、凍結された軍事体制である近世国家にふさわしい学問」であった、という。近世武士の思想である「兵学」は治国論であり、将軍権力の百姓支配の課題がここにあったことを示している。

徳川将軍権力の成り立ちを武士の対百姓闘争の結果と見、その支配に宗教イデオロギーや治国論の重要性を見出すという研究動向がうかがえるが、それは天皇権威と将軍権力の関係を視点とする従来の近世王権論に反省を迫るものである。それらは国家上部構造における権力編成の問題であり権力内部の関係論であって、民衆支配としての王権、という観点が欠落している。王権とは、何よりも民衆支配機構としての国家権力である。そこに立てば、徳川将軍権力の性格論は、その成り立ちの認識から、民衆支配におけるイデオロギー史、思想史、それも宗教思想史として、問題化される必要がある。

## 二　家康段階——仏教の囲い込みと総覧——

徳川将軍権力は、百姓勢力を征服して形成された織田・豊臣政権から一段階進んで、征服した百姓を国家体制に編成することを課題とした。そのためには、現世安穏後生善処という民衆の宗教的願望と対応関係にある仏教教団を権力側に囲い込むことが必要であった。しかし世俗の武家の棟梁征夷大将軍の権力が、聖的・超越的な領域の権威である仏教を囲い込むことは、物理的・暴力的にはともかく、本来的意味においては不可能である。家康が早々に将軍の座を降りたのは、一つにはこの問題があったからであろう。

仏教教団囲い込みの試みは寺院法度の発布としてなされた。一六〇一・二年（慶長六・七）の二通を例外とすれば、〇八年（慶長十三）の二通を皮切りに〇九年に九、一〇年に三、一二年に四、一三年に十四、一四年に二、一五年（元和元）に九というように、いわゆる駿府政権期の後半に集中している。それらは、修学・儀礼の奨励や、本末関係・僧侶身分秩序の制定などによって、仏教教団を制度的枠組みで囲い込むものであったが、教義や信仰内容に立ち入るものではなかった。将軍の座から降りても、世俗権力に留まる限り、聖界の中核への介入は不可能であった。

この限界を突破するためには、仏教教団の本来的存立意義である衆生済度、つまり百姓の現世安穏後生善処という願望の成就を、将軍権力自体が達成しうることを明らかにしなければならない。駿府政権期に大御所家康が僧侶たちを城中に招いて行なった論議・法問といわれるものは、大御所家康が衆生済度を総覧する試みと捉えられる。

曽根原理(9)によれば、論議・法問は「雑談」と呼ばれるものを含めて、家康生前に百五十九回を数え、大坂陣の一六一四年をピークとしその前後三か年に集中している。天台のほか浄土・真言・禅・法相にもおよんでいるが、大坂陣直前に天台の割合が高まる。新たに置かれた史官が毎月毎日の大事・小事を記録したという『駿府記』（『史籍雑纂』第二巻）に中心的にこの記事が見られ、そのような記録する行為が支配秩序編成の一環であり、政権の性格を後世に伝える〈歴史化〉であるから、論議興行の時期は同時に家康の〈歴史化〉の時期であった、と捉える。そこから家康の自己神格化を見通し、そもそも論議とは、かつての宮中御斎会での内論議が八宗僧侶の正統性確認の場であり、天皇を転輪聖王に擬える場であったことからすれば、家康の論議も正統仏教を総覧する天皇、さらには転輪聖王に自らを擬える営みとなる。さらには中世叡山では神前の論議が神の力を増すことで人びとに現世利益をもたらす営みであったから、論議は家康を神に見立てる儀式であった。

このように曽根原は家康の論議を歴史化・神格化において捉えるのである。私見を付け加えれば、家康の論議は、一方での寺院法度の制定と平行しており、それによって諸宗を将軍権力に従属させながらもその内部に踏み込めない欠点を克服し、自ら諸宗を総覧することで諸宗に超越し内部に介入する存在に昇華する試みであった。それが家康の生前神格化である。それはまた、諸宗を率いて民衆の救済に当たる家康像の造形であった。その論議の内容を曽根原作成の論議一覧表から拾い出せば「ほうしんを翻て成仏か、即身成仏」、「現世安穏後生善処」、「五逆罪人不可成仏」、「極善極悪、悪人極楽に生る事」、「成仏得脱者、依自力か、依他力か」、「法華弥陀、浄土弥陀別体か一体か」などの論題が目に付く。人びとの願望である現世安穏後生善処が論議の柱であり、その下に悪人成仏、自力か他力か、救済の主体弥陀は法華か浄土か、別体か一体かなどと、人びとの救済が議論されたのである。それを総覧することで家康は救済の主体に上昇してゆく。

『東照宮御実紀』付録に次のように伝えられる家康の言葉も、この問題を考える材料になる。ある浄土宗の僧が諸宗を博雑に学ぶことを非であると言上したのに対して家康は、おのれ一身の後世ならば帰依の宗派を学べばよいが、「天下国家の主としては。人をすてておのればかり成仏せむとおもふべきにあらず。天下万民をして悉皆成仏せしめんと思ふ大願を立ねばかなはず」と述べたという。家康は自己の滅罪・成仏よりも万民を成仏させるという天下国家の主としての政治的宗教性を重視することで、自身を衆生済度を本願とする仏の位置に近づけるのである。

家康の日課念仏という問題もこれに類する解釈が可能である。平野寿則[10]によれば、「将軍秀忠夫人浅井氏に与へたる訓戒状」（『新修徳川家康文書の研究』所収）に「近年、日課をたて、念仏六万遍つゝ唱申候事、……戦国に生れ、多くの人を殺し候へは、せめて罪ほろほしにもなり可ㇾ申候はん」とあって、日課念仏を戦いでの殺生の滅罪と述べている。また「南無阿弥陀仏」と連記した文書が多数残され、日課念仏の実践の証とされている。徳川義宣[11]はこの日課念仏文書を検討して、それらは自筆ではないこと、一八七八年（明治十一）頃に、五百石取りの旧旗本池田松之助が偽作したものと断定した。この文書には弥陀名号の列記の内に「南無阿弥（陀）家康」「南無阿弥陀家」「南無阿弥陀康」という文言が混入しており、平野はこれを「家康阿弥陀説」と捉え、それらが偽作であったにせよ、そのように家康を阿弥陀仏とする観念が幕末明治期まで伝承され、また新たに語り出されたことの重要性を指摘している。徳川家中では、家康は衆生済度を本願とする阿弥陀如来に擬せられていたのである。

先に見た天台論議のほかに、増上寺存応との法問にも平野は注目する。一六〇八年（慶長十三）八月二十三日には所化衆百二十人を従えた存応との数刻にわたる「御前法問」を最初として、一五年（元和元）まで十度におよび、この他に存応の弟子たちとの法問もなされた。その内容のほとんどが不明であるが、その内で一三年（慶長十八）八月十五日の法問は「一念弥陀仏即滅無量罪」が題であったと伝え、その他一四年閏六月十七日の二条城での法問が「題者難易二道」として記録されている（『駿府記』）。平野は、これらの法問が特別のもので題が記録されたと考え、日課念仏が、乱世を救済して治世を実現する聖戦としての殺生に対する滅罪であり、自らの浄土往生と自らを抜苦与楽の主体阿弥陀仏と標榜する両義性を持つところから、存応との法問も日課念仏と同じく「その戦略的行為（殺生）と治世の実現（救済）を意味づけ、家康自体が、現当二世の安穏を保証する抜苦与楽の主体であることを説くことによって、徳川体制の正当性を弁証すると同時に、民衆の宗教性によって媒介される政治的イデオロギーを構想する場であった」と考えている。寺院法度制定・論議法問が仏教教団の教義・信仰を総覧し、諸宗に超越する民衆救済の主体としての家康神格化であったのに対し、日課念仏は、神格化した家康が人びとの現世安穏後生善処の願望を吸収する装置であった。

「厭離穢土欣求浄土」と大書した軍旗を家康が用いているのも関連がある。この文言は、現世を穢土として否定し、来世に極楽往生を欣求する意味であるが、現世穢土観が乱世にもとづくものであるなら、その否定は乱世からの脱却、天下泰平への志向となり、それが願うべき浄土の意味となろう。従ってこの軍旗の文言は、百姓征服戦争を百姓の願望を成就するものと意味化することになる。「御旗はそのかみ右京亮親忠主井田野合戦の時。大樹寺の開祖勢誉上人が作りて厭離穢土欣求浄土と書し白き四半五幅の旗を。むかしより御佳例にて用いらる」（『東照宮御実紀』付録）という伝説がある。また「いづれにも古くより御用ひありしとなり。いまは日光山の御神宝に、この御旗を蔵めらる」（同）とあるように、いつの頃から使用されたかははっきりせず、一説には、三河一向一揆との対戦において真宗と異なる浄土宗であることを示すために用いたともいわれ（同）、かなり早い段階から用いられたと伝える。大坂の陣にも「吉例とて箱に納めて御輿の傍に持しめられし」（同）とあり、『三河物語』（日本思想大系）には大坂夏の陣に「納之御宝幢の御旗」が見え、それが厭欣旗であろうとされている（同注）ように、この軍旗が用いられたことは事実としてよく、天下統一、百姓征服と支配のスローガンとしてこのような文言を掲げるところに、家康の信仰の政治性・イデオロギー性を見ることができよう（後述）。

論議法問、日課念仏に加えての「厭離穢土欣求浄土」軍旗に示されるのは、民衆支配を念頭においた仏教教団の囲い込みと総覧、それを可能にする家康の自己神格化の戦略であった。民衆支配は民衆の要求を満たすと標榜するところに成立するから、民衆の宗教性が徳川将軍権力に、家康に、宗教性と信仰を強要したのである。権力はそれを逆手にとって、民衆の宗教的要求をみたすものこそ徳川将軍権力であると標榜する。家康が何故神になったのかという問いは、民衆支配が課題であったことによるといわねばならない。

## 三　家光期権力中枢での神話形成

家康神格化はとりわけ家光期に集中的に見られる現象である（＊家康没後の神格化を、第一章に従い、「神体化」と読み変える）。ヘルマン・オームス[4]は、家光の課題は、「受け継いだ」最高位を認めさせること、またその支配体制が「支配の組織というより、むしろ正しい社会秩序なのだと全成員に思い込ませること」にあり、そのためには「発生にかかわる通時的意識を希薄にし、それに代わって共時的意識を強調する」「発生の忘却」の言説が必要であった、という。この見解に従えば、仏教教団囲い込みと百姓の信心吸収という家康期とは異なる体制神聖化という課題が、家光期に家康神格化を活発化させたと見なければならない。

家康神格化の研究は相当の蓄積があり、曽根原が研究史をまとめている(9)。それらの研究も曽根原自身も、家光段階における固有の課題への対応という視点を持っていないが、一応それらを概観しておく必要があろう。曽根原によれば、研究史の第一期の六〇年代までの段階では、神に祀れという遺言の存否や神号問題が中心で、神格化は「権力の仕事」であるとされ、その思想性は問題とされなかった。七〇年代に入っての第二期では、支配イデオロギーとの関係が問題とされ、村落・農民支配や天皇権威との関係を視点とする研究が始まった。朝尾直弘(12)が、天海の『東照大権現縁起』(『慈眼大師全集』所収)から、東照大権現は世界に偏在する根源神であり、日本・東アジアに威光をおよぼす神格を構想したものと論じたように、神格の性格そのものを問題化する方向が生まれた。第三期は七〇年代末からの家康神格化の周辺を探る研究動向で、例えば倉地克直(7)が神罰より君臣関係を重視する武士の出現に対応して武士の守護神となったと論じたような研究動向である。こうして曽根原の研究が出現する第四期となるが、曽根原は朝尾が『縁起』の文を誤読したことを指摘し、また『縁起』の思想が中世叡山教学に由来するもので、近世ににわかに言い出されたものではないと論じて、朝尾を批判した。その上で、中世叡山教学の伝統を踏まえて、『縁起』の思想は、つまるところ、山王権現・日光権現という土着神と、皇祖神天照大神、将軍家祖神東照大権現を一体化同体化し、それらの神々出現の意義を、大日如来と同体の釈迦によって授けられた「治国利民法」による日本の宗教的統治に求めるものと論じた。また天皇権威との関係においては、天皇の優位を認めつつ、衆生済度の理念たる「治国利民法」が東照権現の法であることによって、東照権現が天皇を規制する構造を見た。

曽根原説を含めての諸研究は、天皇権威との関係を視点として展開されており、オームスのいう「発生の忘却」による体制神聖化という家光期固有の課題への対応として東照大権現の神格創出を考えるものではないことに基本的問題性がある。国家権力編成問題としての将軍天皇関係論は、百姓征服体制を国家体制として編成する課題が家光段階にも共通している以上、引き続き課題であるとしても、一方での、その体制が正しい社会秩序であると思い込ませるというこの時期固有の課題が家康神格化を推進したと考えれば、これを視野に含まない将軍天皇関係論からの神格化論は再考されねばならない。また研究史が志向する東照大権現の性格論は、天海の『東照大権現縁起』を素材としているように、時期的には寛永期（一六二四〜四四）、位置的には権力中枢からのものであるから、このことを明確にして、家光期権力中枢における東照大権現神格の性格づけという問題として考察を加える必要があろう。

家光段階の東照大権現の性格を規定するものとして家光の東照大権現信仰が重要である。家光は自ら「二世権現」を称し[13]、祖父にして権現様である家康の再来と意識していた将軍であった。そのような自覚は、三歳のとき家康の調合した薬で命を助けられ、弟国千代との継職争いには家康の裁断があったという大恩を受け、たびたびの病気にも夢に大権現が現れて回復したという経験によるところが大きい。夢想の東照大権現画像が八幅も残されていて、家康への恩義感は信仰にまで高められている。こうして家光は、守袋に「いきるもしぬるもなに事もみな大こんけんさましだい」と自書した紙[14]と、「二せこんけん／二世将くん、二世転りん／二世こんけん」と短冊の裏表に自書したものを入れていたという[13]。すでに指摘されているように、「転りん」は「転輪聖王」で、「戦車を駆って諸王を平定する覇王」、「天から授かった輪宝（戦車）を捧持して天下を平定し、正義によって世界を統治する理想的君主」（『日本仏教語辞典』）である。また長阿含経の説く輪王の徳に、国土安穏、人民悦服、風雨時に随い、地平正などがいわれる（『仏教大辞彙』）。家光が転輪聖王をこのようなものと認識して「二世転りん」

と称したのなら、初代転輪聖王は東照大権現であり、覇王でありながら、世界を統治する理想君主であった。ここに神話的始祖として東照大権現が姿を現し、世界はこの始祖から始まったという神話が形成される。このような神話的始祖とその神話によって、その二世としてこの王統に連なる家光の「受け継いだ」王位は神聖なものであり、その統治体制もまた神聖な体制となる。

家光自身とともに、春日局の役割が大きい。彼女が書いた「東照大権現祝詞」(15)には、家光が神徳を仰いで朝夕二度御幣をささげ、「ごんげんさまをふかく御しんかうなされ候ゆへ、なりかたき天かを御こゝろのまゝに、たなごゝろのうちにおさめさせられ」と、困難な天下の政治を自由にすることができたのは権現様信仰によるとされるから、権現様は家光を転輪聖王たらしめている王権の根源にある。また同じく「ごんげんさまより天か御はいりやうの御事なり、大権げんするが御ざいせには、君に天下の御ゆいせきをさづけたてまつり」ともあって、春日局は、家光の天下は大権現から授与されたと認識しており、大権現はいわば王権神授者の位置にある。家光自身の二世権現意識も大権現からの王権神授を意味している。さらに「御めつごには、一天しゆごの大ごんげんとあらはれて、君をまもりたまふ事、日夜ふたいにあらたなり」と大権現は天下並びに家光の守護神でもあった。東照大権現は王権神授者にして王権守護神、日本・世界の支配者転輪聖王であり、家光はその継承者であると自己認識し、春日局など周辺の人びともそのように認識していたのである。ここにも徳川将軍権力の神話的始祖とその神話の形成を見る。

家光は死後も大権現に仕えるため日光に葬られた。その贈名大猷院は、大いなる政治の遂行者の意味である。それは権力中枢の東照大権現の教義である天海『東照大権現縁起』でいう「治国利民法」の実践者の意味と見てよいが、そのこと自体、始祖神話の秘儀であって、神話として普及する性格のものではなかった。

東照大権現という始祖神話を一般化する役割を務めたのは、家光側近の禅僧沢庵であった。家光に召し出され東海寺に住し、大名たちに法を説き、書簡の往復による教化を積極的に行なった。沢庵が東照大権現に言及することは多くないが、『理気差別論』（『沢庵和尚全集』第二巻）という著書に「たてにもよこにも、かたゆきのなき心を正直と申也。……この心か生て如此なれは、いきなから神にて候。死して後この神を社壇宮のうちへいはいひこめて、たつとみ申也、今東照大権現とあがめ申ことくにて候」と述べるのは、家光の東照大権現信仰を積極的に意味化し、一般化する発言である。

『理気差別論』は朱子学の理気論を仏教に援用し、天地之部で理気陰陽五行万物の生成を説き、次で人身之部で性心気識意情機を説明し、さらに「神仏神」の部にいたり、その最後に右にあげた東照大権現論が唱えられているという構成の啓蒙書で、正保三年（一六四六）版・慶安元年（一六四八）版などがある。生きながら神であった家康を死後に祀ったのが東照大権現で、「かたゆきのなき心」、つまり贔屓偏執なき心である「正直」という徳目によって、家康は生きながら神であった。神は、「伸」であり「いたらぬ所もなく、いたりのびたるを神」と規定されるから、贔屓偏執なき「正直」の家康はこの意味で生き神なのである。また万物の根元である理は「天地のあひたにまん〳〵とみちて、いたらぬ所もなく候」と規定されるから、理の普遍性が贔屓偏執なき「正直」という心のあり方となり、「伸」であり神であるという理＝心＝神論によって、家康の神格化がなされ、またその性格が「正直」＝万物に偏在して贔屓偏執なき心、と規定されることで、治国論を志向している。

この理＝心＝神論によれば、「此神この身にありて主人也。あるひは性、あるひは心」と、神は人間に内在して性となり身の主となる。このことを認識した「道のあきらかなる人は、いきながら神にて候間、死しまし〳〵ても神也」、「道あきらかなる人のはてたまひたるを神と申」、その「ひとのたましひをは、まつりいはふて明神」と、明君聖王の神格化におよぶ。東照大権現は、このような明君聖王、つまりこの時期に神となった多くの大名たち、の頂点に位置する。将軍―大名の関係を神聖秩序化するとともに、それをそのまま死後の世界へ持ち込み、東照大権現と神格化した大名という神々の秩序とすることを可能にする論理であった。また「正直」＝神論とあわせれば、徳川将軍権力による治国は、贔屓偏執なき民治であるという体制の神聖化へと展開されうる。

沢庵の他の著作では、君臣論や職分論の形をとった治国論が散見される。例えば「天下ヲシロシメス君ハ、諸国端々マデ民ヲ覆ヘ、苦マヌヤウニ恵ミ玉ヒ、一国ヲシロシメス人ハ一国ノ内ヲ恵ミ玉フコト、天地ヲ則トシテ治メ玉フ者ナリ」（『上中下三字説』、同前所収）のように、民を恵むことが天下の主＝将軍と一国の主＝大名に共通する職分となる。その下で「世有二三宝一。大工大農大商也。只以レ多被レ軽二於人一。金銀如レ山。無レ工争高二宮殿一乎。従有二王侯一。無レ農争立乎。従雖レ欲レ厳二粧飾一。無レ商則争財足乎。是以為レ宝。故古王者民如二心腹一。民者四民也。農工商矣」（『泉南寓居記』、同前所収）と農工商の三民を各々その職分において三宝と尊ぶ職分論が説かれる。これによって「君やすく〳〵として宝殿に坐して居たまひ、天下の四民百工やすく世に住んて己々か所業は、己々と勤めて国安穏也。……聖君国を回りて、田作るか蚕するか、角せよ兎せよとは云はすとも、田作る者は己と田作り、蚕するものは己と蚕し、四民百工己々となす業也。聖人は只天道の易簡にして、万物己々と生成する如くに只天に法る。国の乱れざるようにして居給すれば、民は己々所作をして身やすきなり」（『東海夜話』、同前所収）というのは、職分論にもとづく治国論である。こうして百姓は各々の固有の職分によって農工商に編成される。東照大権現と神格化した名君聖王の関係と結びつければ、それは一種の神聖治国論、宗教性を媒介とする百姓編成のイデオロギーであった。

家光期における権力中枢での治国論をともなっての王権始祖神話の形成は、以上のように仏教を主体になされてきた感が強い。それなら、幕府の治国イデオロギーの担い手といわれてきた儒者たちにおいてはどうだったのか。この時期に権力中枢にあったのは羅山を筆頭とする林家の儒者であるが、彼らには東照大権現に関する発言はもとより治国論もほとんど知られていない。前田勉によれば、それどころか「近世日本の朱子学者の理想主義」は兵営国家という現実の中で挫折し、羅山以来儒者たちは「特有の強い疎外感、無用者意識」をもっていたといわれる(8)。儒者たちの理想主義において治国平天下は、民の性善を信頼し、その本来的な道徳性を覚醒させる修身によって実現される。従って治国平天下のための特別な政策や理論は必要ではない。基本的にここに朱子学から治国論が生まれてこない理由がある。

それでもかつて藤原惺窩はそれを試み、一六〇六年（慶長十一）紀州の浅野幸長に請われて「為政の存心、資治の守約」（『藤原惺窩集』所収「惺窩先生行状」）を説き、具体的には「養・教・刑」の策を示した（日本思想大系『林羅山　藤原惺窩』所収『寸鉄録』）。しかし為政者に修身がない以上、改めて修身から説き始めねばならず、治国策は空転した。また和歌浦天満天神社再建の碑文の作成を求められ、民衆の神祇信仰と結びつけた神儒一致の民政論を草したのは、儒教治国が民衆の宗教性を媒介として初めて成り立つという告白であり、現実的たらんとすれば宗教化せざるを得なかったのである(16)。

羅山の場合、東照大権現にかかわる文章が幾つか知られるが、内容的には神格化とはほど遠い。例えば「東照大神君年譜序」（『林羅山文集』）では、冒頭に「夫世系之出レ自二皇帝一者皆皇胤也」と宣言して、清和天皇の孫経基王に始まる源氏から新田・松平と続く系譜を掲げて徳川家を皇胤とみなし、最後に「至二乎　大相国一、其威霊盛徳、爰監爰臨、明明赫赫、与二日月一斉相輝、孝子慈孫克敬克勤、縄縄綿綿、与二天地一共悠久、以下所二覆幬一之闔国上、永伝全持、而本枝派流、皆於二千万年一至二於無窮一也、盛哉大哉」と、大相国家康にいたってその威徳が日月の如くに耀き、子孫は悠久となろうと述べる。徳川家及び家康は皇胤として威徳を輝かしたと、東照大権現としての神格化よりも、むしろ皇威との結合に意がある。

理当心地神道と名づけられる羅山の神道が、帝王の道である王道と一理を主張することからすれば、皇胤に連なることで東照大神君を荘厳することが目的であったと考えられる。『神道伝授』（日本思想大系『近世神道論前期国学』）では、帝王が天照大神より三種神器を受け継ぐことによって「王道神道理一也」と神道と王道とは一体化される。三種神器に表象される神道は人心では智仁勇で、神器が帝王に授けられることで王道と一理となり（二、三種神器）、また「理当心地神道、此神道即王道也。心ノ外ニ別ノ神ナク別ノ理ナシ。心清明ナルハ神ノ光也。行跡正ハ神ノ姿也。政行ル、ハ神ノ徳也。国治ハ神力也」（十八、神道奥義）と、理＝神は心に収斂されて理＝心＝神論で説明され、心の清明・正しい行跡・政・国治という修身から治国にいたる王道が、神の光・姿・徳・力という神道の現れであるというように、修身による治国をいう以上のものではない。

「民ハ神ノ主也」（六、神道人道一理）という民を神の主とする主張は注目してよいが、「人有テコソ神ヲアガムレ」と人の敬いによってこそ神が存在するというのがその理由であり、そこから「然バ民ヲ治ハ神ヲウヤマフ本也」と治民＝敬神の論理が述べられるのは、王道＝神道論の補完にすぎないが、民は神の主というテーゼは次に「人ヲイハイテ神トアガムル時ハ、人ヲ本地トシ神ヲ垂迹トス。是ハ元来ヨリ神ヲイハフト替リ有故也。根本ノ所ヲ本地トシ、宮社ノアルヲ垂迹トス」（五、本跡三儀）という考えを生み出す。東照大神君が治民に努めたから、それ自体が神として本地として崇められることになる。本地垂迹論を排し、家康その人が根源的本体として神と崇められるという論理となる。羅山がなしとげた唯一の神格化の言説はこれではないか。人を神と祝うのは、人の生前の治民の行跡によるという論理であり、沢庵と質的に差がない。沢庵のそれも理気論から導かれたものであることからすれば、権力中枢では儒教的思惟が神格化論理の核になったようであるが、それは理＝心＝神論であることにおいて、心の思想というべきものであり、唯心弥陀的な心に住み着いた仏教が姿をかえて現れたものとも見なしうる。その意味で権力中枢における神格の性格規定およびそこから展開する治国論、さらに始祖神話は、民衆思想を基盤としてその吸収を意図している。しかしながらそれらは、始祖神話としても治国論としても、いまだ素朴な段階に留まっていた。

## 四　家光期権力周辺での神話形成

人びとに、徳川将軍権力の始祖神話を普及させるには、権現様家康の伝記があればよい。『太閤記』がいち早く成立して世に知られたのと対照的に、早い時期での家康伝記に当たるものの流布は知られていない。この代役を果たしたのは家康の言葉を筆記したと伝える『東照宮御遺訓』（『日本教育文庫』）という書であり、ヘルマン・オームス(4)はこの書を、徳川体制を「天道」の体現として意味づける天道哲学の書と見なした。

オームスによれば、『東照宮御遺訓』は神儒仏の用語を用いて「天道」概念でそれらを総合し、徳川家は「天道」から天下統治を委任されたとその秩序を神聖化する。人びとは徳川家の主家康でも天皇でもなく「天道」に忠誠を求められ、治者には元徳が要求され、民は搾取してはならない「慈悲」の対象となる。「慈悲」は万物の根元であり、そこから流れ出る智慧と正直によって平和的で公正な政治を保証する。徳川武家政権を成り立たせた「武道」とそれを象徴する剣は、「天道」の「慈悲」を表すものとなる。このオームスの見解は示唆に富むものであるが、『御遺訓』は貝原益軒が一六八二年（天和二）に原本に改訂を加えて現形となった書であり、オームスはこれを家光期に刊行されたと誤認し、またそのテクスト分析は、特定の理論枠を前提として読み出されたもので、方法的に問題があると平野寿則(17)が批判を加えた。

この『御遺訓』の原初形態を伝えるのが『井上主計頭覚書』（内閣文庫所蔵／明治九年写本(18)）という一書で、家光が竹千代の名で登場することからしても、おそくとも家光治世の初期には成立していたと思われる。この書でもやはり天道が語られるが、それとともに仏教ないしは三教一致的思惟が多く認められるという特質をもつ。武家の大宝である武道は、平時には撫民仁政を内容とし、それは神道の正直・慈悲・智慧に、また儒学の明徳・至善・親民に、さらには仏法僧の三宝に、それぞれ比定され、中でも慈悲が根本原理とされる。こうした武道＝撫民仁政＝神儒仏三教＝慈悲を根本という文脈において、「今当来ノ阿弥陀仏ト申ハ殿ノ御事ニテ」と家康阿弥陀仏説が述べられ、「万民ヲ御救済被成、国主郡主ヲ始人ヲ苦ムモノヲ御改」とその万民救済が語られることで、慈悲は家康＝阿弥陀仏のものとなる。秀忠近侍の家臣井上正就が聞いた家康の言葉を記録したというこの書の性格からして、権現様を弥陀と仰ぐ思惟が徳川家臣団のうちから生まれたことを思わせる。武道を治国と家康阿弥陀仏論に結びつけたこの書の成立は、徳川将軍権力の体制が阿弥陀仏である権現様によって始められた神聖な体制であり、衆生済度の慈悲を実現する体制であったと語る神話の、原初形態の成立と見てよい。

『三河物語』も権現様の伝記に代わる書で、権現様並びに松平歴代を慈悲の君主として語ることで、一つの神話となっている。松平初代親氏は「御慈悲ニおひてハ、幷無レ人。民百将《(姓)》・乞食・非人共に至迄、哀みヲくわへさせ給ひて」云々、二代泰親は「御慈悲中々申ツクシガタシ」、三代信光も同様であり、四代親忠では「御武辺ト、御情・御慈悲」、五代長親も同様で、六代信忠では「第一御武辺、第二に御内衆御情・御詞ノ御念比、第三に御慈悲、是三つヲモツテ続キタル御家」と、松平家が武辺と情と慈悲の家柄と語られる。このような松平家の伝統から生まれた家康はもとより慈悲の大将である。逃げ込んだ石田三成を許したのは「家康御慈悲におハしまし」たからであり、関が原合戦後は毛利や秀頼を慈悲によって許す。逝去の後には「君之御恵ミあまねく、御憐みの深くして、世も静り、かた〳〵安穏」となる。こうして「親氏・泰親様より、今当将車《(軍)》〔家光〕様迄、御代拾壱第《(代)》之御事……御代々御慈悲をもつ〔て〕一つ、御武辺をもつて一つ、よき御普《(譜)》代をもつて一つ、御情をもつて一つ、是によつて、御代々も末ほど御繁昌」と、徳川の天下・治世を慈悲と武辺、譜代家臣の忠節と主君の厚情にあると語るのである。そして東照権現の「垂迹三所」、つまり日光三所権現は、『曽我物語』の文脈を借りて「中《(仲)》哀・神宮《(功)》・応神三皇の玉体なり。本地を思へバ、本覚法身、本有の女木《(如来)》なり」と語られ、大権現は仲哀・応神ら夷狄を平らげた天皇と現れたのであり、その本体は本覚法身・本有の如来、つまり覚の知恵を本来的に所有している根源的な仏であるという。「本有」はまた、生そのものを指すこともあるから大権現は生き仏の意味ともなろう。その根源的な仏は何仏とも語られないが、「慈悲」を本とすることからすれば、一向一揆にまでいたった弥陀信仰の伝統の地から生まれた徳川家中には、弥陀がより適切であろう。家康は民衆救済を旗印に天下統一を成し遂げたから、慈悲の仏である阿弥陀如来の生身の姿であるということでは、『井上主計頭覚書』と同じ位置にある。

『三河物語』の大久保忠教と同様に旗本であった禅僧鈴木正三は、幕府とは関係なしに東照大権現を自ら祭祀した。無師自証の禅者で、禅と念仏の双修を唱えた鈴木正三は、その盟友である臨済禅の愚堂東寔・大愚宗築・雲居希膺・雪窓宗崔、曹洞宗の万安英種、真言律の賢俊良永などとともに、衆生済度の誓願を起こし、元和・寛永期に各地で活動した。仏教復興運動といってよい(16)。近世初頭の仏法を退廃と見なし、仏教本来の使命である衆生済度に立ち返ることを念願したのであった。

正三は『念仏草紙』(『鈴木正三道人全集』)で、「神といひ仏といふは、水となみとのかはり也。本地一躰にておはします。まづ、日本の御あるじ、天照太神を始奉り、熊野の権現も、本地あみだにておはします。其外の神々、本地、あみだならざるはすくなし」と言い、八幡大菩薩に空也上人が参籠したとき、「いにしへのわが名を人のあらはしてなむあみだ仏といふぞうれしき」と詠み、また天照大神は「あみだ仏となふる人のむなしくばわれこのくにの神といはれじ」とも詠じ、「あみだ如来をねんじ奉る人、何れの神をか、もらし給ふべきや」と説いているのは、あらゆる神仏菩薩を阿弥陀仏として受け止める民衆的思惟を代表している。正三は、弟の三郎九郎重成が家光から下賜された秀忠の遺金をもとに三河石平山に恩真寺を開き、中央に観音、その左右に東照宮・台徳院の尊牌を安置して君恩に報じようとした。また島原の乱後にこの地を教化し三十二の寺を開き、その浄土宗の一寺にはやはり東照宮・台徳院の尊牌を立てた。（補注1）正三の諸神仏本地阿弥陀仏論からすればこの寺々に安置された東照宮・台徳院もまた阿弥陀仏なのである。

オームス（4）は幕府が「誂えのイデオロギーを注文したとしても、正三の教えはこれ以上改良することが難しかったろう」と言い、正三が四恩論の中で国王の恩に関して『反古集』第八（同前所収）で「聖王正治ヲ敷シ玉フ則バ、万民自ラ安ンジ、非人畜類ニ到迄、覚ヘズシテ此徳ヲ蒙事甚深シ」と述べたことを、「徳川体制と「聖王正治」とを同一視する」ものであると捉えた。転輪聖王を連想させるが、正三がこの言葉を多用しているわけではない。けれどもオームスがこれを「幕府は、人が霊的運命を達成するに理想的な社会環境を与」えることと説明するような意味であれば、それは正三がいたるところで力説するところである。正三は、「仏曰、仏法は国王大臣有力檀那に付属すと説たまへり。然則ば公儀の御下知なくしては仏法正理なるべからず」（『万民徳用』、同前所収）と、公儀の主導による仏法興隆と治国を理想としており、そのような君主こそ国王であり聖王と観念され、幕府にこれを建策することを生涯の念願としたのである。正三の仏教治国の建策が家光を対象とするのは、家光に「聖王」の可能性を見ていたのである。幕府が誂えたのでもないのに、旗本出身の仏教者正三は、東照大権現を衆生済度の阿弥陀如来であり聖王であると見なし、家光にもそれを期待する言説を生みだした。体制神聖化の神話の形成がここでも始まっている。

東照大権現が祀られた日光でも、その神に関する言説が形成された。『東照大権現縁起』の仮名本では、三河鳳来寺の薬師如来に祈って得た子であるという伝説によって、家康の地薬師如来説がいわれていたが、家康三十三回忌に用いられたと思われる作者未詳の『東照宮大権現講式』（『慈眼大師全集』）には、「東照」を薬師の浄土である東方浄瑠璃世界に結びつけ、「日出レ東照二一天一吉也、神占レ東治二和国一也」と、東から全体を照らし平和を実現する神と意義づけている。また「大権現鎮二坐高峰一如三皇在二高天原一、今僕射治二祚江城一、似三孫（天脱カ）降二渡遇宮一、其故権現御情譲二天下於家光公一」と、日光を高天原に、天孫降臨を家光への天下譲りに擬し、家光もまたその権威の一端に位置づける。菅原信海[19]はこの記述から「日本国中を照らす神」であり「天照大神と同じくわが国を統治するという意識」を読み取っている。ここでは東照大権現を国家神とする教学の形成がある。

その一方で日光では、両脇に山王権現と摩多羅神を従えた東照三所大権現として祭祀されている。山王権現は本地釈迦如来の意味よりも古来の伝統を持つ霊山日光の信仰を表わし、摩多羅神は本地が阿弥陀如来であり、常行堂に祀られる弥陀信仰の行者の守り神としての意味が重要であろう。そうであれば本尊東照大権現は悉病除去の神としての薬師であり、この三尊は民衆信仰を吸収する装置となっている。三所権現となることで初めて民衆性を獲得できたのである。

## 五　綱吉期における神話の成立

家光の後を受けた家綱が、将軍専制権力を確立し得ず、嗣子を得ないまま病没すると、四男綱吉が将軍職を継承した。綱吉政権は治世の始めに「天和の治」と称された厳しい政治姿勢で将軍専制権力を構築するとともに、家光期以来の課題である支配体制神聖化の仕上げを行なった。生類憐れみ令に代表される仏教への傾斜は、東大寺大仏殿復興にも知られ、一方での不受不施派・悲田派の禁制、新寺建立禁止令などの統制をもともなっていた。また連年にわたる営中法問や増上寺での論議は、仏教教義を総覧する東照大権現の再来を思わせるものがある。仏教ばかりではなく、自ら諸大名の前で四書五経を講じたような儒教への関心は、湯島聖堂の開設、林信篤の大学頭任命など儒教の地位の確立をともなっている。また服忌令を定め、大嘗祭を始めとする朝儀復興などの神道的諸政策がある。このような宗教全般に関する初期の綱吉政権の強い関心は、仏教・儒教の慈悲・仁などの普遍原理を治国原理として囲い込み、家光期以来の神話形成を継承し、その系譜のうちに綱吉将軍権力を位置づけようとしていたことを意味する。

徳川家史ともいうべき史書の編纂も神話形成の観点から考えられる。一六八三年（天和三）に『三河記』の校訂が命じられ、八六年になると『武徳大成記』（内閣文庫所蔵史籍叢刊）と命名され、最初の官撰の徳川家史が成立した。その特色は、第一に松平歴代を慈悲の主君とすることである。初代親氏を「生レツキ慈悲深ク農民ヲ撫デ愛シ」とするに始まり、松平歴代は皆慈悲の主君と称えられ、家康もまた「大神君其ノ仁天ノ如ク智神ノ如ク」とされる。第二に治国論的な文言がちりばめられる。親忠の部分で「唯慈悲フカク、法正シク、政スジメナル者ハ、国ヲモ起シ、家ヲモ能ク保ツベシ」と教訓し、「農人ハ耕作ヲ勤メ、工商ハ其ノ職ヲ怠ラズ、民ノ用ヲナシ、士ハ分限相応ニ禄ヲ取リテ、……其ノ恩ヲ仰グユヘニ、命ヲ棄テ国家ノ防ギニモナル」というような職分論がそれである。第三に徳川の天下掌握の予言がある。大樹寺という名称は「後チ御子孫大将軍トナリ給ヒ天下ヲ治シ玉フ前兆ナリ」と言い、清康が「是」の字を握った夢に関して「日ノ下ノ人ナリ、君日ノ下ノ一人トナリテ天下ヲ掌ニ握リタマフヘシ」とする。しかし家康を神格化する記述もないから、これだけでは始祖神話とするには不十分である。この仕事を命ぜられた林春常（信篤）・木下順庵などの儒官の限界であった。これとは別に、先述したように、天和期に『東照宮御遺訓』が貝原益軒によって儒教中心の治国論として改定されるのは、こうした綱吉政権の始祖神話形成が民間で先取りされたものであろう。

始祖神話形成の帰結は、松平家の天下掌握を弥陀如来からの授与として王権神授説を説く『松平崇宗開運録』の登場である(18)。増上寺で存応から檀通にまで伝承された家康一代記が原形で、のちに松平一流の歴史が付加されて本書の姿になるが、それを綱吉の御前で語ったのが顕誉祐天であった。『中村雑記』（内閣文庫所蔵写本）に、生母桂昌院の勧めで綱吉の御前に出た祐天が「東照公ノ浄土御信向ニテ、ヱンヱトコンク（厭穢欣求）浄土旗ノ由来長々トイタサレ」とあるのが第二節で述べた厭欣旗の由来を含む家康一代記であったと判断される。この物語を語った祐天は、高田衛[20]によって「江戸の悪霊祓い師」と名づけられ、累という女性に憑依した悪霊を退散させて名をなし、やがて女性の出産の祈禱で名声を博し、綱吉生母桂昌院の帰依を受け、その所縁で世継ぎの子に恵まれない大奥へ入り込み、やがて綱吉の御前で説法することとなった。そこで本書が語られたのであるが、その後も「文照院様御代増上寺祐天大僧正於御前」で語ったという奥書を持つ写本が存在し、六代将軍家宣の御前でも語られた。さらには「元文初の年の頃江戸御城にて被仰出事にて、此書物は宝物殿中に而御坊主衆写し取候也」という奥書の写本の存在から、この物語が記録されて江戸城中の宝物殿に収蔵され、八代将軍吉宗の命で書写されたことが知られる。こうして『松平崇宗開運録』という名称を付され、多くの写本が作成された。『松氏古記』『松平啓運記（録）』『大樹帰敬録』などの異名のものを含めて、御三家から貸本屋にいたるまでに流布し、八十余点の写本が現存している。また一七一二年（正徳二）には増上寺がこれを改変した『浄宗護国篇』（漢文本・和文本の二種）が刊行された。

『松平崇宗開運録』が語るところは、松平家史や家康の伝記に関しては『武徳大成記』と大筋で変わらないが、神話化が著しい。その第一点は、弥陀天下授与説である。それは、松平四代親忠に対する大樹寺勢誉の勧化において、「某幾度も此界へ生れ来て、松平の家へ天下を取渡さんと還来の大願を発す」と語ることに始まる。この勢誉の生まれかわりが大樹寺登誉で、元康が桶狭間合戦ののち大樹寺に入ったとき、「弥陀の諸神より天下を取て君へ渡し給ふ也」と予言し、浄土の付法・法号・厭欣旗などを授ける。元康が攻め寄せた敵を打ち破り岡崎入城を果たすと、この祝いに駆けつけた大樹寺登誉は日課念仏を課するとともに、「君御一生の内に天下を領し給ふへし……弥陀如来より君へ天下を渡給ハぬ間ハ、必天下を領せんと急玉ふ事なかれ。釈迦弥陀より造作なく天下を御引渡有迄ハ、随分御心を永持……如来より渡ル時節を待給へし」と、弥陀如来からの天下授与を予言し、それまでの自重を求めるのである。こうして信長・秀吉に臣従し、やがて秀吉から政権を委託されると「往昔登誉上人仰置れし釈迦弥陀より天下を渡し給ふ時節」と感得する。関が原出陣に当たって増上寺存応は「公の天下ハ弥陀より御請取の天下」と激励する。このように展開されている弥陀天下授与説は、家光期に成立した王権神授説の神話物語化と見なしうる。

第二に、天下弥陀授与説を軸に、その天下はいかにあるべきかという武道論・治国論が展開される。鈴木正三の職分仏行説が敷衍され、武士は治天下、農は耕作、職人商人は相資を職分とするが、「四民の業しかし菩薩の行」であり、とりわけ武士は「国家の人民を安穏ならしめんと仁慈を専にして、……只人を救ひ助けんと思ふ心こそ真の武士にして、ほさつの行とハ申也」と人民安穏を職分とする菩薩行の実践者とされる。また「天下を納《（ママ）》め、念仏の行を世間に繁昌させ、万民を現当二世共に相助けんと、大悲利生の御志にて強敵を退治」すれば「民栄へ、浄土往生の勤めをなし、順次に解脱を得」と、弥陀に代わって衆生済度を行なうとされる。弥陀からの天下授与は武士＝将軍権力を菩薩と意味化するのである。

『松平崇宗開運録』の出現は、家光段階で形成された神話的始祖、王権神授説、職分仏行説などを包み込む物語としての神話の成立を示している。王権神授説は、民衆の宗教性が抜き難い段階においてこれを権力基盤として編成するために、徳川将軍権力の成り立ちを隠蔽して神聖な仕事と説明し、職分仏行説はその支配体制を神聖にして正統と弁証し、両者あいまって王権神話としての性格を持った。始祖神話の成立によって徳川将軍権力は王権としての性格を明確にした。綱吉政権は、朝儀復興を含むさまざまな宗教政策を集中的に展開し、王権の授与者である神仏およびその司祭者を体制内に囲い込む。徳川将軍権力は、それ自体は世俗権力でありながら、始祖神話という宗教的装置を備えることで、「〈権威〉を自家調達する」王権となったのである。（補注2）

## おわりに

王権神話形成を主導したのは仏教であったが、羅山の神道即王道説も、徳川氏皇胤説を含むことで王権神話を志向するものであろうし、他方での高天原・天孫降臨の天皇神話を家光への天下譲りに擬する神話形成も同様な意味を持った。家宣期に、新井白石が将軍国王説を唱え、礼楽を正す政策を展開するが、それは、治者が天地と交感し宇宙の秩序を維持するものが礼楽であることからすれば[21]、王権が宇宙の絶対原理に権威づけられるという点で王権神授説と同じ位相にあり、それへの儒学からの対応と考えることもできそうである。

『松平崇宗開運録』の王権神授説も宇宙の絶対原理と人間の交感という宗教的心意に立脚するものであり、仏教側から形成されたにしても、儒教や神道、さらには天道思想や民衆宗教と基盤を同じくするもので、日本近世の思想として何ら特異なものではない。王権神授を語る始祖神話は、徳川将軍権力を民衆社会に着地させる一つの方途であった。白石の退場によって将軍国王化は挫折したかに見えたが、その後を襲った吉宗は、「個別領主を超えた全国統治権力」を志向して将軍専制権力を樹立し、王権としての性格は強化された。吉宗は「諸事権現様お定めの通りを主張して家康＝東照権現への回帰を目指し」、「東照権現イデオロギーを前面」に押し出した[22]。宝蔵から『松平崇宗開運録』を発見し、書写させたのは吉宗であり、これによって権現様神話は広く流布することになった。

吉宗が諸大名に勧請された東照宮の所在調査を実施したのも注目してよい。諸藩の東照宮の中には和歌山藩・名古屋藩・仙台藩のように町方の練物《ねりもの》を中心とする大掛かりな祭礼をともなうものがあり、全国一律ではないにせよ権現様神話の定着に大きな役割を果たした。権現様神話の民衆化は、近世臨済禅の大成者白隠が『辺鄙以知吾』（一七五四＝宝暦四年、『白隠禅師法語全集1』）で『東照宮御遺訓』を賛美していることにも知られる。「如何様是は尋常にてはよもおわさじ、法身意生の仏菩薩の末代の衆生を憐ませ玉ひて、かりにしばらく宰官の身を現じ玉ふにやある」と、権現様を仏菩薩の応化身と称える。[補注3] ここに人神としての権現様がいる。民衆宗教の教祖が、また本願寺の門跡が、人神と崇拝されたことは周知に属するが、権現様はこの世界に住処を移していった。白隠はまたこの書が何故版行されないのかと慨嘆する。このことによって『辺鄙以知吾』は禁書となった。幕府の出版取締り令に対する本屋仲間の自主規制リスト（明和八年『禁書目録』）の内には『松平崇宗開運録』『東照宮御遺訓』『東照宮御縁起』『武徳大成記』などが含まれている。それにもかかわらず、これらは写本で流布し、権現様神話を再生産し続けた。慈悲・仁政の体現者が権現様であるから、権現様は仁政を要求する民衆の神となったとも考えられよう。

（1）深谷克己「寛永期の朝幕関係」（初出一九七八年、『近世国家・社会と天皇』所収、校倉書房、一九九一年）

（2）大桑斉「仏教的世界としての近世」（『季刊日本思想史』48号、ぺりかん社、一九九六年）→本書第二部第二章

（3）上野千鶴子・網野善彦・宮田登『日本王権論』（春秋社、一九八八年）

（4）ヘルマン・オームス（黒住真ほか訳）『徳川イデオロギー』（ぺりかん社、一九九一年）、オームス・大桑斉編『シンポジウム〈徳川イデオロギー〉』（ぺりかん社、一九九六年）

（5）高木昭作『日本近世国家史の研究』（岩波書店、一九九〇年）

（6）朝尾直弘「東アジアにおける幕藩体制」（『日本の近世1』、中央公論社、一九九一年）

（7）倉地克直『近世の民衆と支配思想』（柏書房、一九九六年）

（8）前田勉『近世日本の儒学と兵学』（ぺりかん社、一九九六年）

（9）曽根原理『徳川家康神格化への道』（吉川弘文館、一九九六年）

（10）平野寿則『近世民衆仏教論』（大谷大学提出学位請求論文、二〇〇〇年）＊「序章——研究と課題」（大桑・平野編

『近世仏教治国論の史料と研究　松平開運録／東照宮御遺訓』、清文堂、二〇〇七年）
（11）徳川義宣「徳川家康の一連の偽筆と日課念仏」（『金鯱叢書8』、思文閣出版、一九八一年）
（12）朝尾直弘『日本の歴史17』（小学館、一九七五年）
（13）菅原信海『日本人の神と仏　日光山の信仰史』（法藏館、二〇〇一年）＊注（14）と誤認した。お詫びして訂正する。
（14）藤井讓治『徳川家光』（人物叢書、吉川弘文館、一九九九年）＊野村玄『徳川家光』（ミネルヴァ日本評伝選、ミネルヴァ書房、二〇一三年）
（15）前掲注（13）
（16）大桑斉『日本近世の思想と仏教』（法藏館、一九八九年）
（17）平野寿則「『東照宮御遺訓』と『井上主計頭覚書』について」（前掲注4『シンポジウム〈徳川イデオロギー〉』）＊『東照宮御遺訓』は前掲注（10）大桑・平野編書に収録
（18）大桑斉「『松平崇宗開運録』覚書——解題にかえて——」（平成10・11年度科学研究費補助金成果報告書・研究代表者大桑斉『近世における仏教治国論の史料的研究』、二〇〇〇年）＊『井上主計頭覚書』は前掲注（10）大桑・平野編著に収録し、平野が「『井上主計頭覚書』と近世初期政治的イデオロギー」で解説している。大桑論文は**本書第一部第四章**
（19）菅原信海『山王神道の研究』（春秋社、一九九二年）
（20）高田衛『新編江戸の悪霊祓い師』（ちくま学芸文庫、筑摩書房、一九九四年）
（21）ケイト・W・ナカイ『新井白石の政治戦略』（東京大学出版会、二〇〇一年）
（22）高埜利彦「一八世紀の日本」（『岩波講座日本通史13』、岩波書店、一九九四年）
（23）中野光治「諸大名による東照宮勧請の歴史的考察」（『歴史学研究』760号、二〇〇二年）＊→『諸国東照宮の史的研究』（国書刊行会、二〇〇八年）
（補注1）三浦雅彦『鈴木正三研究序説』（花書院、二〇一三年）に、恩真寺には家康と秀忠の位牌は最初から存在しなかった可能性を、また天草に三十二カ寺を開いたとされるが、曹洞宗十一、浄土宗七、真言宗一の計十九カ寺で、家康や秀忠位牌は少なくとも五カ寺で祀られていたことが明らかにされた。

（補注2）　第五節は、綱吉政権における神話成立を政権の意図として論じたが、それ以後に稿を起こした次章（第一部第三章）での綱吉政権の考察から、政権周辺での神話形成と見るべきと結論するにいたった。本来的には、この節は全面的に改稿されるべきであるが、既発表論文としてそのままに残し、ここに若干の補足を付すことで訂正に代えたい。すなわち、綱吉政権は家光期の体制神聖化の課題を継承しながら、むしろそれを乗り越えることを意図し、『松平開運録』の成立は、綱吉政権自体によってではなく、その周辺においてなされ、綱吉は始祖神話形成にはむしろ批判的で、始祖を超える権威構築を構想していたと見なしたい。（以下訂正追加）「始祖神話という宗教的装置を備えることで「〈権威〉を自家調達する」王権となった」という文は、「〈権威〉を自家調達する」王権となり、始祖神話はそれを外部から補完する装置として仏教側から構築された」と改めたい。詳しくは次章で改めて考察する。

（補注3）　『辺鄙以知吾』の引用で省略した部分を含めて掲げて置く。「近頃不慮に神君の御遺訓を披覧し奉り、且つ驚き、且悦ぶ。誰か計らむ、大樹神君、斯くまで仁徳厚くおわして、聖知斯くまで優かに渡らせ玉わんとは。仁政の美、治世の式、三台四海を照らし、五緯中央を鎮して、天下を泰山の安きにおく。寔に漢高四百年の洪基にも越えたり。開闢より此来、比類こそおわさね。如何様是は尋常にてはよもおわさじ、法身意生の仏菩薩の末代の衆生を憐ませ玉ひて、かりにしばらく宰官の身を現じ玉ふにやある。……家を治め、身を治むるには、此書に過たる事や有るべき。一国一城の主じたらむ人々は、朝夕の看教誦経の代りと思ぼしめしよみ玉へかし。此書を貴び読まんず国は、神明とこしなへに鎮護し、仏陀も擁護の眸理を垂れ玉ひ……」、「武士にも限らず、万民にもかぎらず、出家沙門、乞食法師の類ぐひまでも、堯年舜日の恩沢に預る事は、大樹神君、慈悲を万づの本とし玉へる万古不易の善政の威徳ならや」

# 第三章　綱吉政権における王権と仏教――増上寺法問をめぐって――

二〇一四年五月に脱稿した新稿。前章（第一部第一・二章）で見通し的に提示した綱吉政権と宗教の関係論を見直すために本章が要請された。綱吉の増上寺法問という個別問題の検討によって裏づけを試みたが、結果的には大幅に前章での見通しを修正せざるをえなかった。始祖神話『松平崇宗開運録』の成立に関しても、前章の見通しおよび次章（第一部第四章）での検討を補足するものとなっている。

## はじめに

徳川五代将軍綱吉の政権と宗教との関係に関して、先の第二章で以下のような見通しを述べた。「宗教全般に関する綱吉政権の強い関心は、仏教・儒教の慈悲・仁などの普遍原理を治国原理として囲い込み、家光期以来の神話形成を継承し、その系譜のうちに綱吉将軍権力を位置づけよう」（五八頁）とするものであり、この時期に成立した『松平崇宗開運録』の弥陀天下授与説は、家光期の神話形成の帰結としての物語化で、始祖神話という装置によって、権威の自家調達を可能にした（六一頁）、と。また、第一章で綱吉期も「東照大権現は始祖神となることで超越王権の自律的な権威源泉となった」（二三頁）と述べた。つまり綱吉政権を家光政権との連続線上に置き、その体制神聖化を東照大権現を権威源泉とすることで実現しようとしたと捉えたのである。しかし本章ではこれを修正し、綱吉政権は、家光政権が始祖神東照大権現を権威源泉としたのを乗り越え、全く独自な権威源泉を構築しようとしたことを明らかにする。

　第二章でも紹介した始祖神話の物語に綱吉が反発した挿話にかかわっている。生母桂昌院が綱吉に対して増上寺の顕誉祐天に「東照公ノ浄土御信向」として「ヱンヱトコンク《（厭穢欣求）》浄土旗ノ由来」を語らせたが、綱吉は「御タイクツ」して三度まで座を立とうとした。始祖神話である『松平崇宗開運録』の原型となった「祐天御前物語家康一代記」に、綱吉が退屈し座を立とうとしたのはなぜなのかを問題としなければならなかった。始祖神話への反発、否定であろうが、前章ではこの問題を考察することをなく、始祖神話に権威源泉を求めて権威自家調達と見なして放置してしまった。綱吉政権の王権としての正統性を支える権威源泉を改めて検討しなければならないという課題が残されていた。

　弥陀天下授与説は王権神授説であるとともに、王権弥陀補佐説でもあるのだが、前章ではこれをあたかも綱吉政権による形成のごとくに論じたが、それはむしろ増上寺による仏教側からの綱吉政権への要求であった。最初の報告書論文[1]では、『開運録』は綱吉の治国策に合わせて語られたもので、弥陀から天下を授与されたのは念仏を天下に弘めることで万民を往生させるためである、従って松平家の天下掌握は弥陀の事業と等しくなると説くものと考え（一二九頁）、また『開運録』関連の別論文[2]でも、始祖神話がなぜ綱吉期に確立されたかと問い、民衆救済＝仁政という綱吉政権の課題に対応して、弥陀の救済を補佐し代行する始祖に淵源する徳川政権と意味化することで、政権の正統性を確認しようとした（一四五頁）と考えた。このような始祖神話の王権弥陀補佐説は王権の側ではなく、仏教の方からの提言であるという理解に立ち返らねばならない。綱吉が始祖神話に反発したのは、弥陀の民衆救済を補佐するために王権が授与されたという始祖神話のプロットに対して、弥陀という外部権威からの権威付与と受け止めたからであろう。始祖神話『開運録』は増上寺祐天によって物語化されたから、権力中枢での神話成立ではなく、権力周辺からの営為であったことを、見失っていた。家光期における鈴木正三の営為に相当し、それが直ちに政権における権威構築に結びつかなかったと同じ位置にある。外部からの権威付与を乗り越えて、権威を内部調達しようとした綱吉が反発したのはここにも理由があった。このように前説を訂正して、王権の外部にある宗教とのかかわりを具体的に検討する。

## 一　研究史から

綱吉政権の儒仏への接近が意味的に捉えられている研究は少ない。一般的通史をみれば、国民的宗教論などで宗教に関心の深い研究者である尾藤正英は『日本の歴史16元禄時代』(3)の「将軍綱吉」の章において、生類憐れみの令は「法によって道徳を強制しようとした」もので、その「道徳」は「仏教で説く「慈悲」の観念」(二八二頁)にもとづくが、しかし綱吉が「仏教を尊信し、慈悲の実践に熱心であったというより、迷信の要素が加わっていた」(二八四頁)、「動機は「慈悲」という美名に飾られていたとしても、道徳や宗教を法律の力で強制する」(二八七頁)ものというように、宗教は綱吉政治での副次的要素としか見なされない。儒学も、綱吉が好んだのは「道徳上の「師」をもって自認する意識」であり、「要するに将軍のお道楽としての学問」(二九一頁)と切り捨てられる。

近世宗教史研究者である高埜利彦『集英社版日本の歴史13元禄・享保の時代』(4)では、やや異なった評価がなされている。綱吉政権の「生類憐みの令」は、「殺生を禁じ、生ある者を放つ仏教の放生の思想にもとづくものであった。それ自体は権力による慈愛の政治という一面をもつことは否定できまい」(一四一頁)と、政治思想として仏教的慈悲の概念が持ち込まれたと評価する。けれどもそれは、知足院隆光が、前世の殺生の報によって嗣子を得られないのであるからと、放生の実行を勧めたことによっている(一四二頁)と言い、綱吉の個人的な動機に帰せられ、政治思想への仏教の導入の歴史性へ目が向けられていない。

綱吉の儒仏への関心と治国思想のかかわりを考えたのは塚本学の綱吉論である[5]。捨子捨犬などへの指示で「惣じて生類人々慈悲の心を本」とすることを求めているように、「問題は心だという精神主義の立場が強調され、君主としての人民の精神改造を命じたものである」（一〇二頁）と、人びとの心の改造が綱吉の政治理念として理解される。けれども、慈悲の心が仏教と如何にかかわるのか言及されていない。祈禱僧の影響説もあるが、むしろ儒学の「仁政」思想を重視したと、仏教影響説には否定的である。綱吉の仏教尊崇は別に捉えられる。綱吉が天変地異に異常な恐怖を抱いたことなどから、「不可知のものへの恐れ」（一八四頁）を見出し、「人知の及ばぬ現象に対する恐怖感が、仏の慈悲に救いを求めさせ、隆光の呪術に依存させた」（一九二頁）と見る。仏教信仰は綱吉の個人的資質に求められた。綱吉の不可知への恐れとは、綱吉政権の正統性の問題や、元禄という時代相とのかかわりにおいて考えられねばならないだろう。以上のように、綱吉政権での宗教ないし仏教とのかかわりは、個人的問題と捉えられるだけで、その治国理念とのかかわりは無視されているのが現状である。

## 二　綱吉政権における正統性の問題

五代将軍綱吉は、二代秀忠・八代吉宗とともに、名乗りに「家」の文字を持たない将軍である。豊臣秀吉から「秀」の字を譲られた秀忠は別として、綱吉と吉宗は嫡子ではなく、分家から襲職した将軍であって、その意味では新王朝的性格をもっており、自身もそれを強く意識して体制の刷新をはかったという共通性を持っている。塚本は、綱吉が「家」の字を持たないことに関して「権現様—家康以来の徳川家の継承者という意識とプライドとは彼のものであったにちがいないが、そうした伝統だけに依存する例を嫌って、綱吉みずからが、その時代にふさわしい新しい例をひらくという抱負」が「その教化政策にも基調となっていた」（一一七頁）という。綱吉政治の根底に、新王朝的意識を認めているのである。それは綱吉政権の正統性の問題に絡んでいる。

綱吉は三代家光の四男にして四代家綱の末弟である。上州館林二十五万石に封じられていたが、家綱には嗣子がなく、後継を予定されていた次兄綱重の死去によって、にわかに後継候補に浮上した。他には、兄綱重の子綱豊、姉千代姫と尾張家の光友の子綱誠が候補であった。家綱が重病となっても、なかなか嗣子が定まらず、家綱が死去する延宝八年（一六八〇）五月八日の直前の六日に綱吉が養子と定まり、七日に江戸城二の丸に入った。ギリギリでの決定であった。『常憲院殿御実紀』（以下『実紀』[6]）巻一では「公かねてより英明のきこえましゝければ。天意人望の帰する所をもて衆議一決」（第五篇三五四頁）して嗣子に定められたと記す。しかしその後に「世に伝ふる所は」として、大老酒井忠清が鎌倉殿の先蹤に習い摂家将軍として有栖川宮擁立を企てたという説が記されている。山室恭子[7]はこれを事実として、綱吉将軍実現は土壇場での大逆転で、その非正統性のうしろぐらさが長く尾を引いた（一〇七頁）と、継職事情から綱吉政権の性格を見ようとしている。塚本は、綱重死後は唯一の弟綱吉が一番の近親であったが、簡単に決まらなかったことは、綱吉を忌諱する動きがあったと見なしている（五四頁）。しかしその問題を綱吉政権の新王朝的意識に結びつけるような見通しはなされていない。

将軍継職の事情からは、綱吉政権が乗り越えねばならない新王朝の正統性という課題が横たわっていたことを示している。綱吉を忌諱した大老酒井忠清は、綱吉将軍就任から半年後の十二月に罷免され、翌年五月に死去する。『御当代記』[8]は忠清との対立から罷免への一つの契機として、酒井家に伝わる「権現様被仰置候御軍法其外様々の御書付」を綱吉が召し上げようとしたとき、忠清は「誰にもミせ申なと権現様御誓文御座候」と家康の言を盾にとって応じようとはしなかった。綱吉はさらに「それハ他門の事、天下のあるじたる我等にハくるしかるまじ」と強要したが、忠清は従わず、それによって切腹申しつけられるなら、この「御書付を火に焼、水にて呑て腹中におさめて残すべからず」と放言したという（一六〜七頁）。

酒井家は「先祖ハ徳川の惣領にて候」と、松平家先祖の嫡子が酒井家を継ぎ、代々家老職を務めてきたとその由緒を主張したことも『御当代記』の記す（一三頁）ところである。松平先祖嫡子＝酒井家という血統の正統性の主張であり、権現様御軍法などの書付提出強要と拒否は、その血統の正統性をめぐる争いである。分家から宗家を継いだ綱吉は、宗家の血統を主張し権現様を振りかざす酒井家から権現様を奪いとらねばならない。それが天下の主となったことを象徴する。この問題に、分家からの継承という意味での綱吉の非正統意識を見ることができ、綱吉政権は第二次新徳川王朝の性格をもったといわねばならない。

忠清に代わって大老となった堀田正俊刺殺事件も問題である。正俊は綱吉継職の功臣として信任のあつく、幕政の課題である農政を担当したが、貞享元年（一六八四）八月、若年寄の稲葉正休に城中で刺殺された。権勢に募り驕った正俊を阻止しようとしたとする説が行なわれているが、正休がその場で討たれていて、真相は定かではない。塚本学は、綱吉が彼を諫めることがあった正俊を疎み、抹殺させたとの噂が伝えられたことから、「重要なことは、事件が綱吉の専制君主としての地位を固めることに貢献したこと」であり、背後に「綱吉自身の意思があった嫌疑は濃厚」（二〇〇頁）とし、この事件が専制君主綱吉の時代到来の契機となったという。

綱吉の専制権力への志向もまた正統性獲得を課題としたところに発している。分家からの将軍継職者には、家光のように東照大権現に正統性の源泉を求める道はふさわしくない。別の正統性原理が構築されねばならない。そこに見出されたのが新たな治国理念を提示することであった。始祖神話の内部にありつつ、新王権としてその権威を超える正統性原理を自家調達せねばならない。正統な王権とは正当な治国者であるという論理の構築、それが新王権を王権として正統化すると観念され、慈悲が治国理念となり、生類憐れみ政策となったと想定したい。

生類憐れみ政策は、慈悲という仏教語を用いながら、儒教の「仁政」であったと塚本学は言い、さらに「儒学を国教とした統一国家像」（一七三頁）を構想したともいう。むしろ仏教と儒学という普遍原理を一体とする慈悲

＝仁という治国理念を持つ王権と宣言し、そこに正統性の源泉を確保することを目指したと見るべきだろう。仁政を宣言するに慈悲の語を用いねばならなかったのは、社会的に儒教がいまだ普遍性を獲得し得ておらず、仏教語によって認知をはからねばならなかったことを示している。然るに、慈悲とは仏のなせるわざであるから、大権現のように神体化することがない以上、人君たる将軍がなすところではない。慈悲を本とする治国は、仏の願いを補佐することとなり、王権は仏に従属する。慈悲を本とすることで、仏の超越性が人君将軍を従えてしまうから、この仏の宗教的超越性を封じ込め、かつ自身が超越性を獲得しなければならないという、実に困難な課題を王権に突きつけることになる。

不受不施派・悲田派禁制は、こうした仏の超越性を王権の下に従えようとするものと考えられる。寺領を供養として授与するという王権からの論理に対して、不受派は供養ではなく仁恩と理解するとし、悲田派はこれをさらに慈悲と理解するとしたのであるが、貞享四年（一六八七）の訴えに対して元禄四年（一六九一）にはこれを拒否したのである。[9] 仁恩も慈悲も、綱吉の掲げる慈悲の治国理念と違わないように思える。塚本学は「将軍家からの田畑の寄進は、国王の慈悲による喜捨と解釈して受け入れるという態度をとって悲田派といわれた一派」が元禄四年以降弾圧されたのは、「綱吉は、地上の権力に抗する宗教界の権威を認めなかった」、しかし「ただ悲田派が拠り所としたのが「慈悲」の概念であり、生類憐れみを求めた綱吉が強調したのも慈悲であったことをどう理解したらよいのか。問題は残る」（一九〇頁）と指摘していることは注目されてよい。寺領を供養としたのは、国家の安寧を祈る寺院の役に対する給付の意味であり、仏教が王権に従属することを前提とする。仁恩や慈悲という仏教概念であれば、逆に王権が仏教の内で働くものと位置づけられる。綱吉の慈悲を掲げての治国に不受派がすり寄ったのであるが、これを退けることで綱吉は、その掲げる慈悲が仏教の占有ではないと宣言したことになろう。一方で綱吉が儒教の仁をも掲げているから、慈悲＝仁は儒仏に共有された概念であり、さらには儒仏という個別性特殊性を超えた世界の普遍原理であることを宣言したともいえよう。綱吉政権が宗教政策を展開せざるを得なかった理由がここにある。それでもなお、宗教政策の根底に、王権と宗教的聖性の関係を理念化的に構築するという課題が残されていた。

## 三　桂昌院と顕誉祐天

王権と宗教的聖性とのかかわりは綱吉と仏教という問題になろうが、それに先立って、綱吉生母桂昌院の浄土信仰と王権護持の願いを検討しておきたい。

『三縁山志』[10]（『浄土宗全書19』、以下『浄全』と略称）巻八檀林「法系伝由」の「団照室」には、「国母桂昌院殿も同く常に営中簾前にめさせられ、当山隠室にいらせ法談を聴受なし給へり」と前置きして、元禄七～十一年（一六九四～九八）に六度の桂昌院増上寺御成、法問・法談聴聞が記されている（四二〇～二二頁）。これらは増上寺の『帳場日鑑』[11]、『実紀』にも見えているが、ここでは『三縁山志』により、適宜『帳場日鑑』によって補足する（〈　〉内は原文割り注、以下同）。

①元禄七年八月二十六日、「三丸君入らせらる、（中略）念仏の有がたき儀聞し召させられたきむね仰出さる故に、延年転寿の法談申上らる」、二十七日「大僧正三丸御殿へ登城あり（割注略）夕飯まで法話」。

②元禄八年四月二十三日、「当山へ入らせらる、（中略）法問御聴聞遊されたき旨仰出さる、則ち『浄土本縁経』にて現世無比楽後生清浄土の法則、方丈扱わる。人数は大光院・祐天・秀円・吟達・了俊・了専六人なり〈この六人内大光院・祐天・式人へ銀五枚づゝ、（後略）〉。

③元禄九年四月八日、「当山へ御入御、（中略）拝領物あり〈（中略）、祐天へ金千疋（中略）〉、法問聞し召るへきのむね仰出されしかば、仏証生の法則を算題あり」。

④元禄九年八月二十九日、「三丸御殿に於て貞誉大僧正を師として五重御相伝遊ばさせらる」。

⑤元禄十年三月二十九日、「御入、（中略）拝領物あり〈（中略）祐天へ縮緬三巻銀五枚（此銀は現当二世の利益の念仏、念仏は下人の唱物と中あやまの事を法談致され候に付下さる）、祐天の談義にて疑ひをさりしよしを仰らる云々。（後略）〉」。

⑥元禄十一年三月二十九日、「御入（中略）、拝領物あり〈（中略）祐天へ紗綾三巻、三田龍源寺へ銀五枚（現世無比楽の文にて祐天説法）。（後略）〉」。

桂昌院の最初の増上寺御成①では、念仏の功徳を聴聞したいと希望して「延年転寿」という現世利益の法談を聴聞した。「延年転寿」の語は、善導『観念法門』に「願レ生二浄土一者、現世即得二延年転寿一、不レ遭二九横之難一」（『浄全4』）と見え、浄土往生を願う者は現世でこの利益を受けると説かれる。法然『選択集』にも「日別念二弥陀仏一一万、畢レ命二相続者一、即蒙二弥陀加念一、得レ除二罪障一、又蒙下仏与二聖衆一、常来護念上、既蒙二護念一得二延年転寿一」（『浄全7』）と、日に一万辺の念仏の功徳に弥陀諸仏の加護を受けてこの利益を得るとある。念仏の利益である五種の殊勝なる因縁（増上縁）の二「護念得長命増上縁」に相当する。桂昌院は念仏の功徳としての長寿を願ったのである。

②では「現世無比楽後生清浄土」という現世来世の利益の「法問」を聴聞した。聖聡『当麻曼陀羅疏』に「則滅二無量罪一、現受二無比楽一、後生二清浄土一」、「此因縁浄土本縁経説也」（『浄全13』）とあるのが出典かと思われる。念仏によって罪を滅せられ、現世に比類なき楽を受け、のちには清浄土に往生するという、現当二世の利益である。このときに拝領物を与えられた一人に、やがて桂昌院が帰依することになる祐天の名が見える。『帳場日鑑』に「西天」と見えるのがそれであろう。

前回①は「法談」であったが、②では「法問」聴聞である。「法問」は「論議」とも言い、「宗義に関する問題を提挙し之に就き問答論議する」もので、「一山大衆の教養訓練を以って其目的」とするが、臨時法問は「檀越の請待により化他闡法の為に」執行される（『浄全3』所収「浄土宗史」）。②元禄八年と③九年に桂昌院が聴聞したのは臨時法問であっただろうから、その算題もまた檀越桂昌院の希望を入れたものと考えられる。

『帳場日鑑』には、このときに桂昌院が「御歌二種、表具被遊、方丈被下也」と記されている。桂昌院自筆の二種の歌が増上寺に伝来しており、それには元禄八年四月三日に「当山貞誉大僧正江御契約之詠歌」と注記されている[12]。四月三日に書かれ、表具されて二十三日の御成に持参されたのである。一首目の「万代の後はかならす契りをくこの御仏のそはへむかへよ」というのは、桂昌院自身の往生の願いであるが、二首目には「かりなき命も道も御法をも君にさつけてまもりたまへや」とあって、仏の無量寿の命と教えが授けられて綱吉が守護されるようにとの願いである。桂昌院は己の往生と現世の利益とともに、仏法による王権守護を願ったのである。

③では「仏証生の法則」の法問を聴聞した。これは善導『観念法門』や『法事讃』に出典し、いささか高度な問題である。「証生」とは、『観念法門』（『浄全4』）では五種の増上縁の第五「証生増上縁」において、衆生の往生を「是何人保二証得生一也」、「凡夫乗二仏願力一定得二往生一、即是証生増上縁」と、仏の本願に乗ずることで往生が保証されるとの意味である。また『往生礼讃私記見聞』（同）では「凡夫引接令二往生一故云二摂生一、証二誠凡夫往生実也一、故云二証生一」というのも同じである。桂昌院の増上寺御成法問の主目的は往生の願いであった。

今回も祐天へ金千疋が与えられた。『帳場日鑑』では「法問衆」の一人として見えるが、金千疋のことは見えない。しかしながらここに「祐天御先祖浄土宗由緒物語、委被申上也」とあることが注目される。祐天が語ったのは、第二章と本章冒頭で述べた「厭離穢土欣求浄土」旗の由来かとも思われるが、それは綱吉に対して語られたとあって、桂昌院に対してではないし、「御先祖浄土宗由緒物語」とある以上、松平・徳川家の浄土信仰を内容とすることが想定される。そうであればのちに祐天が語った『松平崇宗開運録』の原型と考えられる[13]。ただし

第四章で考察するように、松平一流の浄土宗信仰を語る『啓運記』の最古の写本は宝永元（元禄十七）年（一七〇四）で、その原型とするにはいささか早すぎる。ここでの「御先祖」が家康を指し、その「浄土宗由緒」は家康一代の浄土宗信仰を指すと見れば、ここで語られたのは松平一流記となる以前の家康一代記である『啓運記』の原型であったと見るべきであろう。その最古の写本は元禄十二年であるから、祐天はその原型を元禄九年の時点で取りまとめていたことになる。『松平崇宗開運録』の原型成立を示唆するものとして、この記事は重要である。

もう一点確認すべきは、近年刊行された『祐天寺史資料集』第五巻[14]に収録された祐天寺蔵『松平家啓運記』に付記された一文に、四民教化の口伝が勢誉・登誉・感誉・観智国師・檀通から祐天へ伝承され、次いで「元禄九壬子四月八日、顕誉祐天公師、本庄因幡守兼テ内意ニテ、綱吉公御聴聞ノ由ニテ、先ツ松平ノ家譜悉ク説法……御城本丸上段ニテ説法」と見えていることである。ここに「松平ノ家譜」とあることからすれば、松平一流記である『松平崇宗開運録』を示唆するが、語られたのが桂昌院が増上寺で聴聞した同じ日であるから、『帳場日鑑』のいう「御先祖」の由緒を指すのであろう。また、この日に綱吉が聴聞したことは『実紀』などに見えず、江戸城本丸での説法は事実とは成しがたい。祐天寺本のこの書は、祐天寺第三代得誉祐全の書写であり、年次を経ての誤伝であろう。ちなみに、右の文の前に置かれる祐天までの口伝の継承は、東京大学総合図書館南葵文庫本『松平開運録』や筑波大学図書館本・東京都立中央図書館本『松平啓運記』と共通するが、それらには祐天寺本の文言がないから、得誉が追加した文と考えられる。

さらにまた、『祐天寺史資料集』第五巻の解説に、この巻に抄録された『浄家進学日礼』などに綱吉のときに熊野三段式事件が起こり、これが『開運記』を撰述する契機となったことが指摘されていることにも注目したい。次のように記されている。

浄家進学日礼　巻之下　摂門述　〇開運記乃沙汰

開運記、啓運記、松平崇宗開運記、大樹帰敬録、大樹崇行録など名を改めけれど、いづれも同し文言尓て三巻也、本名開運録也、」（三四丁右）然るにこの書作者乃名なし、是は祐天大僧正　常憲院殿縁山江入御乃時、熊野三段式御聴聞させられ、後天下泰平乃言なく、滅罪はいかにも浄家勝れたり、鎮護国家にハたのミなく、うとき宗なりと仰の時、貞誉大僧正茂大ひ耳赤面させられしと也、そのとき伝通院祐天おなじくその席耳列在故立出られ、浄家尓てハ日々夜々天下泰平を祈り奉りし故、今日何も別耳殊更祝禱に及ハすと言上ありしかハ、上にも」（三四丁左）少しは御快よくゑませ給へりとぞ、凡憲廟は殊耳国家の事をのミ第一に思召給ひしかは、厳有院殿の御時も、大老列相の言上を御聞入なく、上野江御入棺の御沙汰ましませしなり、かゝりしかハ、祐天公此事にこゝろ付れ、夫よりは自ら他人に授与の名号事耳（ママ）かならず天下和順乃二句を書付らる、元来浄家の徒は名号の左右尓ハいづれも利剣則是乃文か、又ハ若在三途乃文、又は其仏本願力の文をかくハ通途」（三五丁右）なるを、此公のミ天下和順の二句をしるされける、其後余力の日又此書三巻を述撰させられ、いよ〳〵浄家徳川に縁深く功多きを世にしめされたり、

綱吉が増上寺に参詣して熊野三段式を聴聞し、それに天下太平の文言がなく、浄土宗は鎮護国家に「うとき宗」と批判したとき、方丈貞誉に代わって祐天が浄土宗では日夜天下太平を祈念していると弁明したので綱吉がこれをよしとしたこと、それ以来祐天は「天下和順」の二句を名号に付記したことが述べられ、その後にこの書を撰述した、というのである。つまりは浄土宗に鎮護国家の祈念を求めた綱吉に応答したのが『松平崇宗開運録』であるというのである。

熊野は増上寺の鎮守であり、同様の記事を掲げる『浄宗祭神祝禱編』（『祐天寺史資料集』第五巻）にはその落成正遷宮のときに三段式という祭文が奏上されとあるが、その年次を確定しがたい。右の記事では「伝通院祐天」とされるから、伝通院住となった宝永元年（一七〇四）十一月以降のこととなる。同様な記事を掲げる『続浄家

進学日礼』（同上所収）では元禄中の出来事とし、また方丈は元禄十四年（一七〇一）から貞誉に代わって証誉であるなど齟齬がある。綱吉の増上寺参詣は次節で詳述するように数度行なわれているが、元禄十六年を最後として宝永にはかからないし、『実紀』や増上寺側の記録にも熊野三段式のことは見えない。熊野三段式事件の年次は不明とするしかないが、この事件が、浄土宗の鎮護国家性を示すための撰述の契機となったとする認識は、『松平崇宗開運録』の性格を示唆するものとしてよい。

　さて、祐天が金千疋を与えられたのはこのような物語によってのことであり、破格の出来事であった。桂昌院は松平先祖の浄土信仰が万民救済の慈悲を掲げて天下授与されたという物語を聞かされ、増上寺御成聴聞が自身の往生のためであるとともに、綱吉政権を正当化する教えと聴聞したのである。

　桂昌院は④元禄九年に五重相伝を受けて正式な帰依者となった。その過程で桂昌院は祐天への帰依をも深めていた。⑤元禄十年の御成では祐天から念仏の現当二世の利益を聞き、念仏は下人の唱え物ではないとの説法を聴聞して「疑いをさりし」とあって、念仏への疑問を晴らした。『帳場日鑑』（四月二十九日として記されている）でも「念仏ハ下人のまものと申誤」を法談し、「祐天談義ニて疑をきりたき御意」とある。またこのときには蓮馨寺弁意が「神力演大光ノ句ニて談義」をなしたともある。『無量寿経』の三誓偈の「神力演二大光一、普二照無際土一、消二除三垢冥一、広済二諸厄難一」の文のことで、仏の光明が普く限りなく照らして衆生を煩悩と災厄から救い取るという意である。祐天が現当二世の念仏利益を説いたことを受けて、綱吉の慈悲の治国が仏の衆生済度の願いと照応することが説かれた。⑥元禄十一年でも同様で、「現世無比楽」の説法を祐天から聴聞するために参詣している。桂昌院が念仏の利益の聴聞を乞い、祐天がそれに応答している。

　いったい祐天とは何者なのか。第二章でも略述したが、高田衛によって「江戸の悪霊払い師」[15]と名づけられた浄土宗僧顕誉祐天のことである。祐天が怨霊鎮魂の活動によって世に知られたのは、寛文十二年（一六七二）下総羽生村で起こった累《かさね》という女の怨霊の鎮魂事件が『死霊解脱物語聞書』として元禄三年（一六九〇）に刊行されたことがかかわっている。夫に殺された累という女の怨霊が後妻を取り殺し、娘の菊に取り憑き、成仏のために石仏の建立を求め、再三にわたってお菊に取り憑き苦しめる。近くの弘経寺の所化祐天が乗り出し、経を読み光明真言・随求陀羅尼を唱えたが効き目がない。これらの呪文は時期不相応と悟った祐天は、弥陀の本願は誰のためか、釈迦の利益はどうなったのかと、「不実なる仏教共」を責めたて、直ちに利益を現さないなら我が身を裂け、さもなくば「仏法を破滅させせん」と獅子吼する。祐天は菊の髪をつかんでねじ伏せて力ずくで称名を命じ、ついに菊も死霊も帰伏して念仏し成仏した。この話から高田衛は、各種の陀羅尼が無効であったこと、最後に効果をあげたのが浄土宗の称名念仏で、「他宗に優越する、諸人救済の法力を持つものとして、巧妙に浄土宗の教旨が宣揚されている」（九〇頁）と解した。浄土教学は万民救済を掲げるのであり、それは綱吉の慈悲の治国を基礎づける。

加えて高田は、祐天の住した飯沼弘経寺の位置に注目する。関東十八檀林の一つであるこの寺は、家康孫娘天樹院千姫の菩提所として復興され、寛永十一年（一六三四）には朝廷から常紫衣の地位を得ている。紫衣事件以後の「政教上の徳川の勝利」を意味しており、しかも「江戸と日光とを結ぶ線上に」、「徳川の封建神学的聖地を設定し、日光東照宮と江戸城の二つの威光を反映」（一四〇頁）させたという。その住僧祐天の怨霊鎮魂は、まさに徳川封建神学の地位を獲得した浄土宗の称名念仏が、怨霊という土俗を打ち破ったことを意味する。東照宮の宗教的権威と江戸の世俗王権将軍家を結合させるのが浄土宗教学に課せられた使命であり、そこから祐天が登場してきたのである。

これ以外にも祐天の鎮魂事蹟が『祐天大僧正利益記』（文化五＝一八〇八年刊）で語られていることを高田が紹介している。上巻第一〜五話は怨念を残して死んだ女たちの妄執を鎮めて成仏させる話、第十一〜十六話は死後出産の話である。これらは元禄初年頃までのこととして語られているが、『三縁山志』巻十の祐天伝では、五十歳の貞享三年（一六八六）に増上寺を引退して諸方を歴遊し、「衆機を勧奨し化迹殆ど天下に遍称し、数年にして牛島にかへり」（四九六頁）とあって、教化者としての名声を得ていたことが知られ、それにはこのような出産にかかわる女性済度が大きくかかわっていた。祐天は女性にとっての一大事である出産に奇蹟を行なう聖者として、江戸の女性に信者を獲得していたのである。綱吉生母桂昌院も女性の聖者祐天に帰依したのである。

四代将軍家綱には嗣子がなかったのは、側室が死産・流産におよぶこと三度であったからである。綱吉も子に恵まれず、ようやく生まれた男子徳松が五歳で夭折し、息女の鶴姫も元禄十二年（一六九九）には死去している。こうして江戸城大奥の女性たちの出産にかかわる不安が桂昌院の祐天への帰依にかかわっていよう。これが綱吉を動かし、元禄十二年には抜擢されて十八檀林の生実大巌寺に住することになった。『実紀』二月八日条には増上寺大僧正が祐天を連れて登城した。「桂昌院殿こはせ給ふ御旨」によってであると記している。

高田は、江戸の婦女子の聖者を「幕府権力に直属する宗教呪術者として、幕府側にとりこむことでもあった」（一八〇頁）と評する。世襲王権にとって、嗣子をもうけることがきわめて重要な課題であることは論を俟たないが、綱吉政権においてもこのための呪術師の登用は必至で、それに応えるべく登場していたのが、土俗の怨霊鎮魂の無効を宣言し、新たな呪術師となった祐天であった。王権はその存続をかけて呪術師を必要としたのである。

『三縁山志』では、祐天は牛島の草庵にあって「浄業に孜々として仏号を書写する事、日々に数百幅、故に師の染号海内に風靡す、東西の貴賤南北の緇素帰依崇服せすといふものなし」とあって、念仏の傍ら名号書写に専念したという。祐天伝には他にも名号書写のことが見え、「手書の名号信受服膺すれは、印施の手書なりといへとも、刀剣水火病患産難をまのかる、又是を奉持安置すれは、災厲蠲除し、魔魅便を失う」（四九八頁）と祐天の書写名号が除災に大きな威力を発揮したことが記されていて、念仏の教化と除災とが結びついた霊能者として祐天を描き出す。さらに「桂昌院殿其道名をき〻、しは〳〵使命ありて道をとひ、信敬尤もあつし」（四九七頁）と、桂昌院は除災霊能者としての祐天に帰依したとしている。書写名号の霊験に「産難をまのかる」とあることも、大きな要因であったのだろう。

以上のように見れば祐天は呪術師として迎えられたごとくであるが、桂昌院の増上寺御成法問の祐天には呪術師の面影はうかがえず、浄土往生を讃嘆する念仏の学僧の姿があり、綱吉政権を仏法で荘厳する意図かのようである。高田のいう「封建神学」の本山増上寺では、土俗の呪術を打ち破った称名念仏の功徳を説く祐天が王権周辺の将軍生母の帰依を獲得し、後継者に恵まれず王権護持に悩む女性の済度に尽力し、また仏法での王権荘厳を試みていた。先に示した『浄家進学日礼』に、熊野三段式事件以来祐天がその名号に「天下和順」の二句を書き添えたとあるのは、祐天が本尊阿弥陀仏は鎮護国家の仏でもあることを顕示して、浄土宗を王権守護の宗教たらしめようと意図したことを意味している。

元禄十三年の飯沼弘経寺転住を経て宝永元年には伝通院に住し、「列侯縉紳藩士大夫をはしめ都人士女田農野夫に至るまて街衢に絡繹として来住し、師の教化をこひ求めすというものなし」（四九七頁）といわれる。これを受けて「憲廟（綱吉）常に営中にめし其法論の幽源深妙を聴信したまへり」と、綱吉が祐天を召し出して聴聞するにいたったという。ただし『実紀』の宝永元年以降に祐天の名が見えず、綱吉が祐天から聴聞したことは確認できない。けれども「文廟（家宣）又常に西の殿にめされ法諮允重なり」（同前）と嗣子家宣が祐天に帰依したことが見える。それは、世子智幻院・理岸院を伝通院に葬し、清寿院・清華院を伝通院に改葬したことを「是みな師に帰敬厚順なし給へる故」（同前）というように、夭折した子女の菩提にかかわってのことで、その点では桂昌院の祐天帰依と同じ性格の信仰であった。

祐天が治国理念にかかわったことが他にも伝えられる。桂昌院が増上寺へ参詣した折の綱吉とのかかわりを示す一つの挿話がある。

> 祐天僧正御物語のついでに、僧徒などは学問をつとめ、臈次により、次第に昇進もいたし候へども、将軍家には機務の暇なくおはします御身もて、典籍に御心をつくされなば、はてには御精力衰耗して、御病のいでむもはかりがたし、少しく節量し給はゞよろしからむと聞え上しに、尼公聞しめされ、こは御坊の詞ともおぼへね。いま大樹には、はからざるに藩邸より大統を受つぎたまひし事なれば、天下の為には、何ほども精神をつくし給ふべきはいふまでもなし、さて政務の資となるべきは、第一文学にすぎたるはあらじ、よしこれがために尊算の促らせたまふとも、これは御本意と申すべき事ならずや、御坊だちは弘法をもて主とすなれば、其徒に命じ諸国廻行せしめ、将軍家のかく政務に勤労し、文学に心をもちひ給ふよし、遍く国々に宣播しなば、四海のはてまでも其風采を傾慕し、文学に向化する事となりなん、これぞ御坊だちの職務とこそいふべけれ、さらば学問を節量したまへとは、かならずいふまじきことゝ仰られしかば、かの和尚もいたく顔をあかめて恐服せしとぞ（続明良洪範）（『実紀』付録巻中所収）

祐天が綱吉の「文学」好みを批判したのに対して桂昌院が祐天を叱責している。桂昌院は逆に学問こそ将軍の任と考えているのであり、そのような将軍像を諸国に弘め敬慕することが僧侶たちの任であるという。桂昌院においては、「はからざるに」将軍となった綱吉の責務は治国であり、それを支えるものとして学問が位置づけられている。仏僧はそれを支援しなければならないのである。

一方の祐天の綱吉の好学批判には、綱吉の治国のあり方そのものへの批判が内包されていた。宝永四年（一七〇七）冬の富士山噴火に関しての問答にそれが示唆されている。

> 上様被レ仰ケルハ、砂雨ルハ、ヨキ事カ悪事カ、ミナハイカ、思フ、ト被レ仰ケルニ、護持院モ護国寺モ返答ナカリケルニ、伝通院ノ祐テン申サレケルハ、先砂ノ雨ルハ逆カト存申スナリ、下ニアルモノ上ヘ上リ、雨

ルハ逆ナリ、上ニ生類ヲ御アワレミニテ御座候得共、人々イタシ《(ミ)》申候、禽獣ハ人ニヨリテ生候者ナリ、人イタミ候テハイカ、候半ヤ、此モ逆ニテ候半ヤト被レ申候、上様逆トハ〳〵ト被レ仰ケルナリ、其座スミテ、明日祐テン召ニ来ル、祐天モ、カクゴニテ出ラレケルニ、御手ヨリ伽羅拝領、正直ナル申様被レ致トテ上意厳ナリ、人々賞翫ニヲモハレケル（『中村雑記』[16]）

砂が天から降るという現象は下と上の逆転である言い、生類を憐れむことによって人びとが痛むという上下の逆転が行なわれていると祐天が綱吉を批判したのである。綱吉の治国が、仏と同じく慈悲の語を掲げながら、実は民を苦しめるものであり、仏の慈悲とはほど遠いという批判で、綱吉治国の根本にかかわるものである。しかし、激怒を覚悟した祐天に対して綱吉はこれを正直として褒賞している。先の学問論でもそうだったが、祐天は綱吉に治国理念を批判し教導しようとする存在であった。民衆や女性の聖者祐天は、王権に接近してその治国理念を仏教化する立場を取ったのである。

## 四　増上寺御成法聞

綱吉自身は元禄四年（一六九一）から増上寺方丈の法問聴聞を始めるが、一方で桂昌院と同様に増上寺へ御成で法問聴聞を繰り返し、仏法への教理的関心を示していた。しかしその関心は桂昌院とは異なる。まず回数が多い増上寺御成法問を『三縁山志』巻七「尊聴論議」によって検討する（〈　〉内は原文割注）。

①元禄七戌年閏五月十二日、初て当山え御成〈御仏殿御参詣は例の事なり、別に法問聴受あらせ給はんための入御、近例これを始とす〉、御前にて貞誉上人奉命高座法問講有之法則

『大経』曰、天下和順日月清明乃至務修礼譲

然者天下和順日月清明、承当作麼生

問、有何所以天下和順日月清明耶
問、天下和順局住世益欤、亦経巻有其徳耶
（中略）方丈於上段治国利民之下講読、畢て直に下段にて法問始〈法問の時は上様も下段へ御下、上段の際に南方御着座、畳三畳下りて北の方方丈着座、浄花院光明寺等以下法問の連衆一の間、敷居を隔南北に列座す（中略）〉、法問終て直に御講、中庸首章天命之謂性乃至謂教集注亦此意也迄を被為遊、拝聴人数長周是百三十八人なり〈私云、此時阿部豊後守を以大僧正の官被仰出、別記〉

法問聴聞の増上寺御成は、綱吉によって元禄七年に初めてなされたとある。引用は略したが、それ以前には慶長五年（一六〇〇）、寛永十七・十八年（一六四〇・四一）に例があったことが記されているが、増上寺での法問聴聞は事実上綱吉において始められたのである。

増上寺御成法問が始められた事情は定かではない。元禄七年前後を見渡せば、三年に『大学』講義の開始と湯島聖堂落成、四年に林信篤大学頭任命、五年に四書の講釈終了、六年に『中庸』講釈開始などと、儒教の重視とその習得が一段落した様相がうかがえる。一方、四年には悲田派禁制を発し、知足院を無本寺として独立させ、五年には新地寺院の免許と以後の禁止令など、仏教統制も一つの画期を迎えている。こうした内で四年には法問聴聞が城中で行なわれた。その後の八年には五月に犬畜生施設を設け役人を任命し、十月には捨子・捨犬の禁を督励し、九年には犬屋敷用金の割付、犬屋敷への収容拡大など、生類憐れみ政策が強化されている。増上寺御成法問は宗教政策と生類憐れみ政策の展開をバックに実施されているから、遂行された政策の基本理念を確認する意味合いを有していたと推定される。

ただし、直接の契機として三十二世貞誉了也への「大僧正の官被仰出」がかかわっていよう。綱吉が増上寺に臨み、自ら大僧正任官を伝達したのであり、これが御成法問の契機であったと考えられる。『三縁山志』の貞誉伝では、「是より宗門永世の徳栄とす」（四九三頁）と特記している。

第一回御成法問は、その法問に先立って方丈の貞誉が上段に着座して「治国利民」を「下講読」することが行なわれた。『三縁山志』巻七に「上読法問」に対して「下読」があり、「名目頌義の初徒をして釈尊一代を研覈し十宗を磨拭せしめんか為の法問也」（一六一頁）と、初心者向けに発題されることとされている。「講読」とあるから経典等の文を講ずるのであろうが、「治国利民」という文献は知られておらず、また近世以前にこの語の用例を検索できず、何を指すのか確定できない。わずかに、近世の寺院縁起の中にこの語の用例が見えるばかりである。『鎌倉光明寺志』の忠蓮社弁誉の伝に、武田信虎に招かれて開いた源正院の本尊が「治国利民の本尊」とされていること（『浄全19』、六四二頁）、『駿府宝台院記』に家康が三河大樹寺で登誉上人から「浄土の安心、治国利民の奥義」を聴聞した（同上二九三頁）と見えるぐらいである。光明寺弁誉は大樹寺勢誉の弟子であり、大樹寺登誉とは相弟子であるから、この法系に伝来された語とも考えられ、登誉が家康に説法することが主題となっている家康一代記の『松氏開運記』[17]に、登誉が「還来穢国して是の念仏を衆生に勧めて万民をミな浄土に誘引せん。我か是の還想(相)回(廻)願《（ママ）》の心ハおのすから君の治国利民を助くるに足れり」（五六頁）と「治国利民」の語が見えている。講読された「治国利民」とは、あるいは『松氏開運記』の原型であったかもしれない。さらに『松氏開運記』などをベースに再編された『浄宗護国篇』[18]（『浄全17』）の登誉伝にはこの語が見えないが、同書の増上寺中興観智国師源誉伝には注目すべき記事がある。すなわち、関が原へ出陣する家康に、松平の「松」は十八公であり、「十八願与㆓十八公㆒其言同㆑類、公姓㆓十八公㆒而資㆓治国之法㆒乎」と「治国」の語が見え、引き続いて経に曰くとして「天下和順」の文が引かれ、「此浄教護㆓持国家㆒之聖証也」（六一一頁）とある。「治国」が「天下和順」の文に連なり、その文が護持国家の聖なる証文とされているのである。最初の増上寺御成法問が「治国利民之法」から「天下和順」の文へ展開されたことは、この御成法問が仏教治国への関心においてなされたことを示している。

それだけではない。第一章・第二章でも言及したが、「治国利民」という文言は、『東照大権現縁起』に「天照太神、自二伝教大師一有二治国利民法御相承一」[19]（一一頁）とあるのにもとづくだろう。講読された「治国利民」は『東照大権現縁起』であったとも考えられる。この「治国利民法」の口伝によって天皇は国家統治の力を得るとされている。[20]御成法問が「治国利民」で始められたのは、綱吉の国家統治の正当性を明らかにする意味を持ったと考えられる。しかしそれは、増上寺側から提起された家光期に形成された東照大権現の神格化のテーマであったから、綱吉が望んだ法問の主題ではなかった。

『帳場日鑑』にもこの法問の記事があるが、「治国利民」の講読のことが見えない。正規の法問外のことであったからであろうか。着座図があって、上檀に「方丈講釈ノ御時」と見えるのが綱吉の着座位置で、方丈貞誉と綱吉とが向き合って着座している。次に法問がなされたが、『三縁山志』では下段での法問とし、割注に上様も下段へ御下とする。『帳場日鑑』の着座図からすれば『三縁山志』の下段は中檀で、ここに向き合って着座と記されている。講読にせよ法問にせよ、檀越に対する教化であれば、方丈が上座を占めると考えられるが、ここでは対等の座である。

法問の算題（法則）は『大無量寿経』の「天下和順日月清明」の文で、貞誉上人が講じ問答が行なわれる。

> 仏所二遊履一国邑丘聚、靡レ不レ蒙レ化、天下和順、日月清明、風雨以レ時、災厲不レ起、国豊民安、兵戈無レ用、崇レ徳興レ仁、務修二礼譲一（『浄全1』）

これが算題の『無量寿経』の本文で、仏の化を蒙れば、天下が鎮まり災害も起こらず、国豊かに民安らかが実現し、崇徳・興仁・礼譲の世が成り立つことがいわれている。貞誉が提起した「治国利民」はこの文と関連するだろう。「然者……承当作麼生」、つまりそれは如何なることかと発題し、「何所以」、何を以って天下和順日月清明か、また「住世に益を局《かぎ》るか」、「経巻にその徳有や」という問いが設けられる。如何にして天下和順が実現しうるのか、その利益は現世のみか、経巻にそれを実現する徳があるのか、という問いであろう。こうした算題や問いは、当然ながら綱吉を意識してのこと、あるいは事前に綱吉側から要請されたことが想定される。仏の化益によって国土の安泰が実現するのみならず、人心に徳と仁が生ずると、人心教化もまた実現するといわれ、綱吉の目指す道徳的世界が仏法崇拝の利益として説かれたのである。綱吉の仏教的治国理念への関心と、それに応答して浄土教学を以って治国理念となそうとする増上寺側の切り結びが思われる。先に見た祐天が「天下和順」の二句を名号に書き添えたというのは、綱吉の関心への応答であったとも見なしうる。

元禄三年八月以来恒例化していた綱吉の儒学講釈との関連も考えねばならない。『帳場日鑑』では、毎月初めの二日頃、十日過ぎ、月末の二十七日頃の三回で、増上寺の法問衆が拝聴し、その内一回ぐらいは方丈も拝聴している。元禄七年閏五月十二日の御成法問①では、それに先立つ閏五月二日の講釈には「拝聴衆且又他宗大勢」とあって六十数か寺名が記され「一向宗五十三軒」も拝聴するという大掛かりなものであった。五日には御能があって所化月行事三十八僧の他寮舎三十軒なども登城して拝見し、十日の講釈にも通例の僧たちが拝聴した。法問の題目はそうした過程で決定されたと思われる。のちに見る営中法問1元禄六年十一月二十四日の場合、『帳場日鑑』によれば、二十一日に御前法問の仰出しがあり、方丈・月行事が招かれて「演達趣」が相談され、二十三日に決定が伝えられる、という経過が知られる。御成法問でも同様のことがなされたと推定される。こうして決定されて法問の算題が「天下和順」であった。

翌元禄八年三月十日に、綱吉は「和順　天下和順　日月清明」と直書した掛軸を増上寺に下している[21]。三月二十三日に第二回の増上寺御成法問があるその直前である。『帳場日鑑』八年三月十日には「御掛物拝領也、絹地ニ和順二字大文字、細字天下和順日月清明、御自筆被遊」と見える。綱吉は「天下和順」の経文から道徳的治国理念の正当性を確信したと思われる。

御成法問①では、法問が終わった後に綱吉が『中庸』[22]の第一章「天命之性」を講じた。『帳場日鑑』着座図では、綱吉は上檀中央に着座している。

天命之謂レ性。率レ性之謂レ道。修レ道之謂レ教

という本文と、これに加えて「集注亦此意也迄を被遊」とあるから、朱子の『中庸集註』[22]から、「亦此意也」というところまでを講じたというのである。しかし『中庸』第一章本文にかかわる朱子註には「亦此意也」という文が見当たらない。不明のままに留保するが、『中庸』第一章本文への朱子註が講ぜられたことは間違いない。本文は、人間の本性は天から賦与されたものであり、その本性に従うことが道、それを修するのが教であると、性・道・教という概念によって、天によってあるように有らしめられている人間の本性に従うことが説かれている。それを受けて朱子註は、

修品二節之一也。性道雖レ同。而気稟或異。故不レ能レ無二過不及之差一。聖人因二人物之所レ当レ行者一而品二節之一。以為二法於天下一。則謂二之教一。若二礼楽刑政之属一是也

と、性と道は万人に付与されているが、気質の差によって過・不及が生ずるから、礼楽刑政という教を政治制度として建てて導く必要がある、というのである。綱吉は『中庸』第一章と朱子集註によって、人心を糺すものとしての礼楽刑政という政治理念を宣言したのである。

綱吉の講釈によって儒教の人心論による道徳的治国理念が導かれ、先の法問における仏の化益による国土の安泰が保証された。増上寺という将軍家菩提寺で、仏法儒教一体の道徳的治国論が議論されたのである。増上寺は綱吉政権へ仏教治国理念を説く教学的本拠となった。

増上寺御成法問は、それのみが単独で行なわれたのではなく、綱吉の営中での儒学講釈や、護持院隆光らの祈

禱との密接な関連が見出せる。綱吉の増上寺御成法問と同日に『隆光僧正日記』(23)に「愚ハ仁王経御修法開白」と記して『仁王経』御修法を開始し、閏五月十九日まで継続している。『仁王経』は護国経典として知られており、それを講読しての除災招福、鎮護国家の法会が仁王会であった。増上寺方丈が国土安泰を説き、隆光が仁王会を執行することで、増上寺と護持院が一体となって国土安泰が保証され、その理念を開示したのである。綱吉が貞誉に治国理念の提示を期待して大僧正に任じたのに対抗して、隆光が仁王会を執行して仏法治国を取り戻そうとしたのかもしれない。

それ以降も御成法問がなされた。概略を同じく抜書して示す。

②元禄八亥年三月二十三日、被為成於御成御殿法問

『観経』曰、以無縁慈摂諸衆生

　然者以無縁慈摂諸衆生、承当作麼生

問、何故名無縁慈悲耶

問、問師判今無縁義収三種、意趣如何

（中略）次御講釈、論語一学而篇

今回の御成は、前年末の元禄七年十二月十一日に通告されていた。この日の『帳場日鑑』には、恒例の綱吉の講釈に増上寺の諸僧も拝聴したが、そこで「将軍家来春当山へ　入御被仰出也」と見える。その日取りの記載がないが、明けて八年三月四日の恒例講釈に登城した方丈に「御成被仰出、十八日延引、日限重テ可被仰出由」とあって、当初は三月十八日の予定であった。日どり通告とともに算題も決定されていたことが想定される。

算題は『帳場日鑑』では「僧正講釈、選択集第三章也」、「講談畢テ出算、無縁慈悲法問」とあって、法問に先だって貞誉が『選択集』を講じている。『選択集』（『浄全7』）第三章は「本願章」といわれ、法蔵菩薩が選択し

た国土論から始められる。「選択者、即是取捨義也、謂於二二百一十億諸仏浄土中一、捨二人天之悪一、取二人天之善一、捨二国土之醜一、取二国土之好一也」と、選び取られたのは捨悪取善の国土であると説かれる。貞誉が説いたのはこうした理想国土論であろう。『選択集』では捨悪取善の国土が「何故、第十八願選二捨一切諸行一、唯偏選二択念仏一行一、為二往生本願一乎」と、ただ念仏一行による往生の本願によって選択されるのかという問題として展開された。『往生礼讃』（『浄全4』）から「由二衆生障重一、境細心麤、識颺神飛、観難二成就一也、是以大聖悲憐、直勧専称二名字一」と、障り多き衆生を憐れむ仏の大悲によって念仏が勧められ、「故知、念仏者易故通二於一切一、諸行難故不レ通二諸機一、然則為レ令二一切衆生平等往生一、捨レ難取レ易、為二本願一」と、念仏がすべての衆生の救済として選択されたと結論する。貞誉もまた、これらの教説によって念仏による一切衆生の理想国土への往生を力説したのであろう。治国論として見れば、『選択集』第三章の講説とは、捨悪取善の理想国土論であり、念仏往生による万民のその国土への往生を説く万民救済論であった。

次いでなされた法問は『観無量寿経』の「以無縁慈摂諸衆生」の文を主題とする。その前に記された「仏心者大慈悲是」の文を受けて、仏の慈悲心は絶対平等無差別の救済にあることをいうものである。従って講釈と法問は密接な関連にある。法問では何故「無縁慈悲」というのか、聖冏の著にいうところの「無縁義収三種」の意趣は何かと展開された。聖冏『伝通記糅鈔』（『浄全3』）巻四十には「今挙二無縁一義収二三種一、謂諸仏心不レ住二有無一、不レ依二三世一、平等大慧常照二法界一、以レ此摂レ生、生無レ不レ摂、不レ由二縁起一、故云二無縁一、即前所レ謂念仏衆生摂取不捨是也」（八八五頁）とあるのが踏まえられている。「無縁」とは、仏は有無という執着を離れ、過去未来現在の三世という時間を超えて、平等に衆生を摂取する、縁という執着を超脱するという概念である。特定の対象への執着を持たずに万民の救済、これが綱吉に向かって説かれたのである。『選択集』第三章の理想国土論・万民救済論が無縁慈悲論として説かれ、治国理念が慈悲に立脚することの論拠とされた。王権に弥陀の慈悲行を現実世界で補佐することが期待されたのである。仏の慈悲行を補佐する万民救済であるから、増上寺側は仏法が王権に優越する立場を崩していない。

その後に綱吉が『論語』学而篇を講じた。学而篇のどこが講じられたのか、内容が記されていないので定かにはしがたいが、学而篇の二に「君子務レ本、本立而道生、孝弟也者、其為二仁之本一与」(22)であったかも知れない。君子が根本に努めることで道が定まるが、孝と悌こそ仁の根本であるという。仁を求める者はその根源である孝悌という道徳の実践が求められる。綱吉は、この条項をとりあげ、道徳的実践を勧めて仁政をなす君子（君主）を説いたのかもしれない。増上寺という場で仏の無縁慈悲への対応であるから、根本である道徳に立脚することが仏の慈悲の実践となり、仁ともなると、綱吉は説こうとしたことになろう。仏の無縁慈悲行が現実世界で働く根源には儒教の仁があると説くことで、王権が仏の慈悲行の補佐者となることを回避しようとしたのである。あるいはまた、学而篇五の「道二千乗之国一、敬レ事而信、節レ用而愛レ人、使レ民以レ時」(22)という条項が講じられたのならば、万乗（天子）にあらざる千乗（諸侯）の治国は、敬・信・節・愛による時宜を得た人民使役という意味であるから、諸侯綱吉の治国の仁政の正当性が説かれたのかもしれないが、これでは仏の無縁慈悲論への対抗としてはいささか弱い。いずれも推測の域を出ないが、前回に続いて今回もまた、綱吉は儒教と仏教が相まって仁政と慈悲が相並ぶ治国理念を主張したと解される。増上寺側の法問と綱吉の儒学講釈が切り結んでいる。

③元禄九子年三月六日、被為成、御前法問　貞誉大僧正講

『観経』曰、観世音菩薩身長八十万億乃至五道衆生一切色相皆於中現○

然者、観音名義并現五道之承当

問、何故観世音、○問、観音光中五道衆生旨趣如何

（中略）法問畢て御講釈論語学而篇

今回も『観無量寿経』から、長大な身長を持つ観世音菩薩の光に地獄・餓鬼・畜生・人・天という五道の衆生が摂取されるという文がとりあげられた。観世音の名義や、何故観世音（が救済主体）なのかとの問い、五道衆生の摂取の趣旨が問われている。聖冏『釈浄土二蔵義』（『浄全12』）の「問、若爾者、観音光中現二五道衆生一、勢至亦可レ爾耶、答、不レ爾、但是同照二法界一、故経云二如観世音一」と関連する。迷いの一切衆生を救済するのは観音菩薩だけか、勢至菩薩もそうではないのか、観音とは何者か、という問いであろう。おそらく、教主阿弥陀如来の方便化身としての観音が問い出されたことで、仏の衆生救済を代行的に実践する存在への関心といえよう。そこに綱吉が暗示されている。増上寺側はあくまで王権を弥陀補佐において捉えようとしている。

なお、『帳場日鑑』では、法問に先立って「方丈御講釈、選択、南無阿弥陀仏往生之業念仏為先文也」とある。『選択集』内題の「南無阿弥陀仏」に割注として「往生之業念仏為本」と付せられた、いわば『選択集』全体の表号ともいうべき文であって、これだけでは何が講じられたか定かにし難く、観音の救済を問題にした法問とのかかわりは明らかにし難い。

今回も綱吉が『論語』学而篇を講じたが、その内容は不明ながら、先に見たような君主論であった可能性が高い。

④元禄十五年十月二日、被為成、御前法問

私云、今年正月十八日、宗祖の大師号を執奏し給ひ、閏二月三日於本郷大成殿釈菜之祭、以　上意方丈貞誉大僧正見物、（中略）

閏二月十四日、当山へ被成御法事御上覧被遊度、其跡にて東漸寺雲臥（中略）右五人説法被仰付、其跡にて御講釈等有之、（中略）法問に無之故（中略）新学の徒に往時知見のためここに記す

『法事讃』云、道場荘厳清浄天上人間無比量然者

然者、畢竟君恩報謝之一句、作麼生

問、道場荘厳縦維尽力何勝天上、○問、極清浄之貌、云何

問、謂天上人間無比量者、勝応北真実道場歟

『法事讃』以下の法問の記述が十月二日に懸るのか閏二月十四日のことなのかが判然としないが、『実紀』には閏二月十四日と十月二日に増上寺御成が見え、前者には法問のことが見えず、後者では「本堂にて大衆説破、次法問」とある。また『帳場日鑑』には両方が見え、閏二月十四日の御成は「法事之儀式照覧」で、五人の僧が「談義被努」、その後に「御講釈論語学而篇」と見えているのと一致する。十月二日の御成では「法問御聴聞也」とあるだけで、右のようには見えていない。右の算題は閏二月十四日のものと判断される。

算題が道場荘厳のことであるのは、法然への大師号勅許の法要とかかわってのことであろう。善導『法事讃』（『浄全1』）の行道讃梵偈の「道場荘厳極清浄、天上人間無㆓比量㆒」、較べようのない清浄な道場の荘厳という文を受けて、「然者畢竟君恩報謝之一句」が問われている。『法事讃』にこのような文はなく、またこの本文から何故に「君恩」云々という問いが生まれるのか判然としない。法然の大師号勅許法会にかかわることからすれば、その法会を綱吉による道場荘厳と意味化して、君恩がいわれたのかとも考えられる。そうであれば、道場を荘厳する綱吉は、仏法を奉ずる君主と讃えられたことになろう。次の「極清浄之貌」いかん、道場の荘厳が清浄である有り様はどのようかという問いは、法問の流れから理解できるが、さらに道場荘厳の無比量が「勝応北真実道場」とあるのは、「応北」は「応化」の誤記で、良忠『観経疏略鈔』（『浄全2』）に「得道之処、名為㆓道場㆒」とし、それに二種あることを言い、「応化道場、（中略）三世諸仏処此成仏給也」とあるのにかかわるだろう。増上寺が三世諸仏成仏の場として応化道場であるということになる。綱吉はこの応化道場を荘厳する。いわば王権による仏法外護が論じられた。

⑤元禄十一寅年四月十三日、被為成、於本堂鎮守式御上覧（中略）
畢て御帰座、御講釈論語雍也篇
⑥元禄十一寅年十月二十七日、被成為、今日は短日故方丈講釈幷御講も無之、法問も檀林十七ケ寺計
⑦元禄十二卯年三月五日、被為成、九つ時入御、御法問、（中略）終て御講釈被為遊
『大経』曰、法蔵比丘具足修満如大願誠諦不虚
然者、具足修満誠諦不虚、承当作麼生
問、如是大願者、指何願耶、〇問、誠諦不虚、意旨云何

⑤は、『実紀』にも「安国殿へ詣させ賜ふ。又本堂に出まし鎮守式を御聴聞あり」とあるが、『帳場日鑑』に見えないのは不審である。法問はなかったが、綱吉は『論語』を講じて帰った。⑥元禄十一年には講釈がなく法問のみであった。『帳場日鑑』でも同様である。⑦元禄十二年で法問が再開された。『帳場日鑑』では「論諦不露、算題也」とあるが、『三縁山志』の「誠諦不虚」が正しいであろう。『実紀』では「無量寿経の論議きこしめし」とあって、『無量寿経』から、法蔵比丘の大願が満足されて真実にして空虚ならずとは如何なることかという問いが設けられ、法蔵菩薩が衆生済度の本願を成就して阿弥陀仏という真実の姿となったことの意味を問題にしている。『無量寿経』は続いて、その姿は「超㆓出世間㆒、深楽㆓寂滅㆒」と世間に超出した境地であり、そこに実現された仏国は「勝独妙」、「無衰無変」という超越性永遠性を持つと説かれる。聖冏『二蔵義見聞』（『浄全12』）巻六には、『無量寿経』の右の文について解説し、「以㆓大願業力㆒為㆓増上縁㆒之秘術、直心直行而莫㆑不㆑生、不㆑進㆓善人而已㆒、不㆑退㆓悪人而已㆒、善人任㆓善人㆒、悪人任㆓悪人㆒、一等得生、平均成仏、直為㆓弥陀弘誓重㆒、致㆑使㆓凡夫念即生㆒」と、善人悪人を問わない救済が語られている。菩薩が本願を成就して真実の姿の仏となり、その国土は超越性永遠性においてあり、全ての人びとが救済されるのである。真実存在による超越永遠性の国土への万民救

済の理念である。これが綱吉に向かって説かれ、仏の本願による万民救済の治国が期待されたのである。綱吉を真実存在に比定することはできない以上、治国理念の根底に仏の万民救済の本願を置くことが求められ、これまでの法問の論点の総括的な位置にある。

⑧元禄十四巳年十月二十九日、被為成当山、証誉上人代初て之入御、於御前法問
『仏説無量寿経』矣
　謹請、披経首題無量寿之覚体将来
問、何以故名無量寿耶、○問、無量之寿体云何
（中略）此後御講釈論語為政篇君子不器矣

⑨元禄十五午年九月六日、被為成、於御前法問　証誉上人講
『無量寿経』上曰、尓時世尊諸根悦予姿色清浄光顔巍巍乃至殊妙如今
　謹請、大悲本懐悦予喜相、若為提示
問、如来得三念住、由何現悦予相耶、
問、今之悦予、為通三輩諸善将限念仏乎
（中略）御法問精義畢十念被出之

⑩元禄十六未年十月十八日、被為成、於御前法問
善導和尚『観経玄義分』云、然諸仏大悲於苦者、心偏愍念常没衆生、是以勧帰浄土乃至何用済為已上
　伏請、以浄土経為一代出世本懐、意趣開示来
問、聖道経何不為苦者、然浄土教法争為独済重之苦之本懐耶、○問、法澤無私以浄土教法可為如来出世本懐乎

元禄十四年以降は『帳場日鑑』が欠落していて対比できない。⑧十四年では『無量寿経』の主題である無量寿という仏は、なぜ無量の寿なのか、その本体は何かと問われた。それ以上の内容は明らかにしがたいが、対して綱吉が『論語』為政篇の「君子不器」(22)を講じたのは無関係ではなかろう。「君子不器」への朱子註は「器者、各適二其用一、而不レ能二相通一、成徳之士、体無二不具一、故用無二不周一、非レ特為二一才一芸一而已」とあって、君子の徳は、器のように特定の用途に適合するようなものではなく、広大なものであるという意である。無量寿仏の無縁慈悲と、特定にこだわらない君子の徳、それらが綱吉に重ねられたのではなかろうか。王権は仏の無縁慈悲と同じく万民救済をもってするというのである。

⑨元禄十五年では、やはり『無量寿経』から、釈尊の顔が輝きわたったのをみて阿難尊者がかつてなかった殊妙の相と讃えたことがとりあげられる。衆生の信不信にかかわらず喜憂を現さないという「三念住」の如来が、何故に悦予を現すのかという問であり、さらに如来の悦予が念仏に限られるのは何故か、と問う。「三念住」はこれまた聖冏『釈浄土二蔵義』に見られ、その弟子聖聡の『大経直談要註記』(『浄全13』)巻七に「如来得二三念住一、於二違順境一不レ生二憂喜一」という問いに、「喜有二両義一」、「一念二衆生得益時至一、故生二歓喜一」、あるいは「為レ顕二本意一示二現悦予一」とあることが踏まえられている。これらの論議は、念仏によって本願が成就されたことで阿弥陀仏が歓びの相を現したことをいうから、綱吉治世の元禄の世が、万人救済の世界となったと讃える意味を持っている。もはや理念論の域を超えて綱吉治世の賛美へと向かっている。

そして最後の⑩元禄十六年では、『観経玄義分』から、諸仏大悲が煩悩に常没して苦しむ衆生への憐れみとなり、浄土に帰する勧めとなるとの文言を受けて、浄土門の経典が釈尊一代の出世本懐を現すなら、聖道門の諸経は何故に苦者を対象としないのか、浄土教のみが苦者の救済を説くのは何故かと、再び衆生救済の問題にもどってきている。このように問題が設定されているのは、先に見た聖聡『大経直談要註記』の三念住の箇所に、善導の玄義分の右の文が引かれ、それに続いて、「釈尊大悲偏愍二常没一、常没出離唯在二往生一、往生仏願今将二宣説一、出世本懐、時運亦已至、何不二悦予一」とあることを受けていると考えられる。釈尊の大悲を代行する者として綱吉に民衆救済が要求されたと見ることもできよう。

かく見れば、増上寺での法問では増上寺側は仏の万民救済を補佐することを綱吉に要求し、綱吉はこれを受け入れつつ儒教の君主論などによって仁政を根源に置くことで、仏教への従属からの脱却を図ろうとしているということができる。全体的には仏儒一体の道徳的治国論と仏の慈悲補佐の万民救済の治国論が展開され、その讃嘆を経て、再び慈悲の問題、万民救済の問題へ回帰した、と捉えることができる。綱吉の位置は、仏の慈悲を補佐する王権か、仏の慈悲のさらなる根源に立って仏を従えあるいは外護する王権か、というせめぎあいの内にある。

## 五　営中法問

綱吉の法問聴聞は、増上寺御成法問に先立って柳営でも実施され、また並行して催されていた。『三縁山志』巻七「営中法問」では、「神祖登位の御時より常に蓮家の論議を好み給へり、相つぎて　台徳院にも是を好ませ給ひしかは、代々の聖主もこれを御聴受」と、家康以来歴代将軍の伝統であるとした上で、綱吉の営中法問を以下のように記している。

[1]元禄四未年六月廿九日、流誉上人営中にめされ御前に於て法問
伏乞、察得真如名義而広大商量来
問、真如者離言説等三相、何名真如耶、若仮立強名云者、難当真如実体如何
（中略）法問過て、依上意、真如広大説法、幡随院寂仙相勤

この法問は『実紀』に見えず、この年の『帳場日鑑』が残されておらず、傍証を欠いている。それは置くとし

て、法問の内容は、言説を離れた真如を言説を以って真如と呼ぶという矛盾から、真如の実体が問われている。これもまた聖冏『伝通記糅鈔』（『浄全3』）に「真如名義」「真如実相」「中論云、真如広大法性深高」の文言、同『破邪顕正義』（『浄全12』）に「真如離言説」の語、これらと関連していようが、関係を明らかにしがたい。また真如名義の法問が何を意図したものかも推測しがたいが、強いていえば非実体的超越的究極原理への関心とでもいえばよかろうか。儒教的にいえば太極というような究極原理が問われている。綱吉は儒仏という個別の思想体系を超える超越的普遍的原理を思考していたのではないかと推定している。

②同六酉年十一月廿四日、於御城御前法問
　大経曰、彼仏国土清浄安穏微妙快楽、次於無為泥洹之道
　　然者、浄土無為、承当作麼生
　問、何故云清浄安穏微妙快楽耶、〇問、浄土無為消息云何
　方丈貞（ママ）也上人九時法問始、但し御座間

『実紀』では「浄土門の僧侶召れて論議仰付らる。無為泥洹の旨を問答」と見え、『隆光僧正日記』(23)では増上寺の五僧の御座之間法問で、隆光等四人が聴聞したと見える。御前法問は増上寺と護持院をあげての公式的性格を持っていた。その法問の題目決定は、先に見たように、候補にあがった三題目の内から前日にいたって「浄土無為」が決定された。仏国土の清浄安穏快楽は「無為泥洹」という涅槃の境地に近いと『無量寿経』にあるが、それと同様な「浄土無為」とは如何なる境地かという問いである。

「浄土無為」の語は『伝通記糅鈔』に「若深信㆓浄土無為楽㆒者、善心一発、永無㆓退出㆒也」とあるのを受けるのだろう。仏国土の無為楽を深く信ずることによって、人びとの善心が発揮されるのであるから、人心匡正を目指す綱吉にとっては重要な問題である。また「無為」の語にのみ着目すれば、『無量寿経』に「昇㆓無為之安㆒」

と見えるが、これは増上寺御成法問①に見えていた「天下和順」以下の文に続く仏の言葉である。仏の化導によって天下安穏となったとき、人びとが受ける楽のことなのである。いささか穿ちすぎかもしれないが、ここではやはり国土の平穏と人民安楽が善心発揮で成就されることが問題であったことになろう。増上寺御成法問①が元禄七年閏五月、これが六年十一月で年次的にも近接し、この頃から綱吉が人心匡正の治国理念として仏教に関心を示し始めたとも思われる。

③同九子年七月廿六日、於御城御前法問

善導大師釈云、浄国無衰変、一立古今然

然者、一立今古然、承当作麽生

今日御手自御茶を大僧正貞誉上人に被下、〈（中略）其後方丈大原談義第三問を被講、此時常憲院殿往々に義趣御尋被為遊、其跡にて論証（是篇第三章）御講釈被為在、又法問被仰付、（後略）〉

『帳場日鑑』では、右のような講題が記されず、「僧正於　御前講釈、小僧四人法問相務（中略）且又論語之御講釈、於御座間拝聴」とあって、綱吉が『論語』を講じている。一方『実紀』では「了也、大原談義を講じ、御垂問どもまし〳〵てのち、御みづから論語御講説あり」と見えていて、『三縁山志』と同様に大原談義が講じられ、のちに『論語』が講ぜられたことが判明する。

算題の「浄国無衰変、一立古今然」は善導『往生礼讃』に見えるもので、『無量寿経』の「所修仏国、恢廓広大、超勝特妙、建立常然、無ㇾ衰無ㇾ変」の文を受け、浄土が建立されれば超時間的永遠普遍性においてあることをいう。その浄土の「古今然」という超時間性が問われているのである。この文言も『伝通記糅鈔』巻二十三に「本願所成之報国者、超世別意之特妙、建立常然境、無衰無変砌、無上涅槃身、一立古今然」と見えるのが出典であろう。聖冏では弥陀の本願によって成就される報国（土）超世と「無衰無変」「一立古今然」という国土の普遍性をいう語の間に「無上涅槃身」と身体論が挿入されて、過去の果報としての無上涅槃を得る身との関係論、つまり国土と人身の超越性普遍性獲得の議論が展開されている。

このような国土と人身の超越性普遍性という法問と、それに続く大原談義の講説がいかなる関係にあるのか、容易に理解しがたい。大原談義は、三論・法相・天台の碩学が法然に挑んだ談義であるが、増上寺酉誉が『見聞』一巻を作り、上野大光院の無絃（寛永十七年寂）の『大原談義纂述鈔』（『浄全14』）など、各種の注釈書が著わされた。無絃の書によって見るに、問答の第三番は「従下立二実教頓教一、又云中諸宗超過上起」とあって、実教・頓教の区別から他力念仏が諸宗に超越する真実教とすることへの批判、それに対する反論の段である。「明二大乗真実生仏一如理一」が実教であり、「存二是心是仏寂滅無生旨一」が頓教であるが、「然今此宗不レ明二如レ是実頓旨一」と、浄土宗は実頓を明かすことなく、「唯談二厭穢欣浄心行一」と、ただ浄土を願うのみであるから、「何況論二超過義一」と、浄土宗の超越性の主張が批判される。これに対して「浄教之意、以二三福世戒行一説二三世諸仏浄業正因一、以二九品大小行一為二未断凡夫報土往因一、斯乃世善善体本妙而二成報土生因一」と反論することから、浄土宗の本意が説かれるという展開である。あらゆる戒行や善行が諸仏凡夫の成仏往生の正因であることをいうから、本筋においては法問での仏国土人身超越普遍性獲得の議論と直接にはかかわらない。展開の内で、「極楽不遠」や「生仏一如」に絡んでいわゆる唯心弥陀己身浄土論への批判が述べられていることが、あるいは関係するかもしれない。次の第四回営中法問では一心が問題とされているからである。

営中法問は[1]真如論で始まり、[2][3]浄土・仏国・人身論となった。増上寺御成法問の展開とはいささか趣きが異なる。そして次の[4][5]ではもっぱら心が問題となった。

[4]同十二卯年十一月十四日、御城御前法問、是詮誉上人入院に付めさせられしなり

算題

『観無量寿経』曰、一者至誠心二者深心三者回向発願心
　伏乞、依第二深心之一句、信之一字宗義開出之承当
問、三心具浄土之因也、何局第二深心一句、宗義開出耶
問、有何功能依信之一字耶
問、一心者万法主人公也、爾者可依一心云何

『実紀』では「観無量寿経法問」とあるだけで詳細は不明である。観経の文から至誠心・深心・回向発願心の三心がとりあげられ、その内の第二深心を「信」とするのは何故か、三心は浄土の因であるのに第二深心を限って宗義開出とするのは何故かと問う。『無量寿経』の三信である至心・信楽・欲生はすべて信楽の一信に納まり、観経の深心がこれであるという三心即一心論として古来有名な論題である。けれどもここでは、「一心者万法主人公」というのは何故かという展開となっている。浄土宗関連の文献には類を見ない発言で、根底に唯心弥陀説を踏まえてのことかと思われ、臨済宗の雲居が「瑞巌ハ日々主人公ヲ喚ブ、我ハ己身ノ弥陀ヲコソヨベ[24]」といったことが想起される。そうであれば、近世における民衆仏教として展開した唯心論を念頭においての問題化となろう[25]。しかし綱吉の儒学への関心からすれば『大学章句』の「心者身之主也[22]」が思われる。綱吉の儒学講説がかかわっていると思われ、三心一心論が論題に選ばれたのは、人心匡正の道徳政治を統治の根幹に置こうとする綱吉への対応であろう。

増上寺方丈は詮誉白玄に交代していて、今回が初めての営中法問であった。詮誉はこの翌十三年七月に示寂し、代わって飯沼弘経寺から証誉雲臥が方丈となった。証誉は八月二十一日に「衆僧引つれまう登り、法問を御聞に備へ奉る」（『実紀』）とあって、営中法問があったと思われるが、『三縁山志』も『増上寺日鑑[26]』にもこのことが見えない。しかし『増上寺日鑑』には、八月二十一日に御前法問があったと記し、方丈に詮誉白玄と傍記するが、

誤りと思われ、法問自体も何らかの誤記があるやに思われる。

5宝永四亥年二月廿四日、於柳営御前法問　湛誉大僧正講

『阿弥陀経』曰、聞説阿弥陀執持名号乃至一心不乱

　請、通徹経意一心不乱定散心行承当

問、所言一心不乱者為安心為起行如何

問、一心不乱与釈一心専念有浅深否

方丈幷出僧問答往復如涌泉不究云々、精義の後、可有十念　上意により又伝通院に説法致すべしと　上意ありしかば説法あり、（中略）其外聴徒護持院、護国寺、（中略）

右之外数度殿中へ召せられ法問聴受なし給へる事茲に略す

『実紀』では「法問聞召さる、とて、増上寺大僧正門秀、伝通院祐天、大光院（中略）まうのぼる。伝通院祐天はことさらに命ぜられて説法を御聞に備ふ、（中略）護持院大僧正隆光、（中略）もうのぼり饗給ふ」と見えている。ここで祐天が登場し、綱吉の命によって特別に説法している。また隆光以下も聴聞していて、将軍近辺の僧侶をあげての法問であった。六年の中断の後の法問であるが、前回からの「一心」の課題が引き継がれ、綱吉の民心教化の課題に応答している姿がある。営中法問は、隆光ら真言僧も傍聴する公式の宗教儀礼であり、その論題は国土と人心であった。綱吉政権はその治国理念形成にこのような形で仏教を参加させていたのである。

　これらの法問には聖冏の著述を出典とすることが多い。香月乗光「聖冏上人の『伝通記糅鈔』解説」（『浄全3』）には「浄土宗の宗勢を恢復した人で、後世浄土宗中興の祖と尊ばれ」、三祖然阿良忠門下の寂慧良暁の「白旗正流の教学を明らかに」して「宗義の合糅統一を図」ったと評価されている。浄土宗教義問答で聖冏に出典する文言が使われても一向不思議ではないのであるが、増上寺は聖冏を継いだ聖聡が開創した寺であり、聖冏を開

山に仰ぐ小石川伝通院は、家康の生母（阿大の方）の菩提寺となり、ここに住した随波は増上寺存応の弟子で増上寺十八世となり、その法系は檀通を経て祐天にいたる。増上寺・伝通院を中核とする関東浄土宗は聖冏教学に立っていたのである。

聖冏著の『伝通記糅鈔』は良忠の『観経疏伝通記』の註解であるが、「随自顕宗」の立場によって宗義を祖述するものであって、その種の著書の代表」と見なされる。先に見た営中法門[3]での「一立古今然」に関する聖冏の解釈もこの書に見え、藤田派の良心が阿弥陀仏の仏身仏土を化身化土とする説に対して述べられた文言である。阿弥陀仏は報身であり化身ではなく、浄土は化土ではなく報土であることを説いたものであった（香月前掲論文）。心と浄土、翻せば人間と国土国家の問題である。営中と増上寺においての聴聞は、このように天下国家の問題、そこでの慈悲の問題においてなされていたのである。生母桂昌院や女性たちの聖者祐天への思いとはいささか様相を異にする。

そもそも綱吉の仏教への関心は、人民教化にかかわっていた。先にみたように、生類憐れみ政策は、慈悲を本とし、人びとに心の匡正を求めたところから展開された。塚本学はこれを専ら儒学にもとづくものと理解し、仏教尊崇は不可知なものへの恐れにおいて見た。しかし以上の検討からは、綱吉の仏教ないしは浄土教学への関心は、不可知への恐れというような事柄ではなく、人心教化と国土安穏を問題とするところに発していることが知られよう。

## おわりに

綱吉は将軍になって以来、一度も日光社参を行なわなかった。塚本学は、「徳川家継承者としての意識が気になる」として問題とし、計画されながら、天和二年（一六八二）三月の場合には凶作によって延期され、元禄十二年（一六九九）にも実行に移そうとしたが、「其後、故有って事やむ」（『憲廟実録』）となったことをあげ、「多くの旧儀を復興した彼が、将軍家日光参詣行事を中断させたことは、やはり気にしないわけにはいかない」（二〇二頁）という。けれども、日光社参中止ないしは実行されなかったことの意味に関しては明確な答えがない。

日光社参は家光によって王権正統性を誇示する重要な営為とされた。家光が三代将軍にもかかわらず、家康を受け継ぐ二世将軍を自認したことが根底にある。正統性に弱点を持つ綱吉政権からすれば、日光社参を実現して、東照大権現と家光の系譜にその王権を位置づけることが、弱点克服の重要な方途であったかに思われる。

しかし綱吉は日光社参を為さなかった。そのことは、家光によって確立された東照大権現を権威源泉とする神授的王権の外へ出ることを意味する。本章のはじめに示したように、祐天の語った家康一代記へ綱吉が反発したのは、家光的な東照大権現を権威源泉とする王権神授説から脱却しようとしたことを示唆している。

日光は天海によって天台山王一実神道の治国利民を標榜する聖地とされたから、日光社参中止は天海教学が掲げる治国利民論からの脱却をも意味する。江戸で天海教学を担った東叡山寛永寺に対しては、綱吉は参詣し堂宇整備を行なったが、教義に関する法問などを行なうことはなかった。日光・寛永寺に代わる教学が新たに用意されねばならない。王権の菩提寺である増上寺の主による営中法問や御成法問が繰り返された。最初には治国利民が講じられたが、弥陀による天下和順論から道徳的治国論へ、仏の無縁慈悲補佐の万民救済治国論へと展開されることで、増上寺は新たな封建教学の牙城となった。しかしそれは綱吉政権に治国理念を提示するものではあっても、王権そのものの正統性を弁証するものではなく、王権神授説も提示がなかった。東照大権現のように神格化することなく、また家光のように大権現二世を標榜してそれに結びつくような、そのような宗教的聖性を綱吉に付与しようとするものではない。慈悲仁政の治国が正当化されることで、東照大権現という外部の権威に拮抗して、内部に独自な正統性・正当性をもつ王権として存立しうる。綱吉は治国理念を仏教をも包み込むことで確立しようとしているが、その仏教は儒教とも通じ、両者の根源にある普遍原理と見なされ、それへ定位することであり、特定の個別特殊な権威に自己の権威源泉を求めるものではない。その限りで権威の自己調達である。このように考えることで、綱吉が家康一代記に反発したことを理解することができよう。綱吉政権は正当性の権威源泉を個別特殊に求めることなく、万民救済という治国原理の普遍性、正当性に立脚する方向を取った。

それにもかかわらず王権神授説が綱吉時代に形成されたという矛盾が残る。王権の弥陀補佐による王権神授という物語の形成は、権威を自己調達して自立しようとする王権を、再び仏教内に取り込もうとする意図が想定される。その中心にあったのが祐天であるが、綱吉に抜擢されたけれども、増上寺においては決して主流派ではなかったし、在野の聖者の性格を保持しつつ、王権の教導者たろうとしている。王権は仏法から自立を模索したが、その周縁では王権を仏法によって基礎づけようとする働きが続いたのである。それは、民衆世界では仏法が王権に優越していたから、それを根底にして王権を民衆的基盤に据え付けようとする働きであった。そして王権自体は、民衆的基盤を意識しつつ、さらにそれからの超越を目指した。

（1）大桑斉「『松平開運録』覚書——解題にかえて——」（『近世における仏教治国論の史料的研究』平成10・11年度科学研究費補助金〈基盤研究C—1〉研究成果報告書）→本書第一部第四章

（2）大桑斉「再論『松平開運録』」（大桑斉・平野寿則編『近世仏教治国論の史料と研究　松平開運録／東照宮御遺訓』、清文堂、二〇〇七年）→本書第一部第四章

（3）尾藤正英『日本の歴史16元禄時代』（小学館、一九七五年）

（4）高埜利彦『集英社版日本の歴史13元禄・享保の時代』（集英社、一九九二年）

（5）塚本学『徳川綱吉』（人物叢書、吉川弘文館、一九九八年）

（6）『新訂増補国史大系42・43徳川実紀』第五・六篇（吉川弘文館、新装版一九九九年）

（7）山室恭子『黄門さまと犬公方』（文春新書、文芸春秋、一九九八年）
（8）戸田茂睡著・塚本学校注『御当代記』（東洋文庫、平凡社、一九九八年）
（9）辻善之助『日本仏教史』第九巻（岩波書店、一九五四年）
（10）浄土宗全書。なお、平野寿則「『松平開運録』と仏教治国論」（前掲注2所収）に綱吉の法問と併せて概略が述べられている。
（11）『増上寺史料集』第三巻（増上寺、一九八三年）
（12）『増上寺史料集』第一巻・二一一（巻頭グラビアに写真）（増上寺、一九八三年）
（13）前掲注（2）参照
（14）『祐天寺史資料集』第五巻（大東出版社、二〇一〇年）
（15）高田衛『新編江戸の悪霊払い師《エクソシスト》』（ちくま学芸文庫、筑摩書房、一九九四年）
（16）倉員正江「翻刻『中村雑記』抄」（『近世文芸　研究と評論』35～45号、一九八九～九三年）
（17）前掲注（2）所収
（18）前掲注（2）にも所収
（19）『慈眼大師全集（上）』（国書刊行会、一九七六年）所収
（20）曽根原理『徳川家康神格化への道』（吉川弘文館、一九九六年）
（21）前掲注（12）『増上寺史料集』第一巻・二一〇
（22）『四書集注』（中文出版社、一九八〇年）
（23）『隆光僧正日記二』（史料纂集、続群書類従刊行会、一九六九年）
（24）『往生要歌』（『大乗仏典中国日本篇29』、中央公論社、一九九一年）
（25）大桑斉『民衆仏教思想史論』（ぺりかん社、二〇一三年）
（26）『増上寺史料集』第二巻（増上寺、一九八二年）

## 補説　野村玄『天下人の神格化と天皇』について

本書の校正中に、野村玄『天下人の神格化と天皇』（思文閣出版、二〇一五年一月）が刊行された。題名からしてそうであるが、内容的にも秀吉・家康の神格化、家光・綱吉と東照大権現の関係などが扱われていて、まさに本書と同じ歴史事象を対象とする研究書である。けれどもこの書には本書筆者の名はないし、家康神格化の思想史的研究に多くの蓄積を持つ曽根原理の名も、先行研究として注記され、わずかに『東照社縁起』研究の内容が紹介される（一一六頁）程度の関心でしか見られていない。野村の天下人神格化への関心は、これまで積み重ねられてきた思想史ないしは政治思想史的研究とは全く異なるところにある。今回の著書や既刊の『日本近世国家の確立と天皇』（清文堂、二〇〇六年）の題名に知られるように、近世国家確立の政治過程に天皇を位置づけることが中心課題で、思想史研究は関心の埒外にある。野村の研究は第一論文集の段階から承知していたものの、思想史を視点にする筆者の立場からは切り結ぶ接点が見出せないままに放置し、本書でも言及してはいない。

天下人神格化という歴史事象を同じく対象としながら、研究が相交わることがないのは、ひとえに視点の問題である。本書は、領民と領域を限定することで成り立つ国家という統治装置の権力としての王権、その正当性ないしは正統性における被統治者の宗教性とのかかわりから王権神格化を考えた。野村では、秀吉と家康の神格化は「近世の「日本国」の存立における天皇・朝廷の機能・役割とそれらが求められた背景」（二四頁）の問題というように、天皇・朝廷機能論を視点とし、そこから「神格化が、なぜ近世前期の政治過程において要請され」（二六頁）たのかを問うという問題構成である。

権力者の政権構想を解明しようとした朝尾直弘が、「朝幕関係」論という視角によらずに、「それぞれの段階における天皇の位置と役割を事実のうえで確認」（一八頁）しながら天皇と朝廷の存続の歴史的意味を解明すべきと提言した「政治史」という方法を、野村は発展的に継承する（二六頁）という。しかし朝尾が「権力者の「政権構想」には百姓への対抗が存在した」（一八頁）という仮説に立つことを紹介しながら、野村においては「百姓への対抗」による政権構想という視点は全く見出せず、事実上の「朝幕関係」論からの天皇論となっている。本書での王権論からの神格化論は、天皇論からの野村においては問題化し得ないのであり、この書は神格化を掲げながら神格化論にはなりえていない。野村において神格化とはいったい何だったのかと問うてみても、答えは容易に見出せない。野村の「結語」においても、天皇の位置や機能が論じられても、神格化に関しては「天皇の位置づけが変化していく中で、今度はその天下人自身までもが神格化を遂げていた」（三一八頁）というだけで、せいぜいのところ背景としての人神信仰がいわれ、秀吉も家康も「特別なことを遺言したわけではなかった」（三二四頁）が、死後の神格化はこれとは別で、幕府にとっての必要からなされ、結果的には神々の列に参画するものであったという。神格化という事象がもつ歴史的に独自な性格は否定されている。

野村著書における家光政権論には家光の守袋内文書が紹介され、将軍と東照大権現・天照大神・八幡神の一体化を将軍・天皇関係に引きつける見解（一二九頁）があるが、しかし「武威の補完や支配の正統（当）性のために家康と結合したということのみではなく」（一三一頁）と、本書にも関係深い見解への否定的発言があって、問題化すべきであるが、いまは指摘に留め、綱吉政権とのかかわりに限定して検討したい。

「綱吉がそれまでの徳川将軍家の国家構想をどのように受け継ぎ、その中で天皇・朝廷をどのように認識し、位置づけていたのかを解明するため、綱吉政権後半の対天皇・朝廷政策とその目的、また綱吉政権と東照大権現・日光東照宮との関係について、政治史的に再検討する」（二七二頁）と問題が設定される。天皇・朝廷政策という綱吉政権の目的を、「政治史的」に検討するという視点から、綱吉政権の国家構想と東照大権現とのかかわりの思想史的検討と変更すれば、本書の課題と重なりあう。野村は、ここでも朝尾が否定した「朝幕関係」という視角ではなく、「政権構想」の解明からの「政治史」という方法への回帰をいう（二七四頁）が、「政権構想」論は「政治史」とともに思想史の問題でもある。

元禄期の綱吉政権の諸儀式等の再興という問題は、綱吉の発案ではなく各方面からの要請による受動的なものであったと野村は論じた。その上で、受動的ではあれ、その理由が問題となるとして、綱吉と桂昌院の「強烈な信仰心」（二七七頁）をあげ、転じて能動的な諸儀式等の再興の事例として伊勢神宮への代参使派遣、桂昌院による内侍所神楽の執行の天皇への奏請を見出し、それが「継嗣誕生祈願」であったことを明らかにした。切実な継嗣問題が「諸方面からの諸儀式等再興に関する要請を、徳川将軍家の存続祈念とそのための敬神・尊仏・先祖追慕という観点からして受容していく素地になっていた」（二八三頁）という。本書でも継嗣問題が重要であることを述べ、桂昌院の増上寺御成法問が、桂昌院自身の後生の問題と綱吉への仏の守護にあったこと、それを通じて女性の聖者祐天への帰依があったことを明らかにしたが、野村の論点と合わせれば、王権の中枢部分での王権継承への願望が、一方で朝廷の始祖神伊勢神宮への天皇による継嗣誕生祈願となり、一方で将軍家菩提寺による王権守護という行為を生み出していたのである。綱吉政権は継嗣問題を、つまり王権の存続を神仏帰依によって打開しようとしていたのである。

野村は、そのような綱吉の宗教的行為に祖先神東照大権現が登場しないことを問題にして、綱吉が前代までと異なる対応を取ったと見なして検討を加える。朝鮮通信使の日光社参は朝鮮側の記録に「大君曰、朝鮮王礼㆔敬於㆓我祖宗㆒、不㆑可㆑有㆓其志之明信㆒」とあるのを、「東照大権現への拝礼は虚礼であって真実の信仰ではなく」、「真実の信仰を重視する綱吉の考え方」によって停止された（二八六頁）という。東照大権現への信仰が「真実の信仰」であり、「我祖宗」と「我祖廟」への信仰（二九四頁）とも表現される。綱吉が朝鮮通信使の日光社参を停止する理由に徳川家祖先神への信仰がないことをあげたにしても、それをもって綱吉が徳川祖神への「真実の信仰」を持っていたとはいえないし、野村もいうように「社参という行為は、綱吉の信仰にとって最優先事項ではなかった可能性」(二八七頁)が高い。つまり綱吉にとって日光社参、東照宮大権現信仰は二次的な意味しかなかったことになろう。ここに綱吉政権の国家構想が、大権現二世将軍を標榜した家光期と大きく異なることを見ることができる。綱吉は東照大権現という祖先神・守護神にその政権の正統性の証明を求めてはいない。元禄十年(一六九七)に社参が企図されたが、それには「日光之御宮奇瑞」がかかわっていた。東照大権現の怒りが突きつけられ、天災にもさいなまれた状況で社参が表明されたが、結局中止されたのは、その信仰が新たな構想を生み出すものではなく、あくまでも祖宗への信仰に留まったからであると野村は見る。本書では、日光への社参がなされなかったことを綱吉における東照大権現権威からの脱却と見なし、もはや東照大権現の権威によっての政権正当化・正統化やそれにもとづく国家構想の形成をなしえず、本書で明らかにした増上寺御成並びに営中法問における仏教と儒学の交錯の内に、根源的な普遍原理としての慈悲仁政治国論が模索されたと見てとるべきことを明らかにした。野村には、ただ継嗣問題への焦りと課題の深刻化が天皇家と神仏への依存を深めた(三〇三頁)と、将軍家の特殊な内部事情をいうばかりで、宗教問題、宗教への帰依が国家構想とかかわるという視点がない。

綱吉政権の国家構想が家光段階と異なることを明らかにするのが「政治史」であろうが、家光期では「将軍と東照大権現・天照大神・八幡神の一体化」の具現化としての将軍・天皇関係(一二九頁)が構想されたが、綱吉はみずからを「「かけまくもかしこき日のもとの国」の「すべてまつりごとすべき身」」と位置づけ、「武家之天下」の「本拠」として天皇を認識し」た(三三〇頁)という国家構想を見る。ここでの大転換がなぜになされたのか、本書で明らかにした儒仏一体の原理による慈悲仁政治国論とのかかわりが見出せない。仮に私見を棚上げするとしても、少なくとも塚本学が説いたような、人びとに慈悲の心を本とすることを求めるような心の改造という政治理念、その表れとしての生類憐れみ政策という綱吉政権の根本にかかわる問題との関連が問われねばならないだろう。

野村説は、多岐にわたる問題を捨象して徳川政権と天皇の関係論一本に絞り込んだところに成り立っているのであり、徳川政権論としては極めて不十分といわざるを得ない。

# 第四章　『松平崇宗開運録』の諸問題

本章は二つの論文を合わせている。第三節までは、平成10・11年度科学研究費補助金（基盤研究（C）―（1））研究成果報告『近世における仏教治国論の史料的研究』（二〇〇〇年）に収録した「『松平開運録』覚書―解題にかえて―」（写本所在一覧表と関連史料を含む）の全文。補説は「徳川王権始祖神話の論理と性格―『松平崇宗開運録』の論理―」（伊藤唯真編『日本仏教の形成と展開』、法藏館、二〇〇二年）の第二節以下で、「はじめに」と第一節は前論文と重複が多いので割愛。

科研研究成果報告書解題論文は、のちに増補して平野寿則と共編の『近世仏教治国論の史料と研究　松平開運録／東照宮御遺訓』（清文堂出版、二〇〇七年）に収録したが、原初形態を復元する目的で、本書では報告書の解題論文を主文として採録し、写本所在一覧表と関連史料は、若干修正を施して収録した。本章で引用する『松氏啓運録』は報告書に、『松平崇宗開運録』は公刊本に、それぞれよっている。この点で報告書・公刊本と相違する部分がある。また、＊印を付して、発表以後に明らかになった関連事項を記し、また事実誤認の訂正を行なった。なお、本章とほぼ同様な見解が公刊本収録の平野寿則「『松平開運録』と仏教治国論」に述べられている。併せて参照されたい。

## はじめに―近世国家の宗教性への視点から―

『松平崇宗開運録』なる一書をとりあげることは、いったい如何なる問題に迫ろうとすることなのか。何が問題なのか。究極的には、近世世界を世俗化された世界と見る通説を批判すること、そして逆に近世世界は仏教的世界であることを提示することであるが、それは通説である〈近世＝世俗世界〉観の前提となっている〈近代＝脱宗教世界〉観の虚妄性を批判するという問題である。現代社会はいま、宗教の問題に直面している。〈近代〉が打倒したはずの宗教が復権しつつあるかに見える。それは、近世以来絶えることなく存続し続けた宗教世界が活性化したということであり、失われたものが再登場したということではない。そのことを明らかにするために、宗教が失われたとされる〈近世〉が問題として浮上する。すでに別論文「仏教的世界としての近世」[1]でこのことを強調したが、その折りに、近世国家の宗教性という問題は課題として残されていた。この問題に迫る素材として『松平崇宗開運録』というテキストは絶好の位置にある。

最初に、近年の近世国家論の中で、このような問題にかかわる研究動向が出現していることを一瞥しておきたい。近世国家論の基本的な研究動向は、近世国家の出発点は封建領主の統一権力が一向一揆に代表される民衆宗教運動と対決し、それに勝利して樹立された軍事政権である、というところにある。高木昭作は軍事政権である幕藩権力に全住民が軍役動員される体制という意味で「兵営国家」論を唱えたのであるが[2]、これを踏まえるヘルマン・オームスの『徳川イデオロギー』[3]は、領主階級による日本占領と百姓の征服・隷属化として近世国家を［GARRISON　STATE］「占領体制国家」として論じ、そしてその中で、近世国家における宗教の必然性へ言及している。家光政権の段階において、徳川政権の成立の暴力性を隠蔽し、あたかも初めから存在したかのように語る「発生の忘却」の言説の形成があり、そこでは体制神聖化のイデオロギーが「天と心の思想」に求められたという。軍事政権からの脱却を目指すことにおいて課題となったのは、政権の正当性を弁証することであり、それは社会的合意の形成、すなわち征服された百姓との合意調達という課題であるから、武力的に打倒されたにしても思想や心性レベルでは征服したと言い兼ねる被征服者の宗教性の吸収が中心となった。こうして権力者の自己神格化現象が出現する、というのである。その後に、権力者の自己神格化それ自体を問題とする曽根原理『徳川家康神格化への道』[4]のような研究が登場した。そこでは、仏教の民衆救済を実現する神としての東照大権現の性格が究明される。軍事政権からの脱却―権力者神格化―仏教による民衆救済という研究路線が浮かびあがってきている。

けれども、それではなぜ仏教なのかという課題が残る。これに対して、すでに早くに倉地克直は「民衆が信心を媒介としながら、日常的道徳の実践者として登場しつつあった」から、「民衆の能動性を、支配秩序の維持へと動員し編成する」という課題が、近世国家成立期の国家的課題であり、仏教イデオロギーがそのために形成されたとして鈴木正三に注目していた[5]。あるいは深谷克己は近世国家における天皇の問題から、「宗教的なものがその支配体系のなかに構造化されなければならない」と提言していた[6]。このように早くから、近世国家はその支配の安定と正当性の獲得において宗教的なものを必要としていたと指摘されていたが、研究の深化が妨げられてきたのは、ひとえに〈近世＝世俗世界〉観の根強さによると考えられる。

また最近の安丸良夫による近世国家の世俗的支配の限界の指摘[7]も、逆に読めば宗教的支配の不可欠論といえよう。安丸良夫は次のように指摘する。「なにか大きな不幸があると、それは遺執を残して死んだ人の亡霊の祟りだとする心意は、近世にはいっても強く存続しており、それはとりわけ民衆の宗教意識を規制し続けた。（中略）幕藩制社会は、怨みをのんで死んでいった人びとの霊をけっして恐れず、神仏への起請文を否定してみずからを至高の権威へと祭りあげてたじろがなかった人たちによって強権的につくりだされた社会ではあったが、幕藩制国家が除去することのできない、饑饉や疫病という絶対的な否定性に直面した民衆が、亡霊を恐れて、それを祀る盛大な民俗行事にはしることを、権力が全面的に制止することはけっしてできなかった。そこに、幕藩制国家の此岸的合理性にもとづく支配が直面する根源的な限界があった」と。

こうした動向は、ようやく近世国家の世俗性を補完する仏教という論を生み出した。若尾政希は、領主・百姓の関係意識からの政治思想史を構想し、君主には撫民という責任がともなうという観念の存在を指摘し、「太平記読み」の仏教観に民衆教導の役としての仏教という言説を読みとった[8]。仏教に民衆統治の機能が期待され、仏教側からの仏教治国論が待望されたと考えることができそうである。

こうして、ようやく展望が開けてきたのであるが、この問題を詰めていけば、その延長線上に、古くから議論されてきた近世における王法と仏法関係論という問題が浮上するが、そのことはのちの課題である。

## 一　『松平崇宗開運録』の成立と諸本の系譜

### (1)写本の伝存状況と『浄宗護国篇』

さまざまな異名を持つので『松平開運録』の名で総称することにしたいが、この書は松平氏と家康がその浄土宗信仰によって治国安民を実践して阿弥陀仏から天下を与えられたと説く書で、その著者・成立年次は未だ確定されていない。その存在は既知のことに属するが、例えば浄土宗史の研究者玉山成元が、本書の記述は史実としての信憑性が疑わしいとして退けていた[9]ように、歴史学の研究の場で問題とされることはなかった。

その一方、『国書総目録』によると、『松平崇宗開運録』『松平啓運記』などの題名を有するものを含めて膨大な数の写本の存在が知られる。今回の調査において、多くの写本を確認したが、元禄十二年（一六九九）の書写奥書を持つものが最も古い書写本で、以下正徳・享保から次第に増加し、天保期を中心にした多数の写本が現存している。別に掲げた「写本所在一覧表」のように（一五三頁以下）、A『開運録』48点、B『啓運記』27点、類書C『帰敬録』8点、合計83点を確認することができた。それらの伝存状況は、紀州徳川家の南葵文庫（東京大学総合図書館）にA4・16・23・33・34、B23、C1の七点を所蔵するのを始め、尾張徳川家の蓬左文庫のA29、

Ｂ１・27、Ｃ７の四点、幕府所蔵と思われる内閣文庫・宮内庁書陵部のＡ６・14・26・31、Ｂ３・８（昌平坂学問所印）、Ｃ４・５の八点など徳川家の関連の文庫に最も多く蔵されている。次いで仙台伊達文庫のＡ30、岡山池田文庫のＡ24、Ｂ６・７、島原松平文庫のＡ47など、大名家の伝存にかかわる写本が目立つ。また刈谷・岡崎・新城・豊橋・静岡など家康・徳川家ゆかりの地の図書館に伝存されるものが多いという特徴を持っている。それらの書写人は名字名乗りを持つ武士と思われるものが多い一方で、Ａ２池田政二旧蔵本は京都の町人に伝来されたと思われ、あるいはＢ17東京都立中央図書館本のように「此本御覧の上、御帰し被下候」という貸本屋の文言を持つものもある。またＢ13西教寺旧蔵本は若狭の真宗寺院に伝来されたものである。今はあらあらとしたことにとどめるが、これだけでも、『松平開運録』が階層的にも地域的にも相当な広がりをもって書写され、読まれていたことが知られよう。近世の読書人世界ではかなり著名な写本であったといっても過言ではない。

＊二〇一〇年に祐天寺研究室伊藤丈主編『祐天寺史資料集』(10)第五巻が公刊され、新たに伝存する『開運録』が紹介された。(1)『徳川啓運記弘経寺祐天和尚物語』（「了海筆記元禄十六年記之宝永改元写之」、浄土宗文献室護念寺文庫蔵）、(2)「松平家啓運記」（明顕山祐天寺什物得誉祐全、祐天寺蔵）、(3)「大樹帰敬録」（祐天寺蔵）である。目録に追加されねばならない。

本書の成立や素性の問題に迫るためにも、これらの諸本の相互連関を明らかにする研究が必要であるが、未だ内容の検討にまでいたっていないので、奥書などを手がかりとしてそれらを幾つかの系統に分類することから始め、今後の内容の検討による比較研究への仮説としたい。

まず、『松平開運録』をもとにして、増上寺から浄土宗教団の公認の書として編纂刊行された『浄宗護国篇』(11)から見ていきたい。二種の本があるが、漢文本には正徳二年（一七一二）の増上寺観徹の以下のような奥書がある。

＊『浄宗護国篇』もまた、前掲『祐天寺史資料集』第五巻に収録された。

現住縁山貫主顕誉大僧正、能伝二其行実一最為二至審一、貫主稟二之明誉上人一、上人承二之国師門下伝道正統随波上人一、其稟承之有レ緒遠且正矣、吾親聴二貫首口授一、凡曁レ再、尚参二考之陳編旧記一、因併以二縁山阿弥陀仏霊像原由及感験之事一、及使二大信良信師記録一焉

またこれによって和文本が作成され、正徳五年に洛東知恩院門前皇都書肆沢田吉左衛門から刊行された。その序文は漢文本と同様で、

増上寺の法主。顕誉大僧正。この伝記を明誉上人より伝て憶持していませり。扨その伝来るよしを尋るに。明誉上人ハ。是を国師の門葉随波和尚に得らる。されバ其来れる事。正統にして更に容易からさる事なり。然るを当寺大衆の首座慈引堂主観徹師。大僧正より親しくこれをして。聴授ある事二度せり。此を以て。彼是の記伝にまじへ考て。其伝書の趣向をなし。又当寺方丈に安置し給へる。御当家の御持尊阿弥陀仏の伝来をくハへ述らる。其撰編にいたりてハ。上州高崎大信寺の住主。良信師に寄て是をなせり。

＊和文本は大桑・平野寿則編『近世仏教治国論の史料と研究　松平開運録／東照宮御遺訓』（清文堂、二〇〇七年）に収録した。

これらの序文によれば、『浄宗護国篇』は、

国師（観智国師源誉存応、増上寺第十二世）
↓随波和尚（了蓮社定誉、寛永十一年増上寺第十八世、存応の弟子）
↓明誉上人（合蓮社、初め遵蓮社湜誉、号符念、随波門弟）
↓顕誉大僧正（祐天）

と伝承されたものであり、これを二度にわたって聴授した増上寺大衆の首座観徹が他史料を参照し、高崎大信寺良信が編集した、という。この法系は「浄土伝燈聡系譜」によっても確かめられるものである。つまり『松平開

運録』は存応によって生み出され、その法系に伝承され、顕誉祐天によって世に出されたというのであり、これが『浄宗護国篇』であるという。

今回の『松平開運録』諸本調査によって、このようなことを伝える奥書等を持つ写本が多く発見され、『浄宗護国篇』序文の伝えるところが一定の根拠を持つことが確認されたのであるが、併せて、高田衛によって「江戸の悪霊祓い師」の名が与えられた(12)ことで有名となった祐天の関与がクローズアップされてきた。さらに調査諸本の内容などから、その原型は『松氏啓運記』の名称を持つ家康一代記であって、やがてそれが開運録という名称となり、家康をさかのぼって松平一流記の内容を持つ本として展開したことが判明してきた。

## (2) 祐天御前物語家康一代記

以下この点を今少し詳しく見ておこう。すなわちB1蓬左文庫所蔵『松氏古記』と題する本の書写奥書には、

元禄十七甲申天三月十五日

右之次第は、顕誉祐天上人御師範より御伝授なり、其外は参河記徳川記甲陽軍(鑑脱カ)等を見合、所々会し合て所詮を取て御物語なり、落る所聞届かねたる所多し、又此上に度々聞合して、右之通一通りを書へし、先暇□を不得候間、此度早々に書せるもの也（後略）

とあって、諸本中第二番目に古い元禄十七年（宝永元＝一七〇四）の年紀を有し、顕誉が師範から伝授された物語であることを記している。さらに今一つ注目すべきは、本書は家康一代記であって、『浄宗護国篇』のような松平一流記の内容を備えていないことである。言い換えれば、祐天によって物語られた最初の形態は家康一代記であったと考えられる。

これと同様な書写奥書を持つものに天保六年（一八三五）書写のB12豊橋中央図書館所蔵本『松平啓運記』が

あるが、そこでは年紀の部分が、

　元禄十七甲申天三月十五日御城ニて聞書

となっている。「御城」は江戸城を指すであろうから、この物語が江戸城で語られたときの聞書であることを記している。しかるに本書は家康一代記ではなく松平一流記の内容を備えている点でＢ1蓬左文庫本『松氏古記』と異なる。この本が天保六年までに転写されていく過程で増補されたと仮定することが許されるならば、Ｂ12豊橋中央図書館本の書写奥書はＢ1の原型を伝え、祐天が師から伝授された家康一代記を江戸城で語ったことを示すものと判断される。

　祐天が江戸城でこの物語を語ったことは、『常憲院殿御実紀』[13]や『常憲院大相国公実紀』[14]の当該年月日やその周辺には見えていない。ただ後者の元禄十二年（一六九九）（＊十七年との誤記を訂正した。以下の＊印傍記も同じ）二月四日条に、

　退転ノ所化祐天、大岩寺ニ住ス、三丸尼君ノ御願ニ因テ破格ノ出世ナリ

とあって、祐天が綱吉の生母桂昌院に引き立てられ、隠遁の身から十八檀林の一つ生実大巌寺に出世したことを記している。元禄十二＊年は祐天出世の年であることを記憶しておきたい。祐天の江戸城説法を示すのは、

　一位様（綱吉生母桂昌院）浄土御信向ニテ、上様（綱吉）ニモ浄土ニ御ス、ミ被レ成候様ニトテ、御成ノ時分、祐テン罷出、東照公ノ浄土御信向ニテ、ヱンヱトコンク（厭離穢土欣求）浄土旗ノ由来長々トイタサレケレハ、

という『中村雑記』[15]の記事である。年月日は不明ながら祐天が綱吉の御前で家康の浄土信仰や「厭離穢土欣求浄土」の軍旗の由来を語ったというのであり、それが家康一代記であろうし、従って『松平啓運記』と呼ばれるものであろう。このような系統の本を祐天御前物語家康一代記と名づけておく。

＊第一部第三章で、増上寺の『帳場日鑑』元禄九年四月八日の桂昌院の増上寺法問に「祐天御先祖浄土宗由緒物語、委被申

上也」とあり（七五頁参照）、それが『松平開運録』の原型と推定されると述べた。ここにいう「御先祖」が家康を指すとみれば、祐天の物語は家康一代記を内容とすると判断され、元禄九年の時点で一定の形を成していたことになる。

この系統に属する奥書を持つのはB1のみであるが、家康一代記のB2岡崎市立図書館の『松氏啓運記』もおそらくその系統であろう。

### （3）祐天物語松平一流記

ところがA7大谷大学図書館林山文庫の『松平崇宗開運録』書写奥書に、

右者文照院様御時代、増上寺祐天大僧正、於御前被請心（ママ）之由、延享三年丙寅秋八月二十三日繕写　脩侯斎

とあって、祐天は将軍家宣（文照院）の御前でも物語っていることが知られるので、祐天御前物語は二回あったことになる。年代は確定できないが『三縁山志』[16]巻七尊聴論議に、

文昭（ママ）院殿御代、祐天大僧正を召れ説法を聴受為被在しは、記すといへとも法問に非るか故に茲に略す

とあって、祐天が家宣に説法したことが見え、しかもそれは法問ではなかったというから、『松平開運録』の類を語ったことを思わせる。おそらくこの家宣の御前での第二回目の御前物語においては、家康一代記は松平一流記に増幅されていたであろう。家宣時代というから宝永六年（一七〇九）から正徳二年（一七一二）の間のことであり、松平一流記の内容を持つものはこれ以前に成立している。その観点から一覧表をみれば、B10大谷大学楠丘文庫の『啓運記』が宝永元年奥書本の転写本であること、B11岡崎市立図書館の『啓運記』が宝永二年本の転写本であること、そして両本ともに内容は松平一流記であることが注目される。すでに宝永初年に松平一流記の内容を持つ『松平開運録』の成立が知られるのである。

祐天による家宣御前物語が松平一流記の内容で語られた後、この記録は江戸城の宝物殿に収められたと考えら

れる。すなわちＡ24岡山大学池田文庫の『松平崇宗開運録』の序文には、

此本尊起一大事をはやくしらしめ給ふへし、元文初の年の頃、江戸御城にて被仰出事にて、此書物は宝物殿中ニ而御坊主衆写し取奉候也、題号ニ開運録とは御運を開しるすとの御事なり、近頃御代之上覧也（以下略）

とある。すなわち、元文初年というから将軍吉宗の治世になるが、江戸城宝物殿に『松平崇宗開運録』と題する書物があり、池田文庫本はこれを御坊主衆が写したものである、というのである。この宝物殿に納められた『開運録』は、先に家宣の御前で祐天が語った記録である可能性が高い。これらは祐天物語であり、かつ松平一流記を内容とすることで、祐天御前物語家康一代記とは区別されねばならない。これらを祐天物語松平一流記と名づけておく。

このような祐天物語松平一流記の系統と考えられる書写奥書を持つ写本群がある。すなわちＡ２大谷大学図書館本（池政本）『松平崇宗開運録』の書写奥書に、

宝永辛卯四月二十一日再写

右此紀録者、顕誉祐天大和尚口説之趣、不拙沙門了海記之

とあって、宝永六年に祐天の口説を記録したとある。またＡ20名古屋大学岡谷文庫本『松平崇宗開運録』二冊目裏表紙見返に、

右此記録者、依顕誉祐天大和尚口説之趣、不憚拙筆了海記之

と、より正確と思われる奥書が記されている。あるいはＡ４東大総合図書館南葵文庫の『松平開運録』の書写奥書、

此開運録三巻、借於祐天和尚之本写之畢、辞句最質野□覧者、加修飾為予一幸而已

享保元丙申天九月上旬日

というのも、祐天物語の記録である「祐天和尚之本」の写本であると解されるから、同系列に位置づけられよう。

## (4)歴誉書写本系統

これらとは別に一つの系統が想定される。最も古い書写奥書を持つA1刈谷市中央図書館の『松氏開運記』の奥書は、

元禄十二己卯年、増上寺方丈不出之書を以書写之、駿府華陽院住　了蓮社歴誉判

とあって、増上寺にあった本を駿府華陽院の住僧了蓮社歴誉が書写したというのである。内容は家康一代記である。これと同じ奥書を持つ本にB3宮内庁書陵部静幽堂叢書に『松氏啓運記』があって、これも家康一代記である。すなわち、

右以増上寺方丈不出之本書写焉　時元禄十七年甲申也

駿府華陽院住、了蓮社歴誉判

正徳元年辛卯十一月廿九日、得英誉上人弟子蟻子覚朝和尚免許而写畢

とあって、正徳六年の再写奥書に残されたものであるが、年次が元禄十七年で異なるものの、駿府華陽院住了蓮社歴誉が増上寺本を書写したとする点では同じである。元禄十二年*が祐天出世の年であることからすれば、この年に意味があり、刈谷図書館本の元禄十二年が正しい可能性が高い。いずれにせよこの両本がともに家康一代記を内容としていることからすれば、これら歴誉書写本は、未だ松平一流記に展開する以前の姿を残すものと考えられる。

この奥書でさらに注意を要するのは、この本は増上寺方丈の不出の一本を書写したとすることである。この増上寺本は、存応の法系に伝承されたとする祐天物語本系統の原型とも考えられ、従って増上寺本がまず存在し、それから駿府華陽院住了蓮社歴誉によって書写された家康一代記を内容とするA1・B3系統の本が成立し、それに対抗するかのように祐天によって御前物語がなされ、家康一代記から松平一流記へと増補された、と考える

ことができる。

このような家康一代記を内容とする本は、上記二本の他に、B11岡崎市立中央図書館『啓運記』(宝永二年書写、宝暦八年再写)、同じく岡崎市立中央図書館のB2『松氏啓運記』(宝永七年書写)が存在している。後者は先に祐天御前物語家康一代記系と考えたが、両本ともに歴誉書写のことを伝えないが、家康一代記であるので歴誉書写本系統に加えて考えたい。この系統はこの二本のみで、しかも宝永年間と比較的早い書写本であることから、やがて松平一流記に吸収されて姿を消していったと想定している。また、B21・B22『松平啓運記』(ともに弘前市立図書館)、B24『啓運記』(刈谷市中央図書館村上文庫)・B25『松氏啓運記』(静岡県立図書館久能文庫)も家康一代記であるが、今は留保せざるを得ない。以上のような歴誉書写本系の家康一代記は、すべての原型となった増上寺方丈本の姿を留めるものと考えている。

## (5)増上寺方丈本とは何か

それでは増上寺方丈本とは如何なるものなのかが問題となろう。先に示した『浄宗護国篇』の序文のように観智国師存応以来、その弟子随波、その法系明誉檀通、そして祐天と伝承されたものといわれるが、その本は現存せず、歴誉書写本によって家康一代記であることは判明するにしても、それが増上寺方丈本そのものであるかどうかは不明である。

しかし、その成立に関する手がかりとなる情報を伝えるものがないわけではない。B4岡崎市立図書館の『松平崇宗啓運記』の中巻末尾に、

檀通和尚ノ物語リニ、此四民教化ハ浄土ノ大事ナリ、先ツ勢誉愚底ヨリ伝へ始ル、(中略)顕誉祐天ニ伝へ、祐天和尚布薩伝授ノ時、添へ口伝ノ言ニ出シ候也

とあって、祐天は布薩のときに口伝に添えて勢誉愚底以来の四民教化のことを説いたという。同様な記録を持つ本にB8内閣文庫（享保二十年書写、昌平坂学問所印）の『松平啓運記』、B15東京大学史料編纂所の『松平崇宗開運記』、B16筑波大学附属図書館の『松平啓運記』およびA16『松平開運録』（南葵文庫）・A26『附説開運録』（内閣文庫）の五本がある。またこのことに関してさらに詳しいのはC1東京大学総合図書館南葵文庫の『大樹帰敬録』下巻末尾の識語で、

右三冊者、此流布之開運録也、后再呻而二三令加補、故改号而為寺珍焉、元此書者師大僧正祐天在世、此因時憶持而、而対武門之諸士被為口説之趣也、於本所牛島住庵、門弟等筆記之、有伝聞小異歟、但古今雖何書然也、只此書之要用者、以我浄宗之安心為詮耳

祐天寺二世香誉祐海判

とあることが注目される。すなわち祐天が未だ牛島の草庵にあったとき、武士たちに教化するときに説かれたことを筆記したものが開運録のもとであるというのである。これによれば、存応以来の口伝が文字化された始めは、祐天の牛島時代の説法の筆録であることになる。従って、存応以来、口伝として伝承された物語が、祐天の物語の記録として文字化され、それが祐天の増上寺入寺とともに増上寺に入ったということになる。

歴誉が書写した増上寺方丈本とはこのようなものと推定されるが、実はこの推定は矛盾を含んでる。祐天は檀通に従って剃髪して以来、師とともに諸寺をめぐつて増上寺に入り、五十歳の貞享三年（一六八六）までここにいた。そして増上寺を退去して隠棲し、元禄初年から本所牛島に草庵を結んで住した。このころから桂昌院の帰依を受け、元禄十二年*台命によって生実大巌寺に入り、翌十三年には飯沼弘経寺へ、次いで宝永元年伝通院の主となる。そして増上寺に入って貫主となるのは正徳元年のことなのである。従って元禄十二年*に歴誉が書写した増上寺方丈本は祐天が増上寺に住する以前から存在したことを示すから、祐天物語本の可能性はないことになる、

しかし歴誉の書写年代を祐天出世の元禄十二年*とすれば問題は解決するのではなかろうか。

## (6)『伝法要偈口訣』との関係

次に、祐天が牛島草庵で武士たちに説法したという記事を問題にしてみたい。祐天はここで「口説」を行なったというのであるが、注目されるのは、『伝法要偈口訣』（前掲科研報告書に収録）なる一書が祐天の名において伝えられていることである。すなわち大正大学図書館の本には表題と奥書に当たる部分に

（表題）伝法要偈口訣　増上寺三十六世
　　明蓮社顕誉祐天大僧正愚心大和尚御伝
（奥書）于時　宝永六己丑年四月日
　　伝通院顕誉愚心祐天大和尚御口訣（後略）

とある。そもそも「伝法要偈」とは、浄土宗二祖弁長が著わした『末代念仏授手印』の袖に記された四句の偈文のことで、浄土宗の奥義を表すものであるが、これが弁長から良忠に授けられることによって、伝法が行なわれた。口訣はその内容をパラフレーズして口伝の形で伝えられたものである。従って「伝法要偈」にはさまざまな口訣が成立したのであるが、その一つが祐天の名において伝わるのである。

注目すべきはその内容で、松平親忠の御安心として勢誉愚底との問答が記され、そこでは武士の家業を菩薩行とし、治世の文・乱世の武を重視し、そうではない武士を奸盗の武であると批判する文言、あるいはまた、菩薩行を実践する武士は諸神諸仏の加護に預かるというような文言が見出される。松平親忠に対する大樹寺勢誉の説法としてこれらの事柄を語るのが松平一流記をともなう『松平開運録』であること、また家康一代記の『啓運記』でも家康に対する大樹寺登誉の説法が同内容のものであることを知れば、この祐天の『伝法要偈口訣』が、

『松平開運録』の成立に重要なかかわりを持つことが想定される。そしてこの書の伝えるような事柄が牛島時代から祐天が武士教化において語っていたことが想定されるから、存応以来の家康一代記を内容とする『啓運記』が、祐天において松平一流記をともなう『松平開運録』に展開した可能性が、きわめて高くなる。これらに関してはのちに再考する。

## 二 『松平開運録』の構成

ここで『松平開運録』の内容を紹介しておかねばならない。すでに述べたように、さまざまな系統の本が存在するので、各本によって内容的差異があるが、ここでは最も一般的な、本章で翻刻したA２『松平崇宗開運録』(池田政二旧蔵本)によって、その項目を示す。この項目表は、便宜的に作成したもので、この本にこのような見出しや項目があるわけではない。

＊前掲『近世仏教治国論の史料と研究』に本文を収録。それに付記した項目名に改め部分的に修正を加えた。

上巻

(1)松平一流出自

(2)徳阿弥の松平家相続

1奥州・相州行　2酒井雅楽頭寄宿　3松平婿入　4松平相続、妙阿弥の草庵、六所明神

(3)泰親と信光

1泰親家督相続　2信光岩津に居城

(4)親忠と勢誉の説法

1親忠家督　2親忠の勢誉帰依　3勢誉への問尋　4菩薩行と奸盗の武士　5諸神諸菩薩加護

(5)伊田野合戦と大樹寺創建
1安心決定による勝利　2亡魂回向　3大樹寺創建と山号の由来　4勢誉の大願　5七日七夜念仏
(6)清康の是字の夢と龍海院
1親忠・長親の死　2信忠隠居と清康家督相続　3是字の夢と龍海院師檀契約　4清康の弁明　5師檀契約撤回　6酒井家と龍海院
(7)森山崩れと広忠の駿河落ち
1森山崩れ　2広忠岡崎帰城から伊勢落ち　3広忠駿河へ
(8)岡崎衆の起請文破り
(9)竹千代誕生と争奪
1竹千代誕生　2駿河の人質の約　3尾張へ連行　4小豆坂合戦　5妙源寺の仲介と奪還　6広忠の死、松ノ木伝承、松応寺建立
中巻
(10)竹千代幼年期
1源応尼の養育、知源院手習い　2源応尼・知短上人の死と華陽院　3元服と元康改名、初陣　4大高城兵糧入れ
(11)初陣から桶狭間合戦まで
1桶狭間合戦　2元康討死の覚悟　3水野下野守の勧告と大高城脱出
(12)大樹寺登誉の勧化と合戦
1登誉の受入れ準備　2大樹寺入りと近習との再会　3登誉の説得と合戦準備　4奸盗の武批判と四民の業

菩薩論　5念仏修行の大将の利益の殺生論　6弥陀天下授与論　7元康への附法と法名授与　8元康逆修と厭欣旗・二世の鎧授与　9近習十八人への引導　10大樹寺合戦と岡崎入城　11仏神加護による勝利　13登誉の進言で岡崎入城

(13)岡崎城での登誉の遺言

1元康への日課念仏六万遍の勧め　2元康の天下領有の予言　3遺言一、阿弥陀からの天下授与の時節を待て　4遺言二、浄土宗寺院への過分の寺領辞退　5遺言三、登誉への贈官無用と松平の天下論　6遺言四、国主妻子人質のこと

下巻

(14)江戸入城と存応

*前掲公刊本で番号を誤記したのを修正した（以下同）。

1家康改名と秀吉への臣従　2小田原征伐と奥州発向　3江戸入城　4存応との出会いと増上寺での斎、増上寺移転　5増上寺菩提寺となり存応から十念

(15)関が原前後の存応の勧化

1秀吉の死、阿弥陀から天下委託　2会津発向　3三成挙兵と房総鷹狩り　4松平の天下は阿弥陀授与　5十八願・十八公・十八近習・十八檀林　6念仏での治国と知恩院・増上寺の親王寺化　7存応の門出祝儀と合戦勝利　8十八檀林と滅罪浄土・祈禱天台

(16)神格化

1実社神と権社神

(17)黒本尊

1大坂冬の陣　2黒本尊の加護と了的・廓山　3黒本尊、増上寺へ　4家康の死と御影　5日光改葬・肖像安置・東照大権現号御影の移転と鷹の紋の由来

## 三　思想的特質

### (1)職分仏行説

右のような構成の内で、上巻(4)親忠と勢誉の説法の章および中巻(12)大樹寺登誉の勧化の章はほぼ同様な内容で、『伝法要偈口訣』の親忠への勢誉勧化に対応している。それらは武士の家業である戦闘＝殺生と往生の関係論を、四民の職分論とともに展開する点に特色をもつ。上巻(4)勢誉勧化の章は次のように説かれている。

＊以下の『松平崇宗開運録』からの引用は前掲『近世仏教治国論の史料と研究』に収録したものに変更し、その頁数を付記した。

A和尚、親忠公に対しの給ふハ、伝法と申て別義にも候ハす。只浄土の安心を疾と決定有様に暫説法をいたし候。夫天下の万民多しといへとも士農工商の四民を出す。四民の行ふ所皆則菩薩の行なり。如何となれハ、三民を助け、一民ハ又三民を救ひ、互に相助合もの也。其中にも武士ハ四民の最上なり。其武士の上にて菩薩の行と申ハ、先治世にハ文を用ひ、乱たる世には武を用ゆ、治る世の文といふハ、あなかちに書を読、文字を学はかりか文にても候ハす。(中略)悪人有て多くの人をなやまさハ、一殺多生とて、一人をころしておふくの人を助るやふに行ふものにて候。則ほさつの修行也。扨又乱世の武と申ハ、すてに世ミたれて戦場にのそむ其時の心得にハ、至て大慈大悲を発してひとへに国土の万民をあハれミて、是のことく世乱たる故に、天下の人民手足を置に所なし、何卒して天下を一統に治め、万民を安穏ならしめんと念願して、悪徒をしつめ給ふへきなり。然に古今の武士の武ハ、皆奸盗の武と申ものにて候也。(一〇七〜八頁)

また、中巻(12)登誉の元康への勧化では、

B誠の本意といふハ、さやうの義にてハ候ハす。唯是衆生最度《（ママ）》の菩薩の行也。然ゆゑんハ、抑天下の人民家業まち〳〵なりと云へ共、士農工商の四民を出す。四民の業しかし菩薩の行也。其所為ハ、武士なきときハ天下治りかたし。農家耕すんハ人何をか食せん。番匠商人皆相寄て互に相資て世を渉。(一二六頁)

この『松平崇宗開運録』の文に対して『伝法要偈口訣』は次のように勢誉の説法を記している。

C和尚毎日御通ヒ有テ、付法ト云テ別義ナシ、浄土ノ安心疾ト決定アルヘシ、日日ノ説法也、其御教化ノ言ニ、夫天下ノ万民多シト云ヘトモ、士農工商ノ四民ヲ出テス、此四民ノ行フ処皆即菩薩ノ行也、如何ニト云フニ、三民ハ一民ヲ助ケ、一民ハ又三民ヲ助ク、互ニ相助アフモノナリ、其中ニ武士ハ四民ノ最頂也、其武士ノ上テ菩薩ノ行ト申スハ、先ツ治ル世ニハ文ヲ用ヒ、乱ル、世ニハ武ヲ用フ、治ル世ニ文ヲ用ルト云ハ、強ヒテ書ヲ読ミ字ヲ学フ計カ文ニテハ候ハズト、(中略)悪人アツテ多ノ人ヲ悩サハ、一殺多生トテ、一リヲ殺シテ多クノ人ヲ助ル事、オニ行フモノニテ候、乃是菩薩ニテ候、偖又乱世ノ武ト申スハ、既世乱テ戦場ニ臨、其時ノ意得ニハ至テ大慈大悲ヲ発シ、偏ニ国土ノ万民ヲ哀ミ、斯ノ如ク世ノ乱レタル故、天下ノ人民手足ヲ指置処ナシ、何ントソ天下ヲ一統ニ治メ、万民ヲ安楽ナラシメント念願シテ、悪徒ヲシツメ玉フヘキ也、然古今ノ武士ハ皆奸盗ノ武ト申ス者ニテ候、

三民は一民を助け、一民は三民を助ける故に四民の行は皆菩薩行である、その中で武士の行は万民を助ける菩薩行であるとする文言や、文脈などが共通していることは直ちに判明するであろう。この両書はいずれが先行するかは明らかにしがたいが、密接な関連の下にあることは多言を要しない。

このような思想を四民職分菩薩行説と見るなら、鈴木正三のそれが直ちに連想される。正三は以下のようにいう(『鈴木正三道人全集』所収『四民日用』)。

D農業則仏行なり、意得悪時は賤業也。信心堅固なる時は、菩薩の行なり。（中略）鋤鍬鎌を用得て、煩悩の叢茂此身を敵となし、すきかえし、かり取と、心を着てひた責に責て耕作すべし。（中略）如レ此四時ともに仏行をなす、農人何とて別の仏行を好べきや。（六八～九頁）

E本覚真如の一仏、百億分身して、世界を利益したまふなり。鍛冶番匠をはじめて、諸職人なくしては、世界の用所、調べからず。武士なしくして世治べからず。農人なくして世界の食物あるべからず。商人なくして世界の自由、成べからず。（七〇頁）

このような正三の職分仏行論、あるいは職分一仏分身論は、堅固な信心によって四民の職分がそのまま仏行と意味づけられるものであるが、『松平崇宗開運録』の論理が、これを継承していることは明らかである。ここに元禄期にいたって、正三の思想が、やや平板化しながらも普遍性を獲得しつつある状況がうかがえよう。

そしてまたこの職分論の論理は、『松平崇宗開運録』を媒介に別の展開を見せている。すなわち富士講の創始者長谷川角行の伝記として近世中期以降に成立したとされる『角行藤仏𠌫記《かくぎようとうぶつくうき》』(17)には、

F身禄の法を以、富士登山を始め申は、士農工商の四民は、天下の相助けともなって、万物を整ふるの元也。是に依て、夫々に伝たる所の家業を、心の禄に仕、昼夜働抃の同利を申取かひ、尤農工商の三民共、末に至るなば、心得違ひも出べし（四七八頁）

と説いている。これだけでは、わずかな文言の共通性のようにしか見えないかも知れないが、この文言の共通性だけではないことは、次に見るように角行伝の構成自体が『松平崇宗開運録』の影響下にあることによっても知られる。

＊平野寿則「『松平開運録』と食行身禄の安民治国論」(18)を参照されたい。

『角行藤仏𠌫記』は、享保十八年（一七三三）に富士講の行者角行身禄の言を記録したとされる『三十一日の御

巻』（同前所収）に対抗して著わされたものであるが、その『三十一日の御巻』にも職分論の影響が見られる。

G農・工・商は其身に業を僻怠なく勤る時は、今日より明日、富貴自在の身に生れ増の利、但生死の約束斗になし（十四日条、四二九頁）

H四民貴賤共に、其身〳〵家職相勤、此徳お以其職々の役人頼、（十七日条、四三一頁）

I天地の祭りに叶たるは、士濃《ママ》工商の四民なり。人渡り相助けに其働を以、万物を調るの本也。（二十三日条、四三五頁）

### (2)弥陀天下授与説

そもそも先述の『角行藤仏㣺記』は、応仁の乱以来の天下の乱れを悲しんだ父母の悲願によって授けられた子として生まれた角行が、乱世の終焉を願いとしていたところ、富士仙元大日神から天下を治める法を授けられ、富士の人穴で出会った家康にこれを伝授するというプロットで構成されている伝記なのである。親忠・家康が勢誉・登誉から天下を治める法を伝授されるのに習って、角行が家康に天下を治める法を授けているのである。人穴での角行への仙元大日の御直伝は、

I今日此処へ来るもの、是こそ天より末代武将となし給ふ処の主成

というもので、そこへ現れた家康に対して角行は、

J天下を治給ふ第一に、慈悲大行を元として、難行㣺行いたす事、皆万法の為也。我手歎に合戦をして、国を取給ふと思ふ事なかれ。夫を万民の為に合戦をして、国を治給ふ事を元とすべし。（中略）必君天下の武将に立、また子孫も数多あつて、天下治め給ふ事限なし。（中略）今君にあひ奉り、我心願開き候事難ㇾ有事限なし。我また君の孫を三代が間守可ㇾ奉（四七三～四頁）

と、万民のために合戦すれば家康の天下掌握は必然と予言し、またその子孫の守護を約したのである。すなわち、『松平崇宗開運録』でもほぼ同様なことが上巻(4)親忠への勢誉の説法の段に語られている。

K扨武士の家業をも捨す、しかも往生極楽の行にハ、只何卒天下の万民安穏なるやうにと思召て念仏を申給へ。たとへ戦場へ趣ても、何卒々凶敵しづめ民の悩を除かん。若命なからへハ弥念仏の功を積へし。若討死せハ浄土へ往生せんものをと思ひ定め、念仏申〳〵敵に向ひ給ふへし。斯のことく能々安心決定したる大将にハ、諸神諸菩薩加護し玉ふ故、外護の軍兵とて、たとへ身方に小勢にても敵の方へハ数万の軍兵に見るもの也。是皆仏菩薩にてましませハ、敵の手足もすくんで一足もすゝむ事ハならさるもの也。然ハ安心決定の大将元より念仏の行者にハ非業の死もなく、終に利運を得給ふ也。若其人定業ならハ、元より念仏の行者なるを以て、直に極楽へ生し給ふ也。扨こそ武士の家業其侭に極楽往生の行にて有ましきや(一〇八頁)

というように、安心決定の大将を諸神菩薩が守護するというのである。さらに上巻(5)伊田野合戦と大樹寺創建の段で勢誉は、大樹とは将軍の異名ではないかとの親忠の問いに答え、

Mたとひ直に将軍寺と申ても何の子細か候ハん。其上斯申事存る旨有。先山号を成道山と付候へハ、愚僧今度浄土へ生じ、成道を遂て又幾度も此娑婆世界へ立帰り、松平家今より七代の内に必天下を取てまいらせんと存る故なり(一一〇頁)

と、自分の加護によって七代の内に松平家の天下掌握を予言する。このような念仏の大将への加護と天下掌握の物語は、登誉によって家康に対してもなされている。このように見れば、『角行藤仏杓記』における『松平崇宗開運録』の影響はきわめて大きなものがあるといえよう。それは、言い換えれば、仏教治国論の民衆宗教への展開である。あるいは民衆宗教において、宗教治国が待望されたといってもよいかも知れない。それとともに安心決定の大将としての松平家への天下授与がいわれているが、これは以下においてますます増幅されいくことに注

目しなければならない。元康に対する中巻(12)段での大樹寺登誉の勧化の内に、

N真の武士の心にて天下を納め、念仏の行を世間に繁昌させ、万民を現当二世共に助んと、大悲利生の御志にて強敵を退治し給ハヽ、仏菩薩諸天善神の守護有て、国家を悩す悪人ハ自滅すへし。其時国家穏にして民栄へ、浄土往生の勤をなし、順次に解脱を得輩多かるへし。されは弥陀勧喜《ママ》し、諸仏護念し、善神禍を除、悪鬼怒を息め、愧民を去。此時に弥陀の諸神より天下を取て君へ渡し給也（一二八頁）

というように、念仏による万民救済を掲げて戦うなら、弥陀はその働きを念仏の大将に譲ることになり、ここに天下は弥陀より授与されるというのである。この論理には家康が阿弥陀如来にとって代わる、従って阿弥陀と家康は同格、という論理が隠されていよう。このことはさらに登誉が家康に遺言して、

O弥陀如来より君へ天下を渡給ハぬ間ハ、必天下を領せんと急ぎ玉ふ事なかれ。釈迦弥陀より造作なく天下を御引渡有迄ハ、随分御心を永持、強勇なる大名の下知につき、若其人亡ひなハ、又余の大将にしたかひ、唯其国を治め、如来より渡ル時節を待給ふへし（一三三頁）

と述べたので、家康は秀吉に従ったが、その没後に、

P太閤《ママ》の御遺言に、秀頼若年なれば天下の政を家康公へ任するとの御事也家康五十七ノ御時也。如是折柄こそ、往昔登誉上人仰置れし釈迦弥陀より天下を渡し給ふ時節ぞかし（一三七頁）

と、秀吉の遺言を弥陀からの天下授与として受け取ったとするのである。この当時からの、徳川は豊臣の天下を簒奪したという風聞、あるいは徳川政権の後ろめたさは、弥陀天下授与説によって払拭されることになる。かくして関が原に出陣する家康が門出の吉相を問うたのに対して、増上寺存応は、

Q公も又おかしき御問被成やうかな。公の天下ハ弥陀より御請取の天下にてハ御座なきか。然らハ天竺大唐日本三国の軍勢押寄ても敢て落ぬ天下也。何の御疑ひの候へバ吉相を言ふへきと仰られ候ぞや（一三九頁）

と激励したのである。このように家康の天下は弥陀からの授与によるという説を展開する『松平崇宗開運録』は、徳川政権の正当性を弁証する説なのである。

### (3)仏教治国論

弥陀天下授与説は、上記のような一般論としてだけでなく、祐天が説法した相手の将軍綱吉の正当性をも弁証することになる。前将軍家綱は嗣子がなく、また世嗣を決定しないままに没し、綱吉の兄綱重の子綱豊を差し置いての綱吉の継職にはとかく風聞があり、ために就任後の綱吉は強権を発動したという評価があった。こうした綱吉の弱みをも、この弥陀天下授与説は払拭する機能を持つことになるのである。

また一方、この弥陀からの天下授与説は、当然のことながら、仏教治国論をともなっている。このことと、仏教を用いての綱吉の治国策は無関係ではあり得ない。綱吉が『松平崇宗開運録』に影響されたというよりは、綱吉のそれにあわせて『松平崇宗開運録』が語られたというべきであろう。その治国論は、すでに史料Bで見たように武士の家職は衆生済度であるとして示されているが、より端的には、勢誉の大願に、

R某幾度も此界へ生れ来て、松平の家へ天下を取渡さんと還来の大願を発す事、全松平の家を贔屓仕にあらす。我ハ只万民を歎敷存すれハ、万民の贔屓を仕也。（中略）当家ハ御先祖より民をあハれみ給ふ心至深く、しかも代々浄土宗にて念仏帰依の御家なれハ、此家へ天下を取渡す時ハ、天下の主念仏宗なる故に、上を学ふ下なれハ、天下皆主君を学ひ、万民自念仏を唱へしかハ、極楽に往生する輩多かるへし、是我大願の発起する所也（一一〇〜一頁）

というように、念仏を天下に広めることによって万民を極楽往生させることが目的となる。そうであれば、松平家の天下掌握は弥陀の事業と等しくなる。すなわち登誉は家康に、

Sされハ弥陀如来ハ善悪の機をゑらます、一切衆生悉我国に迎へ取らんとの御誓願あれ共、只我も人も名利盛んにして我慢強、悪人多して国土治らされハ万民安穏ならす。是によって自念仏申者少し。念仏の行者少けれハ、弥陀本願の行も空しくなりて、往生遂る者希にして、悪趣に堕するもの甚多し。悲哉、往易して人無とハ蓋此謂也。されハ君、愚僧か勧に随ひて今迄意地をひるかへし、真の武士の心にて天下を納《ママ》め、念仏の行を世間に繁昌させ、万民を現当二世共に相助んと、大悲利牛の御志にて強敵を退治し給ハ、（一二七〜八頁）

と勧化しているが、これによれば、乱世では念仏も行われず弥陀の本願が空しくなるのに対して、治まる世を実現し念仏を繁昌させ、万民を現世と来世にわたって救うことが天下の主の仕事となる。従って天下の主は弥陀の仕事をも引き受けるのである。

詳細は略するが、安国院殿という家康の院号が『無量寿経』の「国豊民安」の文句によるのもそれであろうし、厭離穢土欣求浄土の軍旗の由来もそうした仏教治国安民の思惟にもとづくものなのである。

仏教治国策とはいっても、綿密なプランがあるわけではない。ただ念仏によって人びとの往生を定め、そのことが治国に連なるというだけのことである。このようにいうなら、ここでも鈴木正三が想起される。正三は職分仏行役人論を説くとともに、

Tアワレ仏法ニテ、天下ノ仕置ヲ仰付有バ、只畜生一ツヲ以テ治メント思也。（中略）畜生ト人間トノ替ヲ教ユベシ。（中略）右ノ道理ヲ、寺方ヱモ、檀方ヱモ、御公儀ヨリヒシト仰付ラレバ、三宝ノ威光顕レ、国土明ニ而、安楽世界ト成ベキ也。我若ヒ時ヨリ、仏法ヲ以テ国土ヲ治ル事、胸ニ折籠テ居ケルガ、（中略）此道理御公儀ヱ申達シ度ク強フ思ヱドモ、時ニ逢ズ　（『驢鞍橋』上・百七十二、一八八頁）

というように、人びとを教化することがそのまま治国であると考え、これを幕府に献策することを念願としていたのである。正三が果たし得なかった幕府への献策を、祐天は成し遂げることができたというべきであろうか。

論ずべきこと、検討し考察すべきことは他にもあろうが、その暇を持ち得なかった。いま幾つかの基礎的問題を提示するにとどめ、後日を期したい。

## 【補説】

### 一　天下弥陀授与説の展開

『松平崇宗開運録』の多岐にわたる内容の内で、思想史的に問題となるのは弥陀天下授与説およびそれを導く仏教的諸論理である。登誉の元康への勧化を中心にして、本書の思想構想や論理を追っていきたい。またあわせて、『松平啓運記』から『松平崇宗開運録』、『浄宗護国篇』への論理の変化をも明らかにしたい。それらの作業のために、『松氏啓運記』を上段に、『松平崇宗開運録』を下段にとって、両書の比較を試みる。内容に（一）～（七）の番号を付し、共通または対応する部分に傍線A～M、ほぼ同義、類似の表現に破線を、増補された注目すべき部分㋑～㋥に波線をそれぞれ付した。なお〈　〉内は原文二行割書。

＊科研報告書では宮内庁書陵部蔵の『松氏啓運記』（B3）によって検討したが、公刊本ではこれを刈谷市中央図書館蔵の『松氏開運記』（A1）に変更した。本書でもこれに準ずべきであるが、混乱を避けて、前者のままにした。前者が片仮名本、後者が平仮名本であり、語句に若干の相違があるが、比較検討に影響するほどの差異はない。

**松氏啓運記**（宮内庁書陵部蔵静幽堂叢書所収）

元康公不斜悦コビ給ヒテ先切腹ハ思ヒ留リ玉ヒヌ。カクテ其夜ハ終夜上人ト物語シタマフ。

**松平崇宗開運録**（池田政一旧蔵本）一二五～八頁

元康公斜ならす御悦ひ、さそ〳〵憑母敷御心底、いか成宿縁に候へハかく御恵ミに逢のミか、又御加勢にま

(一)上人仰ケルハ、公合戦シテ、多クノ人ノ首ヲ切取リ給フハ畢竟何ノ為ニカシタマフベキ。

公答テ曰、次第ニ一国一城ヲモ切取テ後ハ天下ノ主トナラン。

(二)上人曰、天下ヲ取リテハ何ノ為ニカシタマフベキ。

公答曰、先祖ノ名ヲ挙テ天下ヲ末孫ニツタヘ永ク我家ノ栄花ヲナスベシ。是武士ノ家業ナリ。

(三)上人云、人ノアタヘザル首ヲ取リ、人ノアタヘザル国家天下ヲ奪取テ、我物トセント思フハ奸盗ノシワザナリ、況ヤ先祖既ニ死シ去テ徒ニ其名ヲ挙ゲタリトモ身ニヲイテ何ノ益カアラシ、サレバ天下ヲ奪トルモ非道ナレバ、全ク子孫ニ伝ルベカラズ。タトヒ我身百

---

て預る事、何れの世にかハわすれんと良感し玉ひける。

扨上人元康公に対して、君ハ十七歳の御時より今年に至まて度々の戦場に、只人の首を取らんと思召計に候やと尋給へハ、

元康公聞召、武士の戦場に向ひてハ人の首其数を取を以て詮とするなり。

(一)上人の云。多人の首を取、畢竟何にか仕給ふそ。

元康公曰。一国一城宛次第斯(ママ)取、敵を退治し運を開き終に天下の主とならんと思ひ候也。

(二)上人の曰、天下の主と成りて何の為にかし給ふそ。

元康公曰、先祖の名を揚子孫に天下を譲り永く繁昌せしめ、武名を挙後代に残さん為也。

(三)上人聞給ひ暫して曰。人の宝を我宝とし、人の国を我国とせんと思ふハ盗賊の所為にして武士の意地にあらす。設一旦運強て天下を取共、本心非道ならハ子孫に永く伝るへからす。其身一代栄花に誇共一夜の夢の如ならん。既に命終なハ永劫修羅のくるしミを受給

年ノ栄花ヲタモチ得ルトモ一夜ノユメノ心地ゾスベキ、一朝空ク世ヲサラバ永劫地獄ノ咎ニ沈マン。

公ノ云、タトヒ永劫ノ苦ニ沈ムトモ是ヲツトメズンバイカンセン。今生ハ夢ナリトモ此家業ヲツトメヲワンヌ、後生ハ上人ヲ頼入候。
(四)上人云、サテハ君ニ天下ヲ治ル意地ソ教ベシ。古来ノ北条九代尊氏ノ子孫十余代トツレモ続テ天下ヲ取トイヘトモミナ奸盗ノ意地ヨリナレハ年々ノ乱止事ナシ、万民ノ憂日々不絶、弥陀如来衆生済度ノ誓願アレトモ此乱ニヨリテ衆生ヲ済ヒ給フコトアタハズ、夫六道生死ノ中ニヲイテ悪趣ハ苦ニ沈ミ天上ハ楽ニ著ス、唯人間ノミ仏道修行ノ地ナリ。然レハ天下ヲ平カニシテ一切ノ人民ヲ仏道ニヲモムカシメ弥陀済度ノ誓願ヲトケシメント思ヒ定メ此意地ヲ以テ天下ヲ治メ玉へ。

---

ハん。

公曰、たとへ盗人の業に似たり共、武士の家業なれハ是非もなし。最前よりも申ことく、後世の事ハ偏に和尚を頼入と有けれハ、
(四)上人聞給ひ、扨ハ武士の道をさやうに心得玉ふかや。愚成御所存かな。夫誠の本意といふハさやうの義にてハ候ハす。唯是衆生最度(ママ)の菩薩の行也。然ゆえんハ、抑天下の人民家業まち〳〵なりと云へ共、士農工商の四民を出す。四民の業しかし菩薩の行也。其所為ハ、武士なきときハ天下治りかたし。農家耕すんハ人何をか食せん。番匠商人皆相寄て互に相資て世を渉。其中に武士ハ四民の最長にて、治世には名君聖賢の語をミて其教の如く国土の政道具に執行ふ時ハ、悪人も自善人となる。扨世の時ハ孫子呉子等か軍法を以て惟幕の中に軍す也。然に君今迄ハ是非共天下を領せんと思召計にて名利熾なる故に、悉奸盗武士の城にして、全真の武士の道にあらす。されハ北条九代、足利拾五

公云今運命キハマリヌ、此身大敵ヲ受カタシ、モシ天下ヲトラバ其意地ニモヨルベケレトモ、天下ヲ取事モ叶フマシケレバ、其意地ヲ在ルトモ何ノ益カアラン。

(五)上人ノ云、名号ヲ唱ル人ニハ諸天善神守護スベシトノ誓願アリ、イワンヤ若其意地ヲ以テモシモ天下ヲ取給ハヾ人民ミナ念仏ニ帰スベキ事ハ治定也、諸天善神何ゾ君ヲ守ラザラン。弥陀如来ハカタシケナクモ衆

---

代相続すといへ共、壱代として安穏ならす。国家の治りたる事を聞す。木曾義仲猛威をふるハれ、㈧然共子孫相続せす。皆是武士の本意にあらさる故也。凡大将の心地云ハ、大にもあれ小にもあれ、世を乱し民を悩す悪徒を退治し、日本を一徳に治め、国家の人民を安穏ならしめんと仁慈を専にし、敢て自分の娯楽を挟ます。只人を救ひ助んと思ふ心こそ真の武士にして、ほさつの行とハ申也。殊に君ハ代々浄土宗なれハ、件のことくに急度心を決定し、戦場にても念仏を申し〳〵下知し給へと教化し給ふ。

元康公聞召、仰にハ侍れとも、左ニ而ハ心よハく臆病盛に成へく候得ハ、勝利得かたからん。然ハ何程万民の為とぞんじながらも、左やうの心持がたし、との玉へハ

(五)上人の曰。扨々愚なる仰かな。寔ニ死を先ニするハ武士のならひ也。殊に故君の御先祖清康公ハ廿五歳にて卒し、御父広忠公廿四歳にて逝去也。されハ君ハ短命の流類なれハ、明後日ハ討死と決定し、最前申如

生ノ往生スルトキ来迎シタマハントノ誓アレトモ、日夜ノ合戦ニテ人隙ナク、弥陀ノ誓願モ益ナケレバ今我天下ヲトラバ一統ノ念仏ニナスベシ、諸天善神念仏守護ノ願アラバ守リ玉へ、南無阿弥陀仏ト切テ懸ルナラバ何ノ敵ニカ勝タザラン、弥陀ノ利剣ニアタル敵人ハ有マシキゾカシ、是ヲコソ乱タル世ニハ武ヲ用ユルトハ云也。

公聞召シテ信伏シ名号信心ヲ起シタマフ。

---

急度心地を窮玉ひて弥陀の本願に任せ、称名念仏の利剣をもつて悪人を退治し給へハ、則利益の殺生也。〈抑菩薩慈悲垂ル日、折伏摂受ノ二ツ有、仏道豈生ノミ用ヒ死ヲ施サヽルヘケンヤ。若其一ツカヽバ偏也ト云ツヘキナリ〉。既に敵と戦ひ御最後の時ハ、一心に念仏し給へ。L若定業にて討死の時ハ極楽往生疑なし。扨彼界へ生なハ則穢国ニ立還り悪人を退治せんと思召、死す共生るとも、とにも角にも共に万民の為と最(ママ)渡利生の御心たに真実にましまさハ、非業の死ハなきものぞかし。M其故ハ如斯安心決定したる念仏の修行者ハ、諸仏菩薩諸天善神守護し給ハんとの誓あるによつて也。諸天善神守護ましませハ、たとへ敵大勢にして味方ハ小勢なる共、外護の軍兵とて味方の目にハ見ね共、敵の方へハ数万の軍兵に見ゆる者なり。勿論仏菩薩の加勢なれハ、敵少も働き得す。後へハ引退とも前へハ進ます、終に敗目し味方利運となる。されハ弥陀如来ハ善悪の機をゑらます、一切衆生悉我国にへ取らんとの御請願あれ共、只我も人も名利盛んにして我慢強、悪

(十六)上人又云、L若モ定業アリテ明日討レタマヒナバ我ラハ非業ニ切腹シテ君トトモニ還来穢国シテ此日本国ヘ立カヘリ天下ヲ一統ニセン、君モシ長命ノ業アラバ念仏ノ行者ニハ非業ノ横死ナシ、決定シテ御道ヒラキ玉ハン、爰ニテ疑ヲ切リタマヘ、其疑ノ切リヤウハ生

人多して国土治らされハ万民安穏ならす。是によつて自念仏申者少し。念仏の行者少けれハ弥陀本願の行も空しくなりて、往生遂る者稀にして、悪趣に堕するもの甚多し。悲哉、往易して人無とハ蓋此謂也。されハ君、愚僧か勧に随ひて今迄意地をひるかへし、真の武士の心にてJ天下を納め、念仏の行を世間に繁昌させ、万民を現当二世共に相助んと、大悲利生の御志にて強敵を退治し給ハヽ、仏菩薩諸天善神の守護有て、国家を悩す悪人ハ自滅すへし。其時国家穏にして民栄へ、浄土往生の勤をなし、順次に解脱を得輩多かるへし。されハ弥陀勧（ママ）喜し、諸仏護念し、善神禍を除、悪鬼怒を息め、愧民所を去。㊁此時に弥陀の諸神より天下を取て君へ渡し給ふ也。如何能得心し給ひけるやとあつて、

(十六)又和尚云、K南無阿弥陀仏々々と切掛弥陀の利剣に余る強敵ハなきものそと仰せけれハ、元康公あつと感し、扨々御示し有難く候と仰せられ、

ルナラバ念仏ヲ以テ天下ヲ治メ死ナバ往生ノ後又此国ニカヘリテ天下ヲ一統ノ念仏ニセント思ヒ定メテ更ニウタガフ事ナカレ。

公ノ云、イカニ疑ヲ切トモ敵ハ大勢アリ、小勢ノ身方ナレバタトヒ長命ノ定業アリトモ非業ノ横死有ベシ。

（七）上人云、M念仏守護ノ行者ニハ諸天善神雲トクトク擁護シタマヘバ我コソ不知トモ敵ノ目ニハ幾万騎有ト見エヌベシ。此大勢ヲ見ルナラバ何ノ敵カ面ヲ合スベケンヤ、人数ヲ多少ニ心ヲツクベカラズ

---

（七）和尚又曰。死なハ浄土へ参らん、生なハ念仏の功を積、とにも角にも此身にハ安し、煩ふ事そなしと安心決定し玉へと叮嚀に勧化あり〈抑此勧化、昔勢誉上人親忠公へ御示ニ毛頭違ハす。故ニ乃当住持登誉ハ先ノ勢誉上人ノ再来ト云〉

傍線部A～Mが両書に共通して存在し、下段がより長文になっていることから、『松氏啓運記』をアレンジしたものが『松平崇宗開運録』であることは一目瞭然であろう。ただし、I～Mはその順序が大幅に入れ替わり、その間に長い増補がある。その差異は何か。『松氏啓運記』の論理を検討することから始める。

問答のうちで上人（『松氏啓運記』では名を記さず、『崇宗開運録』は大樹寺登誉）は以下のように論理を展開する。問答（一）から（三）では「武士ノ家業」の罪業性が指摘される。すなわち、A「多クノ人ノ首」・B「城」「国」・C「天下」を奪うD「武士ノ家業」はE「奸盗ノシワザ」と批判され、それをD「我家ノ栄花」というなら、来世はF「永劫地獄」であると諭される。合戦をことととするような武士の有り様が全面的に否定された江戸中期の時代性を反映している。家康（＊元康であるが、家康で統一表記する）が、G武士の「家業」が地獄なればこそ「後

生ハ上人ヲ頼入」と、後生の救済のみの信心をいうのに対して、問答(四)で上人は「天下ヲ治ル意地」を教示すると、現世における武士の職分を問題にする。それは、I弥陀の「衆生済度ノ誓願」が乱世によって成就され難いから、J「天下ヲ平カニシテ一切ノ人民ヲ仏道ニヲモムカシメ弥陀済度ノ誓願ヲトケシメン」ことにあるという。つまり武士の職分である天下泰平の実現は弥陀の衆生済度の誓願を助けることを目的とするというのである。武士職分=〈弥陀補佐〉説といっておこう。続く問答(五)では、〈弥陀補佐〉の実践によってK「天下ヲ取給ハゞ人民ミナ念仏ニ帰スベキ事ハ治定」であり「我天下ヲトラバ一統ノ念仏ニナスベシ」と念じて戦うなら諸天善神が守護し、平天下の「武」は「弥陀ノ利剣」となるという。〈弥陀補佐〉説がさらに深められ、人びとを念仏に帰依させることが武士の職分であると宗教的意味が強調されている。問答(七)では味方が小勢でもM「敵ノ目ニハ幾万騎有ト見エ」るのは、武士の〈弥陀補佐〉を諸天善神が守護するからであり、問答(六)のようにL「念仏ノ行者ニハ非業ノ横死ナシ」となるのは、もし討ち死しても「往生ノ後又此国ニカヘリテ天下ヲ一統ノ念仏」にする「還来穢国」があるからである。ここまで進めば、現世では弥陀の誓願成就を助け、死して往生を遂げ、再び娑婆に還来する武士は、菩薩に等しくなる。

登誉と家康との問答はこのようにして終るが、それに続いて登誉が家康に伝法を授け、逆修を行なう場面がある。家康に「上人ノ別導ヲ受ケ極楽ノ聖衆トナリテ合戦セバヤ」といわせているように、ここに家康は「極楽ノ聖衆」となったのである。菩薩となったと言い換えてもよいだろう。こうして登誉は、「如来ヨリ天下ヲ君ニ授ケ玉フベシ」と遺言する。菩薩家康が弥陀から天下を授けられるのは当然のこととなる。家康の他界の段においては、「家康公ハ新生ノ始覚ト弥陀如来ノ実智ノ本覚ト還同一致ノ内証ヨリ和光同塵ノ東照大権現ト顕レタマフ」と本体阿弥陀如来であり、還来穢国して東照大権現となったとされるのである。『松氏啓運記』はこのように、登誉によって弥陀の誓願成就を助ける菩薩であることが明かされた家康が、弥陀から天下を授与される物語であった。しかしながら、弥陀天下授与説はいまだ正面に据えられず、むしろ家康菩薩説が中心で、それによって当面する合戦が勝利に終わることを予言する性格が強い。

『松平崇宗開運録』では『松氏啓運記』の論理が弥陀天下授与説を中心に大幅に強化される。そのために鈴木正三の職分菩薩行説が取り込まれる。すなわち問答(一)〜(三)ではA〜Fのように『啓運記』とほぼ共通の文言が連ねられ、とくに新しい論点が見られないが、(四)においては波線㋑部分のように武士の道は「唯是衆生最度《ママ》の菩薩の行也」と、『松氏啓運記』に見られなかった文言が採用されて、さらに続けて㋺「四民の業しかし菩薩の行也。其所為ハ、武士なきときハ天下治りかたし。農家耕すんハ人何をか食せん、番匠商人皆相寄て互に相資して世を渉」という、鈴木正三の職分菩薩行説、すなわち「農業則仏行なり。(中略)信心堅固なる時は、菩薩の行なり」、「何の事業も皆仏行なり」、「鍛冶番匠をはじめて、諸職人なくしては、世界の用所、調べからず。武士なくして世治べからず。農人なくして世界の食物あるべからず」(『四民日用』)がここに援用されている。武士の職分が〈弥陀補佐〉であることを菩薩行と言い換え、これによって武士は「奸盗」から一転して菩薩に昇格する。それによって㋩「国家の人民を安穏ならしめんと仁慈を専」とし「人を救ひ助んと思ふ心こそ真の武士にしてほさつの行」であると論理化された。正三の職分菩薩行説は上巻での勢誉による親忠への勧化にも次のように見えていて、それを補強している。

夫天下の万民多しといへとも士農工商の四民を出す。四民の行ふ所皆菩薩の行なり。如何となれハ、三民を助け、一民ハ又三民を救ひ、互に相助合もの也。其中にも武士ハ四民の最上なり。其武士の上にて菩薩の行と申ハ、先治世にハ文を用ひ、乱たる世には武を用ゆ。(一〇七頁)

このように職分菩薩行説を基本に据えることで、『松氏啓運記』の家康〈弥陀補佐〉説は家康菩薩説に強化された。そのことによって『松氏啓運記』問答(五)に見えていた「弥陀ノ利剣」という言葉は、『松平崇宗開運録』でも同じく問答(五)に「称名念仏の利剣をもつて悪人を退治し給へハ、則利益の殺生也」と「利益の殺生」という言葉に置き換えられて展開され、さらに上巻の親忠への勢誉の勧化で、

悪人有て多くの人をなやまさハ、一殺多生とて、一人をころしておふくの人を助るやうに行ふものにて候。則ほさつの修行也（一〇八頁）

と、「一殺多生」という言葉に転じられ、戦闘行為は菩薩の修行と捉えられてる。菩薩行とされることで、還来穢国説は菩薩の応化という教学的根拠を獲得することになる。

職分菩薩行説の採用によって、『松平崇宗開運録』では『松氏啓運記』に現れた諸論理が整序され論理的連関を持たされたのであるが、それによって弥陀天下授与説が論理化される。問答(五)の後半では、『松氏啓運記』の問答(四)に置かれていた―部分が修正されて「国土治らされハ万民安穏ならす。是によつて自念仏申者少し。念仏の行者少けれハ弥陀本願の行も空しくなりて、往生遂る者稀」になったと言い、真の武士によって天下が治まり念仏が繁昌するなら、弥陀は歓喜し㈡「此時に弥陀の諸神より天下を取て君へ渡し給ふ也」と弥陀天下授与説へと結びつけられている。こうして徳川の天下は、弥陀の誓願を実現する衆生済度の天下であり、徳川将軍は末代における弥陀の代行者＝菩薩と意味化されることになった。菩薩行説の導入によって弥陀天下授与説は王権神授説の位相にまでいたっている。

こうして『松平崇宗開運録』は弥陀天下授与説を具体的に展開する。桶狭間合戦後に大樹寺に立籠って登誉の勧化を受けた家康は、続いて「浄土の付法」を授けられ、「安国院殿徳蓮社崇誉道和大居士」の法号と厭離穢土欣求浄土の軍旗などを授けられ、これによって攻め寄せた敵を打ち破り、岡崎入城を果たす。これを祝うに登誉は元康に六万遍日課念仏を課すとともに次のように遺言する。この部分は『松氏啓運記』の言い換えである。

今日心静に御顔を見奉れハ御長命の相有。然ハ君御一生の内に天下を領し給ふへしそ。誠に目出度御事かな。

（中略）弥陀如来より君へ天下を渡給ハぬ間ハ、必天下を領せんと急玉ふ事なかれ。釈迦弥陀より造作なく天下を御引渡有迄ハ、随分御心を永持、強勇なる大名の下知につき、若其人亡ひなハ、又余の大将にしたかひ、唯其国を治め、如来より渡ル時節を待給ふへし。（一三三頁）

弥陀からの天下授与の時節を待てというこの登誉の遺言に従って、信長・秀吉に従い、関東へ入部し、やがて秀吉の死を迎える。このとき、ここに時節到来して弥陀から天下が授与された（史料P）とするのである。その後、関が原合戦に出陣するにあたり増上寺存応に吉例の十念を求めると、「公の天下ハ弥陀より御請取の天下にてハ御座なきか」（史料Q）との返答があった。

この部分は『松氏啓運記』の大坂の陣への進発に当たっての存応の言葉「君ノ天下ハ大菩提ノ心地ヨリ本願名号ノ利剣ヲトリテ治メタマフコトナレハ」を書き換えたものと見られ、弥陀天下授与説として明確化されている。『松平崇宗開運録』が弥陀天下授与説に従って筋を運んでいることがうかがえよう。

一方、『浄宗護国篇』では論旨そのものは継承されるが、相当の変容が見られ、弥陀天下授与説は見られない。武士の職分論は漢文本では「武是菩薩之行」「菩薩之武」（勢誉伝）とか「武業者菩薩之慈悲大権之善巧也」（登誉伝）とあって、武士は菩薩行＝慈悲の実践者として「大権」すなわち弥陀によって巧まれた存在であり、「以レ殺止レ殺之道」を実践する者とされている。そしてまた、

公、若シ天下人民ヲシテ永ク禍毒ヲ離レ、速ニ蘇息ヲ得シメント欲セバ、人皆悦服シ、向ウ所皆下リ、遂ニ天下ヲ有シ、国祚延長ス。此ハ是将軍ノ身ヲ現ジテ菩薩ノ行ヲ修ス。然レバ即チ股肱籌策ノ臣、将士戦亡ノ者、同ジク解脱ヲ得テ等シク浄土ニ生ズ。（原漢文、六〇六頁）

とあって、弥陀天下授与説は見られなくなり、将軍を菩薩行の実践者とすることで、むしろ仏教治国の側面を重視しているである。

このように見れば、『松氏啓運記』から『松平崇宗開運録』への発展は、武士の職分論から進んで東照大権現以来の徳川の天下＝御公儀を、弥陀から与えられた政権であり仏教による治国を実現するものと意味化しようとしたということができよう。『浄宗護国篇』はそこまで進むことなく武士・将軍の職分を仏教治国とすることに留まっている感がある。

## 二　若干の教学史的考察

これらの独自な『松平崇宗開運録』の論理はどのような教学的根拠を有するのであろうか。弥陀天下授与説は他に類例を見ないものであり、教学的に明確な根拠を持つものでないと予想される。江戸浄土宗教学に暗いところから、それは他日を期し、ここではそれらの論の根拠となった幾つかのタームへ目を向けてみたい。

登誉の家康への勧化の始まりとなった「武士の家業」（殺生）と往生というテーマは、『松平崇宗開運録』では、親忠への勢誉の勧化の段で、親忠の「願ハ武芸をもすてす、しかも又浄土往生仕るやう候ハヽ示し給へ」（一〇七頁）という問として登場する。この文言は、『法然上人伝記』（『浄土宗全書17』）の内で甘糟太郎が法然上人に「弓箭の家業をも捨ず。往生の素意をも遂る道侍らば。詮をとりて御一言を承り給ひ候はん」と願った言葉を想起させる。この問に対して法然上人は、弥陀の本願は機の善悪を選ばず、「罪人は罪人ながら名号を唱て往生」するのであり、「弓箭の家に生れたる人。たとひ戦場に命をうしなふとも。念仏して終わらば本願に答へて来迎に預り往生を遂ん事ゆめ〳〵うたがふべからず」、ただ念仏によって往生と説く。甘糟太郎はこの法然上人の言葉によって不審を晴らして戦い、深手をこうむり、「太刀を捨て甲をぬぎて。掌を合せ一心に弥陀を念じ高声念仏して。敵の為に命をまかせ」、往生を遂げたのである。『松平崇宗開運録』には、これに相当する討死の場面がないので、この部分は採用されなかったのは当然としても、法然上人の答えの文言もまた見出せない。わずかに

「若定業にて討死の時ハ極楽往生疑なし」（前掲『松平崇宗開運録』問答(五)のL――一四一頁参照）という文言がみえ、法然上人の言葉を踏まえるかのようであるが、その関係は明確ではない。

時期的には『松平崇宗開運録』よりのちの書であるが、宝暦十二年（一七六二）成立の『称念上人行状記』巻下「淀納所念仏寺の事」[19]には、河村高雄という武士の同様な悩みに対して甘糟太郎と法然上人の物語が引かれ、加えて「剣戟をふるひ戦ふにも念仏を忘れす称すへし。念仏に諸仏護念の益あり。利剣即是弥陀号」などと説かれているのは、「是全く菩薩行」ともいわれていて、『松平崇宗開運録』の影響とも考えられるが、あるいは武士の殺生と往生の問題がこのように諸仏護念と利剣の名号で解される伝統があったことを示すかもしれない。

討死＝往生よりも、生を全うした家康の戦いを往生に結び付けねばならない。そこから「弥陀の利剣」が強調されたのではなかろうか。「弥陀利剣」という言葉は、周知のように善導『般舟讃』の「利剣即是弥陀号　一声称念罪皆除」が出典であり、『平家物語』巻十「戒文」で平重衡が「こゝにたゝかひ、かしこにあらそひ、人をほろぼし、身をたすからんとおもふ悪心のみ」と武士の罪業を歎くのに対する法然上人の言葉に「「利剣即是弥陀号」とたのめば、閻魔ちかづかず。「一声称念罪皆除」と念ずれば、罪みなのぞけりと見えたり」とあるように、往生の障りを切り開く鋭利な武器としての名号という意味であった。『松氏啓運記』ではKの内に「南無阿弥陀仏ト切テ懸ルナラバ何ノ敵ニカ勝タザラン、弥陀ノ利剣ニアタル敵人ハ有マシキゾ」、『松平崇宗開運録』でもほぼ同様に問答(五)で「弥陀の本願に任せ、称名念仏の利剣をもつて悪人を退治し給へハ、則利益の殺生」と用いられるのは（一四一頁参照）、罪を皆除する利剣＝名号ではなく、敵を滅ぼす鋭利な武器＝剣の意味に転化されている。このような用例がどのあたりから出現するのかが問題であるが、いまは留保せざるを得ない。

「弥陀利剣」は『松平崇宗開運録』では右のように「利益の殺生」と転じ、また先に示したように親忠への勢誉の勧化に「悪人有て多くの人をなやまさハ一殺多生」と、「一殺多生」へ展開されている。『浄宗護国篇』漢文

本でも「一殺多生」が用いられる。すなわち、

身存スレバ則チ念仏之功ヲ積ミ、命亡レバ則チ浄土之生ヲ受ク、若生若死、悲歎有ルコトナカレ、是ノ如ク思念シテ旗ヲ掲ゲ軍ヲ行ヒ、屍ニ伏シ、数万肝脳ヲ地ニ塗レ、而シテ是我仏、一殺多生ノ善巧、聖主ノ乱ヲ救ヒ暴ヲ誅スルノ義兵也（原漢文、六〇三頁）

とあり、和文本でも「大聖仏智の教説、一殺多生の義なり。無量の輩をして安穏ならしむる善巧にて侍り」と、ともに武士の戦闘行為は万人を安穏ならしめる弥陀の方便の意味で用いられている。

この「一殺多生」説は『大方便仏報恩経』や『瑜伽師地論』に由来するといわれる。後者第四十一では、

如し菩薩、劫盗賊の財を貪らんが為の故に多くの生〔ある者〕を殺さんと欲し、或は復た大徳の声聞、独覚、菩薩を害せんと欲し、或は復多くの無間の業を造らんと欲するを見、是の事を見已つて発心し思惟す、我れ若し彼の悪衆生の命を断たば那落迦に堕つべく、（中略）我れ寧ろ彼を殺して那落迦に堕つるも、終に其をして無間の苦を受けしめざらんと。（中略）憐愍の心を以て彼の命を断つ。[20]

とあって、「一殺多生」という文言が見えるわけではない。趣旨としても悪衆生の堕地獄を救うために自らの堕獄することを厭わないことであって、『松平崇宗開運録』などの用例とは一致しない。この言葉の浄土宗での展開に関しては、良暁『浄土述聞抄』[21]に「決疑鈔ニ瑜伽論ノ利益殺生ヲ引テ」云々の語が見えることを知り得ただけで、今は留保せざるを得ない。ただ謡曲『鵜飼』に「またある夜忍び上つて鵜を使ふ、ねらふ人びとばつと寄り、一殺多生の理にまかせ、かれを殺せと言ひ合へり[22]」とか、井原西鶴の『懐硯』に「一殺多生と孝の道にかなふと思ひさだめ[23]」などの用例があるように、かなり一般的に使用されていたようである。

# おわりに

残された課題はなお多いがいまは留保し、弥陀天下授与説というような王権神授説が何故綱吉治下の元禄期に成立したかということを述べて結びとしたい。

そもそも徳川政権は豊臣政権を簒奪した軍事政権であるところから、その正統性がアキレス腱であった。始祖家康が東照大権現となったのは、神聖王権を構想してその弱点をカバーしようとしたのであり、当初から宗教権威をその権力の源泉に据えなければならなかった。また一方で、百姓を支配し収奪する政権であったから、それを正当化するに撫民仁政、というよりは万民救済＝慈悲をスローガンとしたのである。簒奪と収奪の軍事政権から万民救済の慈悲の政権へ転換しようとする三代家光は、東照宮を整備し国家祭祀とすることで家康の神聖王権路線を継承拡大し、家光自らも家康の再誕と称することで宗教的権威性を再構築した。しかるに五代綱吉にいたっては、将軍継承における問題性もあって、自らの神格化による神聖王権の再構築の途は絶たれていたから、万民救済＝慈悲という課題を表面に押し立て、それを生類憐れみの令という仏教的政策として表明することで徳川政権の正統性を確認しようとしたのである。このような綱吉政権の固有の弱さと、始祖家康以来ほぼ一世紀を経てその神聖性が再構築されねばならない段階にいたっていたこと、これらの条件が王権神授説という形態を生み出した背景であろう。それは始祖東照大権現の神聖性を超える、より高次な権威である阿弥陀如来によって政権を粉飾するものでなければならなかった。ここに弥陀天下授与説の基盤があろう。

＊しかしそれは綱吉側から提示されたものではない。仏教側、増上寺側が政権を仏教的に意味化したのであり、綱吉はそれをさらに乗り越えようとしていたと考えられる。

元禄段階が、武士の存在意味を弁証することを必要としていた段階であったことは、儒学における武士論、さらには『葉隠』などの成立において明らかである。こうした中で、秀吉を天下の大盗賊とする議論も出現していたのであり、『松平崇宗開運録』の武士「奸盗」説はそのような背景で読まれねばならない。その止揚を目指すものが武士の職分〈弥陀補佐〉説として万民救済の菩薩行とする本書の言説であり、それが「弥陀利剣」=「一殺多生」の論理となったことも見やすい道理である。

基本的に、徳川政権が万民救済をスローガンとした政権であったこと、これが綱吉段階の特殊性に媒介されて、菩薩行説、弥陀天下授与説を生み出したのである。それが弥陀を中心とした言説となったのは、先述のような権威の超越性の問題とともに、万民救済という政権のスローガンに相応する、万民救済の最高の仏が弥陀であったことによろう。その結果、東照大権現は、日光山王権現であるとともに阿弥陀でなければならなくなる。『松氏啓運記』が、先述のように家康没後に東照大権現弥陀同体説を記さねばならなかったこと、また『松平崇宗開運録』において還来穢国が強調されてくるのは、弥陀の還相回向、応化の弥陀の観念によって、東照大権現の本地を弥陀に想定するものである。これは、例えば『東照宮御遺訓』の原本と考えられる『井上主計頭覚書』[22]や『東照大権現縁起』に見える家康阿弥陀仏説[24]を継承するものである。

＊『東照宮御遺訓』『井上主計頭覚書』及び平野論文は、冒頭の補注に示した『近世仏教治国論の史料と研究』に収録した。

くわえて、現世安穏・後生善処という民衆の救済願望を納得させるには、来世をも含めた救済が求められるが、それをなしうるのは弥陀に他ならなかった。従って、『松平崇宗開運録』の弥陀天下授与説は、平天下・治天下を弥陀が徳川氏に命じたのはひとえにその衆生済度の誓願を実現させるためであると語られねばならなかった。弥陀の委託を受けた徳川政権によって制度化された寺請制は、民衆の後生善処を仏教に委託するものであり、いわば寺を通じて民衆の死後世界を管理したのである。寺請制度は単に生きた人間の戸籍制度ではなく死者の国家管理なのである。綱吉期の元禄五年（一六九二）に新寺禁止令が出て寺請制が確立するのも偶然ではない。こうして徳川政権による幕藩制国家は、弥陀を王権授与者として民衆の現当二世を支配・管理する国家となった。王権神授説が求められる所以がここにあった。

## 写本所在一覧表

**【A　開運録】**

| 題名 | 所蔵 | 旧蔵 | 書写事項 | その他 |
|---|---|---|---|---|
| 1 松氏開運記 | 刈谷市中央図書館 | | 元禄12駿府華陽院歴誉書写 | 1巻1冊 |
| 2 松平崇宗開運録 | 大谷大学図書館 | 池田政二 | 宝永8書写　祐天口説了海記 | 3巻1冊 |
| 3 開運録 | 岡崎市立中央図書館 | | 正徳2浅水猶嗣書写 | 『徳川始祖松平氏』収録 |
| 4 松平開運録 | 東京大学総合図書館 | 山名氏蔵書　南葵文庫 | 享保1祐天本写 | 3巻1冊　『徳川系図』初巻付載 |
| 5 松平崇宗開運録 | 大阪府立中之島図書館 | □□□ | 享保14書写 | 3巻1冊 |
| 6 松平開運録 | 国立公文書館内閣文庫 | | 享保18書写 | 3巻1冊　『松平系図』付載 |
| 7 松平崇宗開運録 | 大谷大学図書館林山文庫 | | 文照院様御代祐天於御前被請心　延享3脩俟斎写 | 3巻1冊 |
| 8 松平崇宗開運録 | 天理大学附属図書館 | | 祐天口説了海記、元文4樹田忠重模写、安永4中村忠興書写 | 3巻1冊 |
| 9 松平崇宗開運記 | 京都大学文学部図書館 | 大正3山本紅太郎寄贈 | 寛政7書写 | 3巻1冊 |
| 10 松平崇宗開運録 | 宮城県立図書館 | □□□□ | 寛政12伊達公於館郭早坂小□書写 | 3巻1冊 |

| | | | | | |
|---|---|---|---|---|---|
| 11 | 松平開運録 | 東北大学附属図書館狩野文庫 | 新井泰治狩野亨吉旧蔵 | 文政7喜多村□侯書写 | 3巻1冊 |
| 12 | 松平崇宗開運録 | 岡崎市立中央図書館 | | 文化8岡崎八町邑早川善五郎写 | 5巻1冊　複製 |
| 13 | 松平崇宗開運録 | 静嘉堂文庫 | | 文政13吉鳥書写 | 3巻1冊　広誉和尚伝と合冊 |
| 14 | 松平崇宗開運録 | 国立公文書館内閣文庫 | 静岡学校　□□精舎 | 天保2高槻藩中牧氏借用松島氏書写 | 3巻1冊　系図に付載 |
| 15 | 松平崇宗開運録 | 東京大学総合図書館 | 沢西蔵書 | 天保3沢西平安陳蔵書 | 3巻1冊本文欠落あり |
| 16 | 松平開運録 | 東京大学総合図書館 | 南葵文庫 | 天保7竹遊居旧叟書写 | 5巻1冊　注有　松氏啓運記書写（目録）徳川高運録　檀通和尚物語挿入 |
| 17 | 松平崇宗開運録 | 東北大学附属図書館狩野文庫 | □□□□ | 天保12福田書写　祐天口説　増上寺重物 | 2巻1冊　御系図付載 |
| 18 | 松平崇宗開運録 | 東京国立博物館資料室 | 杉山蔵　徳川宗敬寄贈 | 天保15書写 | 2巻2冊　啓運記校訂 |
| 19 | 松平崇宗開運録 | 東京都立中央図書館加賀文庫 | 寺岡氏 | 嘉永3書写 | 3巻1冊　付録に浄宗護国篇 |
| 20 | 松平崇宗開運録 | 名古屋大学附属図書館岡谷文庫 | 真照文庫 | 祐天口説了海記 | 2巻2冊　上巻のみ |
| 21 | 松平崇宗開運録 | 東京都立中央図書館加賀文庫 | | | 3巻3冊　中巻表紙見返・下巻末尾に家康文書2通 |

| | | | | | |
|---|---|---|---|---|---|
| 22 | 松平開運録 | 新城市立図書館 | □□文庫 | | 3巻1冊 楷書片仮名　注釈 新井白石神書 |
| 23 | 松平崇宗開運録 | 東京大学総合図書館 | 南葵文庫 | | 5巻2冊　序文 |
| 24 | 松平崇宗開運録 | 岡山大学附属図書館池田文庫 | □□□□蔵書 | | 2巻2冊 序文に宝物殿中にて写取 |
| 25 | 開運録 | 龍谷大学大宮図書館写字台文庫 | 南□□□ | | 3巻1冊 割注に祐天老衰 |
| 26 | 附説開運録 | 国立公文書館内閣文庫 | □□図書□庫 | 裏表紙に熊倉量左衛門持主 | 3巻3冊 注釈付　啓運記引用 割注に檀通和尚物語 |
| 27 | 徳川開運録 | 京都大学総合図書館 | 「大」印（名古屋の貸本屋大野屋惣八） | 最終丁に「団早」 | 4巻1冊 題箋「ゆ三百八拾四書」 |
| 28 | 松平崇宗開運録 | 大谷大学図書館 | | | 3巻1冊 |
| 29 | 松平開運記 | 名古屋市蓬左文庫 | | | 3巻3冊 （内題）松平崇宗開運録 |
| 30 | 松平崇宗開運録 | 宮城県立図書館 | 伊達文庫 | | 5巻1冊 |
| 31 | 松平開運記 | 国立公文書館内閣文庫 | 浅草文庫 | | 1巻1冊 |
| 32 | 開運録 | 国会図書館 | 越国文庫 | | 3巻3冊 楷書片仮名本 （内題）松平崇宗開運録 |

| | | | | | |
|---|---|---|---|---|---|
| 33 | 松平崇宗開運記 | 東京大学総合図書館 | 紀州徳川家　南葵文庫 | | 3巻3冊 |
| 34 | 松平崇宗開運録 | 東京大学総合図書館 | 南葵文庫 明治38松島直内氏寄贈 | | 3巻3冊 |
| 35 | 崇宗開運録 | 東京大学総合図書館 | 紀州徳川家 | | 2巻2冊 啓運記参照 (内題)松平崇宗開運録 |
| 36 | 松平崇宗開運録 | 東京大学総合図書館 | 坂田文庫 | | 2巻1冊　下巻欠 |
| 37 | 増上寺記録松平崇宗開運録 | 東京大学総合図書館 | □□□ | | 3巻1冊 (内題)松平崇宗開運録 |
| 38 | 松平開運録 | 東京大学総合図書館 | | | 3巻1冊 西宮丁巳厳慶録と合冊 (内題)松平崇宗開運録 |
| 39 | 松平崇宗開運録 | 静岡県立図書館久能文庫 | 関口氏寄贈　久能山社務所 | | 1巻1冊 祐天物語(割注) |
| 40 | 崇宗開運録 | 岡崎市立中央図書館 | □□□□ | | 3巻1冊 (内題)松平崇宗開運録 |
| 41 | 松平崇宗開運録 | 岡崎市立中央図書館 | | | 2巻2冊　中巻に欠落 |
| 42 | 松平崇宗開運録 | 大谷大学図書館楠丘文庫 | 日下無倫 | | 3巻3冊 表紙に「秘録」 |
| 43 | 松平崇宗開運録 | 大谷大学図書館 | 1丁ウに国松忠右衛門 | | 3巻1冊 |
| 44 | 松平崇宗開運録 | 大谷大学図書館 | 翰□林□□蔵書 原真□□　□□蔵 | | 3巻3冊 |

| | | | | |
|---|---|---|---|---|
| 45両将軍御上洛集 | 大谷大学図書館 | | | 2巻1冊　下巻のみ『本邦続今史記』を収録(内題)松平崇宗開運録 |
| 46松平開運録 | 京都大学総合図書館 | | | 3巻1冊題簽「ゆ三百八拾四」(内題)松平崇宗開運録 |
| 47松平崇宗開運録 | 島原図書館松平文庫 | | | 1巻1冊 |
| 48一向宗兵乱記 | 大谷大学図書館楠丘文庫 | | 明和3新氏英保書写 | 「開運録曰」として引用識語 |

【B　啓運記】

| | | | | |
|---|---|---|---|---|
| 1松氏古記 | 名古屋市蓬左文庫 | 尾府内庫図書 | 元禄17祐天御師範より伝授 | 1巻1冊 |
| 2松氏啓運記三州逸子履水書 | 岡崎市立中央図書館 | | 宝永7三州逸子履水書写 | 表紙見返に序 |
| 3松氏啓運記 | 宮内庁書陵部 | 図書寮 | 元禄17駿府華陽院歴誉書写　正徳1覚朝写　晶山閑人借抄 | 静幽堂叢書(目次)松平啓運記 |
| 4松平崇宗啓運記 | 岡崎市立中央図書館 | | 正徳3法沢玄海、慈帰選比丘書写 | 中巻に檀通和尚物語・甲陽軍鑑引用 |
| 5啓運記 | 宮城教育大学附属図書館 | □国□門赤間□□南家　藤氏苗裔之印 | 正徳1佑天伝記転写　正徳5含誉写 | 3巻1冊　徳川御系図付載　赤間良梯識語　貸本文言 |

| | | | | |
|---|---|---|---|---|
| 6 松平啓運記 | 岡山大学附属図書館池田文庫 | 本□□家蔵書 | 享保13書写 | 1巻1冊 甘糟太郎挿話を割注 |
| 7 松平啓運記 | 岡山大学附属図書館池田文庫 | 本□□家蔵書 | 享保14書写 | 1巻1冊 大尾貼紙に異本は大樹帰敬録とあり |
| 8 松平啓運記 | 国立公文書館内閣文庫 | 昌平坂 | 享保20書写 | 1巻1冊 割注に檀通和尚物語 |
| 9 松平啓運記 | 岡崎市立中央図書館 | 織田顕信 | 元文4書写 | 3巻1冊 複製 |
| 10 啓運記 | 大谷大学図書館楠丘文庫 | 日下無倫 | 宝永1塩沢半助書 宝暦6覚誉再写 長岡延奨備写 | 1巻1冊 (内題)徳川啓運記 |
| 11 啓運記 | 岡崎市立中央図書館 | 織田顕信 | 宝永2書写 宝暦8再写 | 1巻1冊 |
| 12 啓運記 | 豊橋市中央図書館 | 三州大崎□□□□ | 元禄17御城にて聞書 天保6造之 | 貸本文言 |
| 13 松平崇宗啓運記 | 大谷大学図書館 | 若狭西教寺什物 | 堅禁他見他借 | 現住恵証(万延2没) |
| 14 啓運記 | 東京都立中央図書館加賀文庫 | | | 3巻3冊 三河記等参照 (内題)松平崇宗開運記 |
| 15 松平崇宗開運記 | 東京大学史料編纂所 | 押小路家本 | | 3巻1冊 三河記等参照 中巻末尾檀通物語 |
| 16 松平啓運記 | 筑波大学附属図書館 | 禮譲館図書印 | | 5巻1冊 註釈 割注に檀通和尚物語 |

| | | | | |
|---|---|---|---|---|
| 17 松平啓運記 | 東京都立中央図書館 | 四方伝 | | 5巻1冊　貸本文言 |
| 18 松平崇宗啓運記 | 東京大学総合図書館 | □□□図書庫　子爵稲葉正縄寄贈 | 裏表紙見返「□□□□□」 | 3巻1冊　付録あり |
| 19 啓運記 | 弘前市立図書館 | 昭和49葛西慎一郎寄贈 | | 3巻1冊　(内題)松平啓運記 |
| 20 松平啓運記 | 弘前市立図書館 | 東愛文庫　岩見文庫 | | 3巻1冊 |
| 21 松平啓運記 | 弘前市立図書館 | 岩見文庫 | | 1巻1冊 |
| 22 松平啓運記 | 弘前市立図書館 | 岩見文庫 | | 1巻1冊 |
| 23 松平啓運記 | 東京大学総合図書館 | 南葵文庫　紀之殿人高橋家蔵 | | 3巻1冊　十八公平啓運記 |
| 24 啓運記 | 刈谷市中央図書館村上文庫 | | | 1巻1冊 |
| 25 松氏啓運記 | 静岡県立図書館久能文庫 | 関口氏寄贈　久能山社務所 | | 1巻1冊　家康起請文等付載 |
| 26 松平啓運記 | 豊橋市中央図書館 | 昭和32大口喜六寄贈 | | 1巻1冊　上巻相当　(内題)先代啓運記　貸本文言 |
| 27 松平啓運記 | 名古屋市蓬左文庫 | | 昭和16謄写 | 1巻1冊　徳川御家伝付載　(目録)先代御啓運記 |

【C 帰敬録】

| | | | | |
|---|---|---|---|---|
| 1大樹帰敬録 | 東京大学総合図書館 | 南葵文庫 | 祐天口説門弟記 祐天寺二世香誉判 | 3巻3冊 開運録加補改題 |
| 2大樹帰敬録 | 陽明文庫 | 陽明蔵 | 同右 | 3巻3冊 同上 |
| 3大樹帰敬録 | 東北大学附属図書館狩野文庫 | 内藤耻叟蔵書 | | 1冊 |
| 4大樹帰敬録 | 国立公文書館内閣文庫 | 松浦氏 | | 3巻3冊 |
| 5大樹寺帰敬録 | 国立公文書館内閣文庫 | 浅草文庫 和学講談所書籍館 | | 3巻1冊 |
| 6大樹帰敬録 | 東京都立中央図書館 | □□文庫 | | 3巻3冊 表紙に「源興院什物」 |
| 7大樹帰敬録 | 名古屋市蓬左文庫 | 尾府内庫図書 | | 5巻5冊 |
| 8大樹帰敬録 | 大谷大学図書館楠丘文庫 | 日下無倫 | | 5巻5冊 徳川系図付載 |

注：報告書収録をもとにして、修正を加えた、なお□は判読不明文字。

## 関連史料

（注：〈 〉は原文割注）

【A 開運録】

A1奥書

「元禄十二己卯年、増上寺方丈不出之書を以書写之、駿府華陽院住　了蓮社歴誉判」

A2奥書

「宝永辛卯四月二十一日再写」

本文末尾

「右此紀録者、顕誉祐天大和尚口説之趣、不拙沙門了海記之」

A3奥書

「此書者薩州貴家之人秘書而令懇望写之者也　時　正徳二壬辰二月吉日浅水猶嗣」

A4奥書

「此開運録三巻、借於祐天和尚之本写之畢、辞句最質野□覧者、加修飾為予一幸而已

享保元丙申天九月上旬日」

A5奥書

「享保十四己酉年九月吉日　[redacted]（抹消）「（署名）[redacted]（抹消）（花押）」

A6奥書

「享保十八癸丑四月初四日　書写」

A7奥書

「右者文照院様御時代、増上寺祐天大僧正、於御前被請心之由

延享三年丙寅秋八月二十三日繕写

脩侯斎」

A8奥書

「右此記録者、依顕誉祐天大和尚口記之趣、不憚拙筆了海記之

天下太平国土安穏

日月清明　　　久誉慈貞
右之開運録者従鉄士叟恩借、於花洛揮筆ヲ以令模写畢
元文四己未年孟夏日　樹田氏忠重
于時五十八歳
□予
御室一品太王庁下令勤仕雖日々侯依深望不顧愚猪令書写之畢
中村忠興（朱印）（花押）
于時安永乙未年初冬仲五
右奥書者本多隼人当義被詰合被為助筆者也」
A9奥書
「寛政七卯ノ三月四日写」
A10奥書
「于時寛政十二庚申卯月、伊達公於館郭写之、早坂小□」
A11奥書
「文政七甲申年□月吉日写之、喜多村□侯、寿八十三歳」
A12奥書
「文化八辛未九月下旬、三州額田郡岡崎八町邑、持主早川善五郎」
A13奥書
「于時文政十有三年次庚寅中冬　吉鳥改之而書写者乎」

A14奥書

「天保二辛卯年四月　高槻藩中牧氏より借用写之　松島氏」

A15奥書

「天保三壬辰季仲冬摹写之　三本合冊　紙数六十一葉　大尾　沢西平安陳蔵書」

A16奥書

「天保七丙申年二月十一日　竹遊居旧叟　写」

巻一本文（愚底親忠勧化）挿入

「檀通上人いわく、此四民の教化は浄土の大事也、則代々相伝也、愚底より伝り、大樹寺十三代登誉ゟ黛（感カ）誉に伝へ、感誉上人は国師に伝へ、国師は随波に伝へ、随波は明誉に伝玉ふ、明誉より祐天江布薩の伝の時、此四民の伝なりといへり」

A17奥書

「天保十二辛丑八月、福田」

識語

「開運録中見安為御系図ヲ書抜畢、祐天僧正新田之大光院現住之時、委ク吟味アラレタルナラン、右此記録者依顕誉祐天大和尚口説之趣也、増上寺重物也」

A18奥書

「于時天保十五年甲辰初秋納筆」

A19本文末尾識語

「此開運録一巻ハ、十五六年以前故有て他より来リシ反古の中にありて、然も始一二丁の紙ハ被失しゆへ其伬さし置しか、此度外にて同書をかり得て破壊を補ひ今全本となりぬ、又本書の後に別に綴付ありし、此二三丁も其伬に加へ置ものなり
嘉永三戌仲冬　寺岡其山誌」

A20二冊目裏表紙見返

「右此記録者、依顕誉祐天大和尚口説之趣、不憚拙筆了海記之」

A21中巻表紙見返

「謹言、武将某再出師不利独走、入三品大樹寺、欲自殺先祖之廟前、智者登誉聞義兵道、且示浄土宗護国心行而、教於死中求活計、揚厭穢欣浄旗数々馳戦場以鏖賊徒、今至治国平天下安万民、此由弥陀願王施益乎、和光同塵結縁始、八相成道利物終云、彼云是仏力不思議也、可信可仰何不報仏恩哉、徳川松平子孫男女代々可為念仏宗門、若有違背族可滅亡者也、某仏像信ル事難尽筆紙、仍而奉納宝前書状如件
元和二丙辰二月十二日
清和天皇二十五代後胤新田広忠嫡男源家康　謹書」

下巻末尾

「我タマ〳〵弓馬ノ家ニ生レ、身ヲ軍陣ノ中ニ置ト云ヘトモ、貞永壬辰ノ冬、鸞師彫刻カリシ黒本尊ノ加被力ニ依テ度々ノ危難ヲノカレ、量リナキ弥陀ノ恵ミニ依、不法□敵ノ山ヲ平ケ四海ヲシツメ、今六字弘通ノ御世ユタカニ天下和順日月清明、風雨以時災厲不起、国豊民安兵戈無用、崇徳興仁務修礼譲、乃至当来無為ノ法楽ヲ得ル事、仏ノ金言何ソ疑ハン、子孫永常ニ弥陀ノ利釼ヲ頭ニ頂キ、摂取ノ光益ヲ胴ニ納メ、願王ノ奴ト成テ努メテ恩ヲ報スヘシ、南無阿弥陀仏、安国院道和源家康在判〈三河大樹寺唯今ハ四代、御所御三家ノ判アリ〉」

A22下巻末尾

「新井筑後守君美　白石ノ神書二〈十七左〉云、一向一揆時永禄七正月十一日針崎衆上和田ヲ攻ル、大久保父子防戦セシニ、五郎右衛門ハ討レ、七郎右衛門ハ庇ヲ蒙リ、上和田殆ト危シ、乃至神祖ノ御馬印、白五幅ノ四方ニ厭離穢土欣求浄土ト墨ニテ書タル也、是ハ一ト歳御戦利ナカリシ時、三州ノ大樹寺ニ入ラセラレ、登誉上人ニ対面有テ没後ノ事ナト頼給テ、御自害有ベカリケルニ、上人ト、メマイラセ、今一度御戦有テコソ兎モ角モナラセ給フヘキヨシス、メマイラセテ、白布ニ此名ヲ書テ御馬ノ先ニ立テ、当寺ノ霊仏九郎本尊ヲ上人ハイダキ奉リ、僧徒以下ヲカリ催シテ出テ戦フ程ニ、御戦忽チ利有テ、永ク当寺ノ檀那タルヘキヨシヲ書テ上人ニ給フ、其筆ノ跡ヲ九郎本尊ノ像中ニ納メラレテ、今ニアリトイフ、是此御馬印ヲ御吉例ノ由ニテ用ヒサセラレシ也、乃至九郎本尊ハ義経ノ安置ト云、後ニ大樹寺ヨリ御持仏堂ヱ納メ給フ、元亀ノ比、信玄ヨリ美少人ヲ仕立、京都ヨリ家康公ヱミヤツカヱニコサセタリ、抱申セシニ、此本尊自ラ例《タヲ》レシニ驚キ給ヒ、御目サメタリシニ、彼少年御寝所ニ忍ビ入シヲ、御トラヱ有テ糾問有シカバ、事ノヨシ顕レタリ、公是ヲ殺シ給ハスシテ送リ遣サレシ程ニ、信玄怒テ其父子共ニ刑スト云、本尊今ハ増上寺ニマシマス」

A23序文

「それ日本ハ小国たりといへとも、閻浮三州の随一、開闢よりこのかた、神礼皇々として系糸禅譲移萃する事なし、縦ひ他都の姓を改たるも、日域と何そ同日にも語らんや、これすなわち三器冥加して、神霊守護したまへるしるし也、然といへとも、乱従世に出る時は四海穏ならす万民悩めり、かるかゆへに、保元平治の暮より文禄慶長の頃に至るまて、世上こと〳〵く乱れ、かつて一年一月も万民穏ならす、北条九代足利十五代連続すといへとも、兵乱止時なく弓矢おさまらす、なんそ大平の御代といわんや、しかるに家康神君の神慮たる事ハ、上帝位を静ならしめ、下万民を撫育し、神仏の永昌を心にこめ、天下和順日月清明、風雨以時災厲不起、国豊民安兵戈無用、崇徳興仁務修礼譲の世と成さしめんと、兵を興し軍をいくミ給ふ、そのこゝろさし仏神諸天に通達し、つゐに天下を掌の中におさめ、一天四海穏ならしめ、太刀を箱に納め弓を袋に入、衰たる王法を興し、廃れる寺社を起立し給ふ、誠に神代の暮より仁皇の今に至るまて、天下恭平四海寧一にして、かくのことくなる事をハいまたまかす、四民穏にしておの〳〵其職を我心に任するも、是皆禅譲武名君の恩沢によるかゆへに、四民いつれの輩かなんそ其謝徳を存さらんや」

A24序文

「此本尊起一大事をはやくしらしめ給ふへし、元文初の年の頃、江戸御城にて被仰出事にて、此書物は宝物殿中ニ而御坊主衆写し取奉候也、題号ニ開運録とは御運を開しるすとの御事なり、近頃御代之上覧也、念仏広大無辺なる不思議の御利益にて、今生後世助け給ふ慥な証拠也、誠に拝見之度事に先手水をつかひ身を清く、心しつかに津ゝしんで読聞せ奉るへし、大僧正祐天和尚あまねく一切衆生をすゝめんため、読安くかな書に伝へ給ふなり、有難念仏の意地を心に調へ給ふへし、かならす〳〵おろかに読聞せ奉る事なかれ」

A25割注

「是ハ近年ノ書入、亦正徳四辰ノ年十二月御太老中御評定ニテ、現在顕誉祐天大僧正古来ノ格式ニト有ケレトモ、当公御若年ナレハヲモテムキノ儀ハ直ノ御上意ナクハ成難シト止ケリ、然レトモ祐天和尚老衰ユヘ御内所ムキハ格外」

A26上巻本文（愚底親忠勧化）割注

「或説ニ四民教化ハ浄土ノ大事、先愚底上人ヨリ伝ハリ、大樹寺登誉上人ハ感誉上人ニ伝へ、感誉ハ国師源誉上人ニ伝へ、国師ハ随波ニ伝へ、随波ハ明誉ニ伝へ、明誉ハ祐天ヱ布薩ノ伝有、此四民ノ伝也ト云」

A48奥書

「明和三年丙戌正月八日、新氏英保七十五歳写之」

識語

「是ハ後風土記にあらハす所の文也、後風土記ハ平岩主計頭親吉の筆記、親吉ハ歴々の武士殊更彼書の序に誓詞をのせられたれは偽成へき様なし、其上本文の後に三河一国平均して旗指物の事あり、平均ハ一向宗乱の後也、開運録ハ何人の作か決し難し、後風土記の説、上宮寺上人進足極楽浄土退足無間地獄と書けれるを聞て、厭離穢土欣求浄土と大樹寺上人か、せらると有事、尤さも有へし、尚尋へし、義元討死ハ永禄三季庚申五月也、一向宗兵乱ハ同永禄六稔癸亥より翌七年二月に至る也」

【B　啓運記】

B1奥書

「元禄十七甲申天三月十五日」

下巻末尾

「右之次第は、顕誉祐天上人御師範より御伝授なり、其外は参河記徳川記甲陽軍(鑑脱カ)等を見合、所々会し合て所詮を取て御物語なり、落る所聞届かねたる所多し、又此上に度々聞合して、右之一通りを書へし、先暇□を不得候間、此度早々に書せるもの也、さて此次第を知らんとほつせは、地盤をとくと心得、他に対して説へし、ひかへなくては演説してハ、有知の人記録たんれんの人に逢て不審を得て、御啞しのことくならん、能々諸起を考へし、穴賢〳〵」

B2奥書

「宝永七寅十二月於三州刈谷書写之」

表紙見返序文

「此啓連記漢字なれば和字に書なし、諸人よミ易楽らん為そかし、御年譜も漢字なれハ俗人読かたふべし、しつかなるいとまに和字になしたく侍れとも、老病乃身なればなに事もはかりかたし、是を見む輩おそれなから、東照大権現一遍乃念仏御廻向有べし、三州逸子履水」

B3奥書

「右以増上寺方丈不出之本書写焉、時元禄十七年甲申也

駿府華陽院住、了蓮社歴誉判

正徳元年辛卯十一月廿九日、得英誉上人弟子蟻子覚朝和尚免許而写畢

右一本借抄于赤城清水老先生蔵本訖

晶山閑人」

B4奥書

「時正徳癸巳大呂中旬当東照神君諱日謹写畢

武江増上蘭若蓮池辺法沢玄海慈帰選比丘」

本文末尾

「此三巻者、三河記徳川記甲陽軍鑑等ヲ見合所所合シ、所詮ヲ取リ三冊トスル者也」

中巻末尾

「檀通和尚物語ニ、四民ノ教化ハ浄土ノ大事也、先勢誉愚底ヨリ伝ヱ始ム、大樹寺十三代登誉伝ヱ、夫ヨリ感誉ニ伝ヱ、夫ヨリ国師ニ伝ヱ、夫ヨリ随波ニ伝ヱ、夫ヨリ明誉ニ伝ヱ、夫ヨリ顕誉祐天ニ伝ヱ、布薩伝授ノ時添ヱ口伝ノ言ニ出シ給フ」

「右之通書入ルナレ共、不審シキ処数多有之、於ニ如斯記シ置キ、重テ改メ為可書入、白紙入置者也」

B5奥書

「松平開運録者、正徳元年増上寺現住顕誉祐天大僧正之伝記也

伝記之次第

増上寺中興普光観智国師

随波上人

明誉上人

大僧正顕誉祐天上人

増上寺会下之所化転写之

正徳五年今月今日、含誉拝写之

啓運記巻之下終、此主赤間氏良悌（花押）」

最終丁

「赤間藤原姓良悌先祖代々為秘書物也、此主赤間正兵衛」

裏表紙見返

「何方江貸上候而も被為成御覧御返奉存候已上、喜多村氏御□□□畢、［　　］御座候、恐惶謹言」

B6奥書

「此書実説外ニ稀也、密ニ写之

享保十三戊申年四月十六日」

B7奥書

「此書物外え出ス事無用也、密ニ写之
享保十四己酉歳三月三日　（朱印）」

大尾貼紙

「異本ハ大樹帰敬録と題し、祐天寺現住祐海和尚より来り、啓運記に無之所書入済
寅五月」

B8奥書

「東照権現御他界、元和二年四月十七日、享保二十卯年迄百年ニ成ル」

表紙貼紙

「大樹寺又ハ増上寺浄土宗坊主取綴輯ノ仏説ヲ加テ妄誕の大半採用スルニ足ラス」

本文（愚底親忠勧化）割注

「檀通上人云、此四民教化ハ浄土ノ大事也、是則代々相伝也、先愚底上人ヨリ大樹寺十三代登誉へ伝、登誉上人ヨリ感誉上人ヨリ存応和尚へ伝へ、存応上人ヨリ随波上人へ伝へ、随波ヨリ明誉檀通上人へ伝へ給、明誉上人ヨリ祐天其甲（ママ）へ布薩御伝授ノ時四民ヲ伝ル也」

B9奥書

「維時元文第四龍次己未天年夏四月写焉畢」

B10奥書

「時宝永元年甲申四月、塩沢半助藤原俊宗書之
時宝暦六年丙子六月日、再写覚誉秀音、傭写長岡延奨」

B11奥書

「宝永二乙酉年八月廿三日書写者也
宝暦八年写之
啓運記　終終」

B12奥書
「元禄十七甲申天三月十五日御城ニて聞書」

下巻末尾
「右之次第ハ祐誉上人御師範か御伝授也、其外三河記徳川記甲陽軍(鑑脱カ)等を見合、所々会シ合所詮を取て御物語りなり、右之内落る所聞届ケ兼たる所とぼつせハ、地盤を兼たる所多シ、亦此上ニ度々聞合て、右之通一通り書、此次第を知らんと願ハ、地盤とくと心得て、能々諸説を見合すへし」

中巻裏表紙見返
「天保六年歳七月朔日造之
松平啓運記」

中巻裏表紙
「此本何方様え参り候共、早速御返シ可被下候」

B13奥書
「若州遠敷郡鳥羽庄持田邑瀧下山西教寺什物
現住恵証(花押)
堅禁他見他借」

B14下巻付録

「此三巻は三河記徳川記甲陽軍（鑑脱カ）等を見あわせて、所々会所詮を取出し三巻とつかまつるなり」

B15下巻付録前書

「此三巻は、三河記徳川記甲陽軍（鑑脱カ）等ヲ見合、所々会シ所詮ヲ取リ、三巻トスル也」

中巻末尾

「檀通和尚ノ物語リニ、四民教化ハ浄土ノ大事ナリ、先ツ勢誉愚底ヨリ伝ヘ始ル、大樹寺十三代登誉上人伝ヘ、ソレヨリ感誉ニ伝ヘ、ソレヨリ国師ニ伝ヘ、ソレヨリ随波ニ伝ヘ、ソレヨリ明誉ニ伝ヘ、ソレヨリ顕誉祐天ニ伝ヘ、祐天和尚布薩伝授ノ時、添ヘ口伝ノ言ニ出シ候也、又云親忠公ハ木曽太郎カ後身ナラン、其故ハ山門衆徒独歩ノアマリ衆徒ヲ悤（忽カ）シヨウシ、日吉八王子ノ社ニ籠リケリ、時勅命ヲ蒙リ八王子ニ向フ時、上人ヘマイリテ右ノ通リナリ、親忠公ノ問ヒ玉フ様ニ、上人ニ問奉リ候（ママ）ラトモ、上人モ愚底ノ答玉フ様ニ仰セケル間、親忠公ハ木曽太郎カ後身、愚底ハ上人ノ化身ト見ルナリ、又愚底上人ハ八幡ノ化身ナリ云説アリ、故ニ大樹寺ニ八幡ノ社アリ、語伝六巻〈初一メ〉、又檀通和尚ノ云、愚底上人ハ元祖円光大師ノ化身ナリ、何セト云ニ、大師云生ナハ念仏ノ功ヲ積、死ナハ浄土ニマヒラン、定メテ思ヒ煩事ソナシ、仰ラレ候ハ一同ナリ、爾ハ化身ト云ヘシ」

B16割注

「檀通上人曰、此四民之教化ハ浄土ノ一大事也、是則代々相伝也、先愚底ヨリ伝リ、大樹寺十三代登誉ヨリ感誉ニ伝、感誉上人ヨリ観智国師ニ伝、国師ヨリ随波ニ伝、随波ヨリ明誉ニ伝、明誉ヨリ祐天某布薩之伝之時、此四民之伝也ト云、又言愚底和尚ハ元祖之化身也、如何ト云ニ聖人曰、生ナハ念仏ノ劫（ママ）ヲ積、死ナハ浄土ニ参ン、迚モ角テモ思煩事ハナシト仰ラレ候上ハ同シ也、其故ハ山門ノ衆徒独歩ノ余衆徒ヲ忽緒（諸カ）シ、日吉八王子ノ社ニ籠リケルニ、勅命ヲ蒙八王子ニ向フ時、聖人ヘ参テ右ノ親忠公ノ問玉フ様ニ問奉レハ、愚底ノ答玉フ様ニ仰ラレセケル、又親忠公ハ甘糟太郎カ後身、愚底ハ元祖ノ化身ト見ユル也、又開山愚底上人ハ八幡ノ化身共云リ、故ニ大樹寺ニ八幡ノ社有之」

B17裏表紙見返

「此本御覧の上、御帰し被下候（印「四方伝」）、両こく四方」

【C　帰敬録】

C1下巻末尾

「右三冊者、世流布之開運録也、后再呻而二三令加補、故改号而為寺珍焉、元此書者師大僧正祐天在世、此因時憶持而、而対武門之諸士被為口説之趣也、於本所牛島住庵、門弟等筆記之、有伝聞小異歟、但古今雖何書然也、只此書之要用者、以我浄宗之安心為詮耳

祐天寺二世香誉祐海判」

C2大尾別筆

「右三冊者、世流布之開運録也、后再聞而二三令加補、故改号而為寺珍焉、元此書者師大僧正祐天在世、因時憶持而、而対武門之諸士被御説之趣也、於本所牛島住庵、門弟等筆記之、有伝聞小異歟、但古今雖何書然也、只此書之要用者、以我浄宗之安心為詮耳、

祐天寺二世香誉祐海判」

（1）拙稿「仏教的世界としての近世」（『季刊日本思想史』48号、一九九六年）↓本書第二部第二章

（2）高木昭作『日本近世国家史の研究』（吉川弘文館、一九九〇年）

(3) ヘルマン・オームス『徳川イデオロギー』（ぺりかん社、一九九一年）
(4) 曽根原理『徳川家康神格化への道』（吉川弘文館、一九九六年）
(5) 倉地克直『近世の民衆と支配思想』（柏書房、一九九六年）
(6) 深谷克己「幕藩制国家と天皇――寛永期を中心に――」（北島正元編『幕藩制国家成立過程の研究』、吉川弘文館、一九七八年↓『近世の国家・社会と天皇』、校倉書房、一九九一年）
(7) 安丸良夫『近代天皇像の形成』（岩波書店、一九九二年）
(8) 若尾政希「近世初期における「国家」と「仏法」」（『国家と宗教――日本思想史論集――』、思文閣出版、一九九二年）ほか
(9) 玉山成元『中世浄土宗教団史の研究』（山喜房仏書林、一九八〇年）
(10) 祐天寺研究室伊藤丈主編『祐天寺史資料集』第五巻（大東出版社、二〇一〇年）
(11) 『浄宗護国篇』（『浄土宗全書17』）
(12) 高田衛『新編江戸の悪霊祓い師《エクソシスト》』（ちくま学芸文庫、筑摩書房、一九九四年）
(13) 『新訂増補国史大系』徳川実紀第五篇・第六篇（吉川弘文館、一九三一年）
(14) 内閣文庫所蔵史籍叢刊17（汲古書院、一九八二年）
(15) 『中村雑記』（辻善之助『日本仏教史9』所引）
(16) 『三縁山志』（『浄土宗全書19』）
(17) 『角行藤仏㭾記』（日本思想大系67『民衆宗教の思想』、岩波書店、一九七一年）
(18) 大桑斉編『〔論集〕仏教土着』（法藏館、二〇〇三年）
(19) 『称念上人行状記』巻下「淀納所念仏寺の事」（『浄土宗全書17』）
(20) 『国訳一切経』瑜伽部三（大東出版社、一九三二年）
(21) 良暁『浄土述聞抄』（『浄土宗全書11』）
(22) 『鵜飼』（日本古典文学大系40『謡曲集・上』、岩波書店、一九六〇年）

(23) 西鶴『懐硯』（『定本西鶴全集』三、中央公論社、一九五五年）

(24) 『井上主計頭覚書』（大桑科学研究費報告書『近世における仏教治国論の史料的研究』所収、また同書所収の平野寿則「『井上主計頭覚書』と近世初期の政治的イデオロギー」参照）

(25) 前掲注（4）『徳川家康神格化への道』

# 第五章　幕藩権力と真宗

二〇〇八年六月二十七日の龍谷大学国史学研究会総会での講演筆録で、『国史学研究』32号（二〇〇九年三月）に掲載された。論文体に変更し、レジメとして別掲した史料を文中に取り込み、参照論考や史料集の出典は注にまとめた。反復文言などを削除し、不十分な表現を補綴、補足を加えるなど修正して再構成した。ただし論旨そのものの変更はない。

## はじめに――近世真宗の研究状況と視点――

何ほどかの論文や著書で、近世史の中に仏教を位置づける試みをなしてきた。いくばくかの問題提起をしてきたつもりながら、ほとんど受け入れられていないのが現状である。ささやか個人研究が学界を動かすことは容易ならざることと思いながら、それでも提言し続けねばならない。

「幕藩権力と真宗」というテーマでいったい何を語ろうとするのか、ということをはじめに述べておきたい。

近世において、権力と宗教ということが問題になった場合、従来はもっぱら幕藩権力の宗教統制という視点で研究されてきた。しかし、何故そのように立論されるのかと振り返れば、権力の宗教統制という視点で問題が設定される理由は必ずしも明確ではない。推測するに、近世社会は、中世という宗教的社会を乗り越えた世俗化社会である、そこに生まれた幕藩権力は、中世の宗教性を克服し、宗教権力を打倒した世俗権力である、という認識が根底となって、中世の残存物である宗教は権力の統制対象となったとされ、権力による宗教統制という研究が主流になったのであろう。

宗教統制を、理由を抜きにして、如何に統制したのかという議論が長らく続いてきたが、現今では、宗教統制が何故必要だったのかという観点からの新しい展開が生まれている。たとえば、安丸良夫に多くの研究があるが、その中でとくに『近代天皇像の形成』(1)という著書にうかがえる近世宗教論が、非常に大きな意味を持っている。安丸は、近世世界に三つの支配秩序を考える。一つは、武家権力が掌握した権力的な支配秩序、第二に天皇を頂点とする儀礼的秩序、第三に宗教的宇宙論的秩序、である。この三つの秩序のうちで、宗教勢力は武家が掌握した権力支配秩序に服属してしまうが、それとは別の天皇を頂点とする儀礼的秩序、あるいは宗教的宇宙論的秩序が、その次元の担い手として存在したから、権力は宗教勢力を組み込むことで初めて有効な支配を展開しえたという観点を提示した。前代残存物の統制論に対して、支配は宗教の組み込みを必然とするという宗教囲い込み論への逆転が見られる。

逆から見れば、儒者たちが危惧を表明したように、権力支配とは別の次元の宗教的なものが民衆の心を捉えると社会体制は危機に直面するという認識、とくに荻生徂徠などの主張するように、宗教的なるものが、周縁的なるもの、あるいは深層的なものとして、不気味な活力を秘めて普遍的に存在し、それが発展することによって、カオスが到来するという、そういう不安と恐怖の思いで宗教的なるものが見つめられているといわれる（安丸前掲書）。

社会的周縁に存在して権力が掌握できない領域としての宗教が指摘されている。安丸の場合は、世界の秩序化に天皇をいかに引き出しうるか、という問題関心で述べられていて、近世権力が宗教統制へ向かうのは何故かという問題関心からではないが、直接それに言及した黒住真の研究[2]などと軌を一にしている。黒住の見解は、宗教、とくに仏教が、「葬儀・法要や壌災鎮護の祈禱つまり異界的な霊魂に対する操作・媒介・安定の行為」（二七六頁）を分掌し、「他界や死などに関与するつよい絶対性」を持っていて、権力の掌握しきれない死者の管理を独占するという存在であるが故に、「仏教信仰の囲い込み」（二七六頁）が必然とされたと展開される。安丸・黒住では、宗教統制論を越えて宗教囲い込み論、組み込み論に展開され、これが現在の権力と宗教の関係論の中心をなしている。ただし、これらの囲い込み論を組み込んでの幕藩権力論はいまだ登場していない。思想史、宗教史からの提言は政治史や権力論から無視されているのが現状である。

こうした近来の近世宗教囲い込み論にも大きな落とし穴があることを指摘せねばならない。ここで論じられている近世宗教は、コスモロジーや、あるいは社会の周辺に存在している不気味なもの、あるいは死者にかかわる儀礼を指しているが、それらには宗教の最大の特質である救済という観念が抜け落ちている。たとえば、安丸が提示している民衆宗教は、通俗道徳の実践による主体形成、それを根拠づけるコスモロジー、世界観の複合体である。従って安丸の民衆宗教では救済が問題になってこない。そういう宗教観で近世宗教が論じられているのは、重大な欠陥であろう。

安丸の捉えたような宗教も存在するが、それとはまったく別の宗教も存在する。近世には三種類の宗教が存在すると考えるべきであろう。一つは、祈禱ないしは現世利益の宗教及び社会の周縁に存在する不可知なるもの、第二に、安丸のいうような通俗道徳の実践を主とするような民衆宗教、第三に、真宗に代表されるような救済宗教である。けれども、近世史一般では救済宗教がまったく問題にされず、あたかも近世には救済宗教は存在しないかのようである。民衆宗教としての金光教や富士講・天理教などがとりあげられるが、そこでも救済よりも主体形成が問題にされている。第一の宗教観は、現代社会において宗教は不気味なものと一般的に見られていることが根底となっている。第二の宗教観の倫理的実践的な教えとしての宗教というのも同じであろう。そういう観点が近世社会に反映されて、近世における不気味なもの、主体形成としての宗教という捉え方がされている。しかし、現代社会で本当に問題なのは、不気味なものとしての宗教、倫理的宗教ではなくて、実は宗教的救済の問題ではなかろうか。捉えがたい不安に向き合っている、そういう人びとに対する救済としての宗教が問題なのであるが、そのことが明確に意識されず、救済が問題になっても、癒しというような視点で扱われている。

そういう現代の問題から、近世の宗教を救済宗教という観点から捉えていくことが必要である。救済宗教である真宗が問題とされねばならないのだが、近世真宗研究は真宗は特殊な宗教なのだという、真宗特殊論で捉えられている。真宗という救済宗教も存在するが、近世社会において極めて特殊な、例外的なものであるという捉え方である。

真宗は特殊か普遍かという問題を乗り越えようとするのが、引野亨輔(3)である。引野は、真宗の特殊性を前提としながら、それを親鸞にさかのぼって正当化する議論を止めて、真宗の特殊性といえども近世社会の中で形成されたという観点が必要だという。近世社会が生み出した宗教として真宗を捉えようというのは、その限りにおいて正しいが、とくに救済宗教とか祈禱宗教とかいう区別がなくなり、両者を同じように捉えることになった。

また重要なのは、他の諸宗教と同様に近世が生み出した真宗という視点では、先に見たような近世宗教の三重構造を問題化することはできない。祈禱宗教とか社会的周縁の不気味な存在というのは、本来的な意味での宗教というレベルの存在ではなく、宗教的儀礼、あるいは宗教的民俗・習俗と捉えるべきであると考える。近世日本は、民俗・習俗や儀礼を宗教とする地帯と、救済宗教の地帯という二種類の大きな地域に二分される。有元正雄の研究(4)がそのような視点を提示し、真宗門徒優越地帯という地域性が問題にされている。有元に示唆されて、真宗優越地帯という地域を国別に数えていくならば、おそらく日本の六十余州のうちの五分の二、ないしは三分の

一、つまり三割から四割という地域が、真宗優越地帯といわれる地域に該当する。従来の研究は、そういう三分の一ないし五分の二にあたる地域を特殊として切り捨て、民俗宗教の地域だけを問題にして宗教を、近世を論じている。

数的に多いというだけでなく、そこに展開された宗教としての質が問題である。救済宗教として真宗を捉えているのが奈倉哲三(5)である。越後における三業惑乱をとりあげ、非常に強烈な救済願望の存在を指摘し、それが近代を切り開いていくような精神のうねりとなったとして、真宗信仰に非常に高い宗教性、思想的な資質を見出した。このように、真宗を近世社会の中に位置づける考え方が提起されていることを踏まえて、権力との関係が問題にされねばならない。

救済宗教が民衆化したのが近世であった。鎌倉仏教は、思想的な、あるいは哲学的な日本仏教の形成で、戦国期にいたって民衆の救済を課題にする宗教として展開したのであり、それが親鸞から蓮如へという展開であった。そのような戦国期の宗教化状況が、近世真宗を生み出してくる。その途上で一向一揆、石山戦争が闘われた。近時、日本史上の戦乱を「戦争」と呼ぶことが一般化している中で、石山「戦争」という言葉がいわれる。これは大きな問題であるが、今は触れずに置く。一向一揆・石山内乱で権力闘争での宗教側の敗北が決定的となった。しかし、それによって救済宗教としての性格が失われたわけではない。

一向一揆・石山内乱というものが闘われたことで、それを経て成立した幕藩権力は、民衆との闘争、救済宗教との闘争を経験した政権であることを意味する。宗教を信仰する民衆やその救済宗教の教団を実力で打倒することができたにしても、内面的に服従させることは困難である。民衆の宗教闘争を経験して成立した幕藩権力は、宗教に代わって民衆を救済するスローガンを掲げて権力の正当性を主張し、権力とは慈悲を体現するものであると宣言する。儒教の用語を借りて「仁政」と呼称され、仁政権力を標榜することになった。

近世には王法仏法論が展開されるが、それは仁政を標榜する王法と、救済という仏法との関係論と捉えるべきである。通常は王法為本といわれ、世間の法が仏法に優越し、仏法は王法に従属したといわれるが、表面的には王法を本としながら、内心に蓄えられた信心による救済、これが常に優越性を主張する。その故に近世権力は常に、服従したはずの真宗に反抗の影を見ざるを得ない。そこで権力自体が宗教性を帯びることによって信心を吸収するという方向性が必然となる、それがいわゆる権力者の神聖化・神格化という現象となったと見なすべきである。

権力者の神格化だけではなく、権力者間の秩序、領主間秩序である幕藩制秩序、つまり将軍と大名の関係も一種の神聖化を遂げていく方向をとる。その象徴として、城下町の宗教性、城下町の神聖都市化という問題を、後半でとりあげることとしたい。

ここでは、救済宗教としての真宗ということを正面から論ずるわけではない。真宗と権力の関係論の中から、救済を一つの基軸として、両者の関係が作り上げられていることを提示したい。

## 一　幕藩権力の真宗観

最初に幕藩権力の真宗観を検討する。加賀藩三代藩主前田利常および歴代藩主の語った言葉を集めた史料①『御夜話集』(6)をとりあげる。利常は三代藩主で、慶長十五年（一六一〇）という非常に早い段階で藩主に就任し、寛永十六年（一六三九）に隠居するが、四代を継いだ光高の若死によって、正保二年（一六四五）には五代藩主の後見として、事実上の藩主として再登場し、十七世紀初頭から中期にわたって、加賀藩政をリードしてきた。中でも改作法という農政改革の実施によって名君の誉れ高い人物である。その利常の言葉を四か所とりあげる。

①『御夜話集』

A明暦元年之春、……此改作方之儀は、数十年苦労仕、……此節に至成就して大慶安堵成事に候。此仕置之元を得与合点仕間敷候。……百姓共之仕置は心易儀と存候哉。一円左様に而は無之。此三ケ国は一揆国に而候。信長之時分、一向宗之門跡信長江敵対し、北国之一揆発り候。信長より所々夫々縮之城主を被指置候。加賀・越中は別而百姓心だて悪敷、国主江も手ごはり申候。能州は左程にも無之候。取分石川・河北殊之外横着者共、山入に一場〳〵に罷在、何廉申時は早取籠申候。……我等之代に成候而は次第に治、閙敷事無之、国之仕置迄に成候故、何とぞ仕様も可有之事と存、横着者・手ごはり候者をば、首を刎はりつけに申付、厳敷仕置仕候に付而、次第に宜敷成申候而、其後は気遣仕程之事は無之候（上一〇四頁）

明暦二年（一六五六）、改作法がほぼできあがった段階での述懐で、この改作法という農政改革を実施せねばならなかった理由を家臣たちがとくと合点していないから、その訳を言い聞かせると、加賀能登越中三か国は「一揆国」で、「心だて悪敷」「手ごはり候者」を支配するという困難な課題に対応してのことであると語る。信長の時代に一向宗は敵対して一揆を起こしたので、所々に、「縮之城主」を置き、心がけの悪い百姓に苦労したが、ようやく自分の代になって治まってきた。それは、「横着者・手ごはり候者」の首を刎ね、磔という厳しい仕置を行うことによっていると、一向一揆を起こした真宗門徒を手ごわきもの、横着者と見なしてきたと表明している。

真宗門徒の首を刎ね、磔にしたというのは、越中での事件を指していると思われる。一向一揆の弾圧ではなく、東西分派に絡む事件で、慶長二年（一五九七）に当時越中高岡城にあったのちの二代藩主利長が、本願寺准如に肩入れして教如派への参加を禁止し、これに反して教如派の勧誘に奔走した新川郡の専念寺住職と門徒を捕え首を刎ね獄門に懸けた事件があった(7)。一向一揆に対しての弾圧ではないが、首を刎ねる弾圧を加えねば制圧できなかった真宗門徒と利常は認識している。

利常の真宗観は次のBでは一転する。

B一向宗は土民之宗旨には一段宜敷候。色々之六ケ敷事申聞候而は合点不仕候。ケ様之ものには手短に教候が宜敷候。惣而親鸞上人は利発成人に而候。毎日之御坊参、夜之内より参詣、朝之内に仕舞候而、人々のかせぎに取懸申候。晩もかせぎ仕舞、夕方御坊参仕候。此方之分国は大形一向宗に而候。門跡も国守江は不背様に被仕体に候由、御意被成候処、左門・久越、御意之通に御座候。久越御請には、南無阿弥陀仏と申候得ば仏に罷成候与存候。是が実之一向宗に而御座候由申上候（上一一六頁）

利常は、品川左門・中村久越という侍臣に対して、真宗は土民の宗旨としてふさわしいという認識を示した。その理由として示されたのが、寺参りが夜や朝という稼ぎにかかわらない時間になされる、あるいは門跡が国主へ背かざるようにと説くというような、真宗そのものが自己規制的に国の支配に参与しているということであった。これを受けて中村久越が「南無阿弥陀仏と申候得ば仏」になるという端的な教えであることを追加している。明らかに認識の変化がある。Aは一揆時代とその直後の回顧談であるから、その後にこのような治国に協力的な宗教としての真宗観に転換したと見てよい。

次のCは参勤交代途上での出来事である。

C或時江戸江上通御越被遊候時、関ケ原にて道脇に人多有之候を御覧被遊。あれは何事に而候哉と谷与右衛門に御尋被成候ゆゑ、罷越与右衛門相尋候処、東門跡御通と承り、拝みに近郷より罷出申と申候。其段申上候へ者、御機嫌悪敷、こじき坊主めを何拝み可申候哉と御意に而、明日熱田御通り被遊候節、又昨日之通人多罷出申を御覧被成、笠間源六にあれは何事にて人多出申候哉と御尋に付、源六罷越相尋候処、是も門跡御通りを拝みに出申由に付、其段申上候へ者、扨々誰も成まい、生仏とは門跡の御事と被仰候（上一四四〜五頁）

東の門跡を拝みに出る多数の人たちに出会って、最初はこじき坊主めと軽蔑するが、翌日にも名古屋の熱田あたりで同じ状況に出会い、「扨々誰も成まい、生仏とは門跡の御事」と、門跡は生き仏とその威力に驚嘆する。

最後にDでも改作法にからんでの真宗観が披瀝される。

D伊藤内膳検地奉行致し候節、在々に一向宗有之、寺地被下罷在候。是等御取上、地子に被仰付候へば、大分之御銀上り可申と申上候へば、内膳合点せぬか、国の仕置大方門跡より被致、我等仕置は少分之事、一向宗が重宝々々と御意候由（上一五二頁）

検地奉行の伊藤内膳が、真宗寺院の屋敷地をとりあげ地子銀を課すという意見を言上したのに対し、利常は合点せぬかと家臣を叱責し、「国の仕置大方門跡より被致、我等仕置は少分之事、一向宗が重宝々々」と述べた。利常は、国を本当に仕切っているのは本願寺であり、自分たち侍分は、ほんの少しのことを仕置しているに過ぎないと認識しているのである。真宗門徒地帯を支配する領主は、門徒の海に浮かんでいるに過ぎないという認識といってもよかろう。

このDについて高沢裕一からの批判[8]がある。加賀藩は元和二年（一六一六）の能登総検地において真宗道場屋敷地への竿入れを行なったが、地子取立までは目的とされていないこと、明暦二年（一六五六）の寺領・拝領屋敷地改めでは地子地化が意図され、百か寺が地子地化されたことを明らかにした。一見、利常のD発言に反するようであるが、高沢の作成した地子地化一覧表では、このときに地子地化された真宗寺院は一か寺であって、まさにDの発言と一致している。またAと併せてDも「どこまで本当か断じがたい」と批判しているのも的外れというべきだろう。

国の仕置きを行なう真宗という認識が、加賀という一向一揆の地域を支配した領主に見られたのであるが、それは具体的にどういうことを指すのだろうか。真宗寺院が国政に参与したとかいう問題ではとうていあり得ないが、門徒の海に浮かんだ領主という観点に立てば、実際にその国その地域を支配しているのが真宗だという認識はかなり普遍性をもつのではないかと考える。

次の史料②『岷江記』(9)に示唆的な文章がある。

②A長近公……われ此国に主として世法の大将たるへけれハ、貴坊ハ此国の法将をとり給へ、……明了申給ひけるハ、……わか宗門に教らるゝ趣ハ、外には王法を本とし、内心には専ら仏法を信すへきよし、朝夕掟せらるゝ所なり。然ハ教をまもる人のおほきほと、ます〳〵世法も穏なることハりにて候ハすや、……（三一五頁）

B天正十七年、五明の敷地を改て城の地とりに相むかひ、照蓮寺ハ城にそむかす、城ハ又寺にさかハすして、互に守り守らんと、寺をハ城に向ハしめ、城をは寺に向ハせて、仏法世法諸共に互に背かぬ和順の表事、めてたき所造の企てとそ聞こえし（三一八頁）

『岷江記』は飛騨の真宗展開史の物語で、飛騨高山領主金森長近と飛騨真宗寺院の中核である照蓮寺との関係論が右の記述である。金森長近が天正十三年（一五八五）に飛騨へ入国するときに在地勢力が抵抗をくりかえし飛騨の統一が容易に進まない。そのときに家老が、真宗門徒地帯であるから白川の照蓮寺を味方にすれば国が上手く治まるであろうという献言をなしたので、長近が照蓮寺を呼び出し、自分は世法の大将、照蓮寺は法将となれとの言葉を懸け、Bのように天正十七年に高山城が築城された段階で、照蓮寺は高山城に向き合う場所に移転し「互に守り守らんと」したという。『岷江記』は近世中期以降の書で、この言葉通りのことがあったかどうかは確定できないが、こういう考え方があったということが伝承されたことが重要である。現在では城と照蓮寺の間には建物が建て込んで、すぐにはわからないが、そのことを知って見れば城山と照蓮寺が確かに向かいあっているることが知られる。従来の権力の仏教統制論からすれば、真宗寺院を城の目前において取り締まったということになるが、そうではなく、門徒地域・真宗地帯を支配するために、照蓮寺という真宗の代表と武家領主がお互いに向きあって国を治めることが必要であるという認識である。それはまた城下町における城と真宗寺院の関係論にもかかわってくる。

## 二　真宗の対応

領主の真宗観に対して真宗側はどのように応対したのか。『岷江記』では前頁の②Aのように、王法為本を説いたといわれる。本願寺門跡や真宗寺院の僧侶たちは、王法為本を説いて権力に寄り添ったといわれるが、この史料から見えることは必ずしもそうではなく、内心に信心を保つことによって「世法も穏なる」ことになる、治国に資するというように、信心が本となって、結果として王法為本となるというのが真宗の対応である。

本願寺門跡が王法為本を説いた代表的な史料として示されるのは、慶安二年（一六四九）に諸国坊主門徒へ発せられた西本願寺良如の五箇条の制誡[10]である。史料③に示した。

③良如消息

（前略）抑、亦この身は如来・聖人よりの御つかい、衆生入報土仏果菩提の信心、納所催促の代官とおほへたり、しかれは世間五穀納所の代官所務の収納・不納を勘へ、納所のかたへは安堵のうけとりをたまはり、不調・未進のかたへは催促をなし、五穀当来の皆済をなさしむるかことく、われも法義不調・未信催促の身なれは、みな〳〵とたちあひ法義の談合催促をなし、信心領納せられたるかた〳〵は、それを金剛の信心如来の法蔵にをさまるところの往生浄土の正因そと安堵の思いに住せしめ、……弥陀如来御使い法の代官たるこのみの本意、これにすきすさふらふ、（中略）

念仏の行者可㆓敬慎㆒法

第一　諸仏・菩薩、諸神等不㆑可㆓疎略㆒

第二　諸宗・諸法不レ可レ軽
第三　仁・義・礼・智・信可レ弁
第四　四恩勿レ忘、其四恩者、
一者父母恩　二者三宝恩
三者国王恩　四者衆生之恩是也
第五　妻子扶持、治レ身、後世道可レ知
右五ケ条の趣、一向専修の行人等、手を引き力を添、相互守敬へし、若違背輩於レ在レ之者、永門徒中不レ可二一列一者也、将亦不調向背仁見かくし聞隠くす族、是又同類可レ為二大罪一者也、如レ件（三二一〜二頁）

この文章の中に王法為本という言葉は出てこないが、後半の「念仏の行者可敬慎法」で、一に諸神仏疎略にせず、二に諸宗教を軽視せず、三に五常を重視する、四に四恩を忘れずと説かれることは、世俗的には五倫五常・四恩という通俗道徳を尊重することであり、世法尊重、あるいは王法為本を意味している。領主側からいえば真宗は国の仕置を行なう宗教となる。

良如消息の前半部分はもっぱら信心の催促がいわれている。代官が年貢の催促をするように、信心の催促をするものとして門跡は如来の代官であると説かれる。門跡が本来説くべきことは信心の勧めであって、その後に信心を得た念仏者の掟として通俗道徳の順守が置かれているという構造である。従って後半の王法為本は前半の信心の勧めに対して従の関係に置かれ、信心決定が世間安穏の結果となるという論理構造となっている。

近世の前半期では、門跡が王法為本を説きだすということは少なかった。それを担当したのは学僧たちであろう。史料④は西本願寺初代能化西吟の『客照問答集』(11)である。

④西吟『客照問答集』

一、国ニ於テハ守護、処ニ於テハ地頭、コレニ対シテ疎略ナク、所当年貢ツフサニ沙汰シ、公事ヲ全クツトメテ、内心ニ他力ノ信心ヲ深タクワヘテ、外ニハ仁義礼智信ヲ守ルヘシトイヘリ。コノ定令ヲ立ル義ハ、先ソノ国ニ居テハ国主ノ恩フカキユヘアリ。爰以、仏ハ天地ノ恩、国主ノ恩、父母ノ恩、衆生ノ恩ト説リ。ソノ恩ノヲモキユヘハ、ソノ地ヲ耕テコレヲクラヒ、其土ヲ鑿テコレヲ飲、山頭ニ家ヲツクリ、広野ニ居ヲシメ、米穀ヲ荷ヒ、金銀ヲ懐ニシテ、往還夜白ヲ簡ズ、歩行時刻ヲ定ズ、山ヲユキ船ニノレドモ山賊ノ憂ナク海賊ノ畏ナキハ、コレ豈天下ノ制法、国主ノ禁令ノ致トコロニアラズヤ。身ヲタテ心ヲ安ズルノ根元コレニアリ。故ニコノ戒ヲサダム。（二六頁）

これは国主の恩が説かれている段で、細かくは省略するが、門跡の提唱した四恩論を受けて、学僧が国恩論を展開している様相がうかがえる。

次に、このような教団上部からの教化を門徒の人びとがどのように受け止めたかという問題を考える。史料⑤に任誓『農民鑑』(12)を掲げる。

⑤任誓『農民鑑』

A夫普天の下王地に不レ非といふことなし。君ハ民の父母たり。君天に代て能民を育、能民に教給へり。天又君を立て、善政を敷て、或ハ如法正直の者をは誉揚てこれを賞し、或ハ奸曲邪悪のものをは譴糺てこれを誅す。爰を以て人ハ我におゐて損害を加す。我又邪路を遁て正道に赴く。加之、或ハ稲を野外に乾、薪を深山に積といへとも、盗賊濫望の失費に逢す。或ハ又、孤独山野に徘徊し、通夜道路を往還すといへとも、辻斬追剝等の横難を蒙らす。誠に広大の恩にあらすや。然ハ則、守護ハ全自身を守護せむ為にあらす。偏に国民守護し給ふ。実其高徳を傍にして格を戻、其厚恩を忘て命に背かんや。（三〇六頁）

任誓は、加賀の在俗の篤信者で、加賀藩に捕えられて獄死し、その信心が異安心として禁圧されることになった。生まれた地の白山麓で活動を開始し、加賀平野一帯に多くの信者を獲得し、その著『農民鑑』は、原本は存在しないが、多くの写本が残され、広く加賀で写され読まれた農民の教訓書である。右に示した部分は「君ハ民の父母」という考え方で、父母としての君主の善政によって人びとは安穏に暮らすことができる、守護は自身を守護するのではなく偏に国民の守護者であるから、その厚恩を忘れてはならぬと、守護つまり領主を秩序の守護者としてその恩を讃えるものである。先に見た史料④の学僧が説いた恩の論理を、門徒は現世娑婆世界の秩序の源泉として捉え返している。前田利常が述べた、国の仕置は門跡が行なっているということの中身がこれである。

しかしながら、真宗門徒の倫理は、究極的には信心に帰結される。任誓はこの書の最後にいたって次のようにいう。

B抑耕て夢幻の身命を続て何益ありとやせむ。外ハ渡世活計の為に似たりといへとも、実にハ後世の輪廻を出離せんか為なり。これを一大事といふ。速に宜有縁の教法に依て、未来の解脱を儲へし。夢幻の身を以て、能耕て夢幻の身を養ひ、夢幻の身を育て身を厭ふ。所レ作皆夢幻にして、不思議の法門に入則ハ、実相を証へし。耕すも此為、勉もこの為なり。（三〇八頁）

世間に努めるのは世を渡るためではなく、後世の一大事を証するためであるというのだから、国の仕置をも忠実に努めるようでありながら、実は信心獲得しての往生が目的であるという逆転がある。王法為本は信心為本に従属する。

次の史料『家久弁』(13)でこのことがさらに明らかになる。

⑥『家久弁』

抑、家ヲ持者ハ其本ヲ知テ其恩ヲ報スル心絶ズ。先守護ハ民百姓ヲ大事ニシ憐ヲ垂給ナリ。是民ノ恩ヲ知タマフトイフモノナリ。其民ヲ与給ハ公ナリ。コレガ恩ノ本ナリ。……百姓ハ高ガ本也。依テ高ヲ惜テ売ズ。

銀ニ行当迷惑スルトキハ、借銀シテモ高ハウラズ。……是百姓ノ本ヲ知タト云者也。……先祖代々伝テ親ヨリ渡タル物ナレバ、吾物ト思べカラズ。預物ト心得タラバ、聊尓ニ売コトハ成ガタキ事也。……サテ道場ヲ勤ルモ其本ヲ知、其恩知テ徳ヲ報ズル心ナクテハ叶べカラズ。其本トイフハ如来ナリ。本ヲ知者ハ必末ハ知ルナリ。……仏ノ恩ヲ知者ハ人ノ恩モヨク知ナリ。コレ恩ノ末ナリ。仏ノ恩ヲ能知テ能勤、能恭敬、是ヲ徳ヲ報ズル体トス。(三一〇～一一頁)

この『家久弁』という書物は、年代が下がって天保十三年(一八四二)の著述であるが、先の『農民鑑』を著わした任誓の教えの流れにあり、白山麓で道場役を務める百姓の任教という人物の著述で、家を保っていく心得論である。家を保つにはその根本を知って報恩の心を絶やさないことが大事で、守護が民百姓を憐れむのはそれを授けた「公」という根源を大事にすることであるとして、守護の根本が民・「公」にあると言い、大名は民百姓に憐れみを垂れる慈悲の権力であるが、それは民・「公」から与えられたものであるという。大名権力を超えるものとして「公」というものが考えられている。また百姓は高が本であるが、先祖代々からの預かり物であるという考え方が説かれる。高は預かり物、自分は預かっているにすぎないということで、ここでもやはり高の根源が、守護に民を預けたと同じようなレベルの概念で捉えられている。そのような守護や百姓に民・高を預ける超越性が想定されているが、次に道場を勤る者においての本源は如来であるということで、道場主やそこに集う真宗門徒にとっては、すべての超越的根源として如来があることになる。ここでいわれている報恩の対象である「公」「先祖」「如来」、この三者が同じ位相に並んでいる。百姓が高を預かるように、守護は「公」から百姓を預かるように、門徒は如来から信心を預かる。こうして高を保って王法為本の日暮は、すべて如来への報謝に帰結する。民衆的な信心為本と王法為本の、見事な関係論である。

こういう関係論での「公」とは何をさすのかは、『家久弁』では明らかにされていないが、「公」には「キミ」

というふり仮名があることからすれば、「公」は天皇や国王を一応想定できる。そこから想起されるのが、いわゆる百姓王孫論で、史料⑦『本福寺跡書』[14]に見えている。

⑦『本福寺跡書』

諸国ノ百姓。ミナ主ヲモタシ〳〵トスルモノ多アリ。京ノオホトノヤノ衆モ主ヲモタス。人ノイ、ヲケカシ、ヒヤイタヲアタ、ムルモノハ、人ノ御相伴ヲセサルソヤ。主ノナキ百姓マチ太郎ハ、貴人ノ御末座ヘマイル。百姓ハ王孫ノユヘナレハ也。公家公卿ハ百姓ヲハ御相伴ヲサセラル、。侍モノ、フハ、百姓ヲサケシムルソ。（六五六頁）

「百姓ハ王孫ノユヘナレバ也」という言葉に示された百姓王孫論は中世で終わったのではなく、近世においては「御百姓」意識として展開している。この言葉は例えば史料⑧『那谷寺通夜物語』[15]に次のように見える。

⑧『那谷寺通夜物語』

時に大勢の土民原口〳〵に、免切らずめの大盗人共、世界にない取倒しめ、今から我々らが心次第に、したい儘にするぞや。仕置が悪くば、年貢はせぬぞ、御公領とても望なし、仕置次第につく我々ぞ。京の王様の御百姓になろうと儘ぢやもの。やれ早く打ち殺せ、打た、け。とて世にもまたなき悪口雑言（四六頁）

『那谷寺通夜物語』は加賀南部の大聖寺藩で正徳二年（一七一二）に起こった北陸最大の百姓一揆の記録である。その中に「京の王様の御百姓」になろうという言葉がある。これを中世以来の王孫意識と見るか、近世特有の「御百姓」意識と見るかという問題があるが（佐々木潤之介[16]は「百姓＝王孫意識」としてとりあげ、十五〜十六世紀の変革意識であるが、十八世紀に入ってもなお受け継がれたとする）、深谷克己[17]は百姓一揆と「御百姓」意識を論じて、「生産・生活の意識と闘争の意識の両面を共通して支える土台の意識と想定される幕藩制的な「御百姓」意識、すなわち幕藩制的な農民の自己認識」（六四頁）と言い、そこに「「御救」を基軸的媒介とする「仁君」と「御百姓」

の「仁政」論的意識関係として思想化」するのが幕藩制イデオロギーである（六八頁）と規定している。『家久弁』には「百姓ハ王孫」とか「御百姓」という語はないが、ここに見られる「公」の概念はまさしく「御百姓」意識であり、それを基軸に領主との関係論が展開されていることは明らかだろう。

加賀ではつい最近まで「おうぼうくがい」という言葉が使われていたことも関連しよう。近所で不幸があって香典を持っていく、あるいは、赤ちゃんが産まれた、結婚式があった、お祝いを持っていく、こういう行為が「おうぼうくがい」だからといわれる。どういう字を書くか誰も知らないのだが、「王法」と「公界」であろうと推定している。王法とは、国家の掟、世間の掟として、上からあるいは外部からかかわってくるような規範であると考えられてきた。ところが公界という概念は、誰のものでもない、皆のものであるという考え方で、上や外からではなく自らが生み出す規範であるから、両者は全く逆の関係にある。王法と公界が連結されて用いられたとき、王法とは国家・権力とか世間の規範ではなく、公界として自らが作り上げていくものだという意識に転化されている。「おうぼうくがい」という言い方は他の地域にはないようである。公界という言葉は、網野善彦が指摘したように一般的に存在し、たとえば村の道普請が公界といわれ、それはおおやけの事業という意味である。王法が公界であるという受け止め方は、加賀独自の認識であろうと思う。従ってそれは一向一揆の中で生まれてきた言葉ではないかと推測している。このような王法公界という概念が、『家久弁』の「公」で、一向一揆の中で、中世真宗の中で作り上げられてきた、自分たちの「公」である。「公」というものが自分たちによって継承されていくという、そういう考え方であろうと推定している。従って、『家久弁』の論理は、教団の上層部が説いてきた世間の掟、国家の掟をもって本とせよ、というものではなくて、それらは、自分たちが作り上げていくものであり、信心にもとづく生活の中からおのずからに生み出される規範である、こういう考え方に逆転されている。

⑨『寝覚の蛍』(18)
或日予八郎兵衛に問、上人御戒に王法を以本とすべしといふ事あり、汝知れり哉。八郎兵衛答て知れりと。予云、……御高を預る百姓の身として農業を捨、猥りにあたまをすり、仏法に事寄せて他国他領をかけ廻り、剃禁戒を犯し、一度ならず三度四度御上の咎め蒙り、村の難題となる。……皆王法を重しとする事、然るに王法を知るとは何の事ぞやと責ければ、八郎兵衛云、左様の悪人を御助けが他力の本願なり。夫を守りて往生せんとおもふは自力と申て、御宗旨の御いましめなり。（二一〜二二頁）

史料⑨『寝覚の蛍』には王法を守るのは自力と言い切る真宗門徒の姿が出ている。この書は近世中期にやはり加賀小松近辺の一知識人が書き記した見聞録である。朝日村の八郎兵衛は農業を怠り、剃髪して仏法に事寄せて他国他領をかけ廻っている大変熱心な聞法者であったが、そのために年貢滞納などによってお上の咎めを受けて村の難題となった。その八郎兵衛に対して、王法ということを知っておるか、知っておればそのような行為ができるはずがないと叱責したときに、八郎兵衛は、「左様の悪人を御助けが他力の本願なり。夫を守りて往生せんとおもふは自力」と、王法為本を守れない者のために真宗の教えがあるのだ、王法を守って往生する、そんなことができるはずがないんだと反駁したという、このような生き方が真宗門徒の中に生まれている。王法為本が説かれたからといって、近世の百姓・真宗門徒が素直に王法為本の掟を守って暮らしていたとはとうてい考えられない。利常がいったような「国の仕置き」は「門跡より」ということは表面的で、真宗門徒は内面の信心に従っていくことで王法に従いながら、実はこれを超えていこうとしている、こういう問題を考えねばならない。

## 三　権力の対応——城下町神聖都市論

次に、そのような真宗を支配の中に取り込んでいく、統制ではなく、支配の側に真宗を編成する、という問題を考える。

国の仕置きをなす本願寺門跡、そしてその分肢として各地に置かれた御坊（別院）、地域の教団を統括する有力寺院、これらを掌握することによって、幕藩権力は国の仕置きを真宗に委ねることが可能になる。頂点部分では、門跡は朝廷の藩屏であるから、朝廷を掌握することで門跡自体も将軍権力に服属するが、藩という領域においては、御坊や有力寺院をいかに取り込んでいくかということが具体的な問題になる。先に見た高山の照蓮寺のような方法が考えられる。

その問題との関連で、本願寺の京都移転を考えておく必要がある。石山合戦の後に大坂を退去した本願寺は紀州鷺森へ移り、和泉貝塚・大坂天満と権力の意向によって転々としたが、天正十九年（一五九一）には、現在の龍谷大学の場所に移る。なぜ京都に移転するのか、させられるのか。あるいは、どうして京都なのか、堀川七条なのかという問題が、権力の本願寺への対応という問題を考えるのに重要な意味を持っている。

史料⑩『言経卿記』[19] 天正十九年正月二十日条

本願寺殿今日ヨリ京都ヨリ御下向也、従　関白殿寺内可被相替之由有之、然者下鳥羽ヨリ下淀ヨリ上之間、何レノ所ナリトモ、御好次第ニ被定堤構等、又御堂等普請被仰付之由、殿下ヨリ被仰了、当年中ニ可被引有之、（由脱カ）然共可被急之欤、各迷惑了

天正十九年の正月二十日に、本願寺が関白秀吉から「寺内相替わらるべき」と、寺の移転を命じられ、場所は「下鳥羽ヨリ下淀ヨリ上之間」と指定された。どう読むべきかわかりにくいが、下鳥羽より下、淀より上の間、と読めるだろう。その内でいずれの所でも御好次第に当年中に引移れという命令である。下鳥羽から淀の間とはどういうことを意味するのだろうか。淀は淀川本流の湊であり、下鳥羽は賀茂川と桂川の合流点で、現在の伏見港から伏見城下を結ぶ運河の濠川《ほりかわ》のあたりを指すから、端的にいえば、伏見城下と淀川を結ぶ水運のルート上に

本願寺を移すということを意味している。

＊その後に別論文で、大略以下のように修正した。下鳥羽は賀茂川と桂川の合流点で、大坂と京都を結ぶ中継地であり、天神川を経て上鳥羽で堀川に入ることができる。秀吉の移転命令は、京都を志向していると判断される（「本願寺の京都帰還」、『真宗本廟（東本願寺）造営史――本願を受け継ぐ人びと――』、真宗大谷派出版部、二〇一一年）。

ところが、それから十五日ほどのちの閏正月五日にはこれが京都に変更されている。それが史料⑪である。

⑪本願寺文書(20)

今度当寺京都へ被㆓引越㆒付而、於㆓六条㆒屋敷傍爾之事、南北二百八十間、東西三百六十間之内、本国寺屋敷南北五十六間、東西百二十間相㆓除之㆒、其外令㆑寄㆓付之㆒畢、然上者地子之儀、如㆓田畠年貢㆒、全可㆑有㆓寺納㆒候也、

天正十九
閏正月五日　朱印（秀吉）

本願寺殿

京都移転の場所として六条屋敷地が秀吉から寄付されている。これが現在の堀川七条であるが、鳥羽・淀の間から堀川七条に突然変わったのはなぜなのか。これを裏づける史料は存在しないので、本願寺側から願ったのか、秀吉側の意向かということは決定できないが、本願寺が願ったとは考えにくい。やはり秀吉の発案であろうと考える。

この問題について、千葉乗隆ならびに岡村喜史の意見がある。岡村論文(21)では、秀吉による京都の都市建設構想の内で、前年の区画整理と御土居の築造との関係という千葉の指摘を受けて、秀吉は本願寺の都市開発能力を利用して、京都の都市としての復興を担当させたものであるという。最初の天満移転もそういう側面が考えられ、鳥羽・淀の間への移転命令もそうであったことが考えられる。しかし、それが突如変更になったのは、それだけ

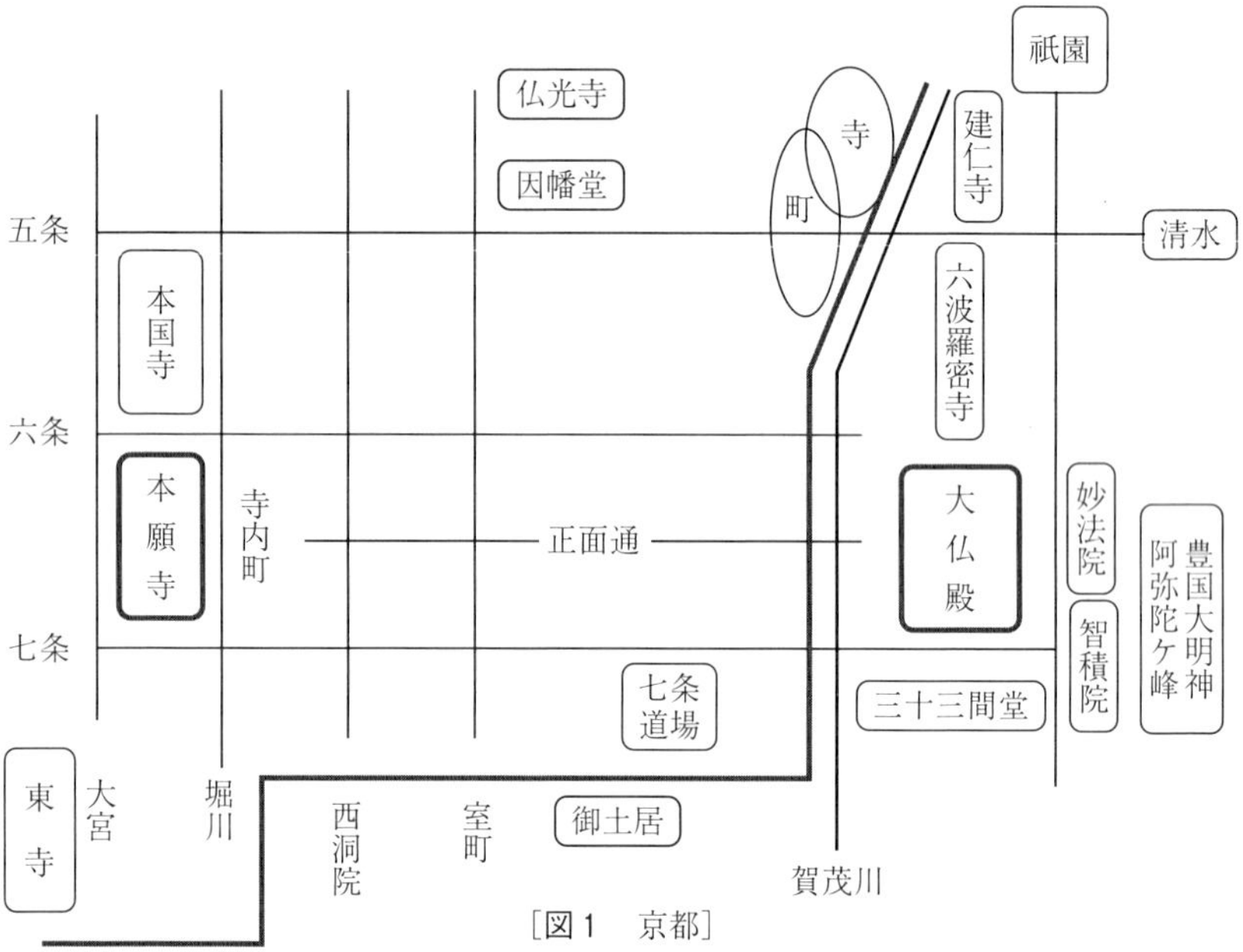


［図1　京都］

ではなく、本願寺の宗教的な性格を利用する案が、秀吉の頭に浮かんだのであろうと考える。

図1は下京の略図である。この図で示したように、御土居は堀川七条より南の東寺の南に築かれていて、西洞院と堀川の間で南へ下がっているから、本願寺の移転先と御土居は直接関係はない。しかも前年に出来上がっている。より重要なのは、東山の方広寺大仏と真正面に向き合うという位置関係である。これが堀川の「七条」ということの意味だろうと思う。

方広寺大仏とは、史料⑫「刀狩令」の第二条に、

⑫刀狩令

右取をかるへき刀・わきさし、ついへにさせらるへき儀にあらす、今度大仏御建立候釘・かすがいに被仰付へし、然ハ今生之儀は不及申、来世迄も百姓たすかる儀に候事(22)

とあって、集めた刀剣は大仏の釘・かすがいに使うことで、それが仏との結縁《けちえん》となって百姓たちは現世も来世もともに救われると宣言されている。百姓の現当二世救済の仏が方広寺大仏だとされた。しかも、

方広寺は豊臣家の菩提寺であり、大仏は豊臣政権の守護神、秀吉の国家神で、かつ民衆救済の仏であるという。その真正面に本願寺を置くことで、大仏は民衆救済の阿弥陀如来と向き合うという位置関係が形成される。大仏と本願寺を結ぶ通りが現在も正面通りと呼ばれるのは、大仏正面通りということであり、大仏の正面に本願寺が移転させられたことを意味している。東山の大仏と西の堀川を正面通りで結ぶ民衆救済の神聖ラインを生み出すことが、本願寺の堀川七条移転の狙いであった。これによって、荒廃していた六条以南の地域が開発され、かつ京都の南が閉め切られる。京都の他の三方にはしかるべき寺院群があって囲っているから、南に神聖ラインが生まれることで、豊臣政権の城下町京都を神聖都市として構築するという意図を想定したい。それが突然の移転先の変更であった。

慶長三年（一五九八）に秀吉が亡くなり、方広寺の裏側の阿弥陀ケ峰――現在も七条通りの真正面にみえる尖った山である――に葬られて豊国大明神となると、豊国大明神が向かい合う阿弥陀如来・本願寺を睨み据える構図に変化する。本願寺を国家神が従える構図である。徳川政権は、その神聖ラインの真ん中の烏丸七条に東本願寺を割りこませることで、豊国大明神が本願寺を従属させるラインを分断し、かつ徳川政権に従う神聖救済ラインに変質させた。この直前に、方広寺大仏のすぐ南の七条通りの突き当たりに智積院を移転させる。智積院は、かつて秀吉によって弾圧された新義真言宗本山であるが、家康のバックアップによって大仏のすぐ南に置かれた。あたかも大仏・豊国大明神を監視するかのようである。このようにして東本願寺と智積院によって、秀吉が構想した民衆救済の神聖ラインに徳川政権が割り込み、逆にこれを徳川政権の神聖ラインに変えていく、そういう性格を、東本願寺、智積院が置かれた場所が意味していると読みとりたい。

そのような勝手な読みが可能か、妥当なのかということになる。その理論的な検討はすでに別稿[23]で検討したので詳しくはそれに譲るが、社会学者の若林幹夫[24]の、城下町とは「神殿・政庁・市場を核とする独自のコスモロジーを〈聖なる地理〉として形成」（一〇三頁）しているという指摘を重視したい。歴史学からの近世都市論は盛んであるが、このような考えは見られず、もっぱら身分制による棲み分けで論じられるだけである。しかし、都市が都市として一つのまとまりを持つ、都市が都市としてあるために何が必要かと問えば、神殿・政庁・市場が都市を形成する三大要素で、これを核とする独自のコスモロジーが生まれ、〈聖なる地理〉として城下町が成立するという視点は極めて有効であり重要であろう。

徳川将軍権力とは本来軍事政権であることが踏まえられねばならない。軍事政権が文民政権に転換し、支配の正当性を獲得していくために何が必要かという問題にかかわっている。儒学研究から渡辺浩[25]が、近世権力というものは本来暴力支配であり、将軍の御威光による「神秘政略」を採用したというが、すでに別稿[26]で論じたように、徳川将軍権力そのものが、きわめて宗教的な性格を持っており、あるいは曽根原理の著書[27]で、徳川将軍権力そのものが一つの神聖権力だと指摘していることなどは、渡辺説の将軍権力御威光支配論では律しきれないことを明らかにしたものである。

さらには、若林説のような都市のコスモロジーがなぜ必要かという問題が考えられねばならない。近世において初めて典型的に出現してくるのが都市と都市民であるが、都市民とは、土地から身体を切り離された者として、他者との疎遠な関係を生きる者である。そこに都市民固有の苦悩が生まれてくる。都市民固有の苦悩を救いあげるものとして、都市のコスモロジーが生まれてくる。神殿・政庁・市場は単に支配の装置であるだけではなく、都市民の救済のコスモロジーでなければならない。都市のコスモロジーを、救済のコスモロジーとして形成しうるのは救済宗教でしかありえない。祈禱宗教が、そのようなコスモロジーを果たして形成できるだろうか。その弱点を補うのが都市祭礼である。真宗地帯の城下町でも、都市祭礼が見られ、和歌山の東照宮の祭りとか、飛驒高山や越中高岡などでも山鉾山車の巡行などをともなう都市祭礼があって、真宗地帯での都市祭礼は何なのかという難しい問題がある。別個に考えなければならず、多分それらは都市民の救済ではなく、都市民の苦悩を発散させる機能を持つものだろうと思うが、都市祭礼が生まれてくる地域と、都市自体が救済のコスモロジーで形成されている地域と二つに大きく分かれるのではないかと考えている。このような事柄を史料的に論証することは困難で、権力者たちが神聖都市をどのように構想し、民衆が何を求めたのかという史料は、これから発掘しなければならないが、それはのちの課題として、いまは事例を集積する方法をとる。

大坂の場合を考えると、図2のように概念化できる。大坂では神聖都市の形態が非常にクリアーに読みとれる。もと本願寺があった場所を中心とする大坂城の地域に、大坂城築城と並行して城下町形成が始められる。四天王寺ならびにその北方の谷町筋の寺町が天正十一年（一五八三）から十二〜十三年にかけて形成され、その真北の淀川をはさんだ対岸の天満に本願寺が移されて、天満寺町が形成され始めるのが天正十三年である。天正十三年段階で、大坂は町の南北に寺町を擁し、真ん中に船場という世俗の住民の領域をはさむ姿となり、聖—俗—聖というラインが出来上がる。そのラインを東から大坂城が押さえ、大坂城の主秀吉が慶長三年（一五九八）に亡くなるその前後の時期の同二年に津村御坊、同三年に難波御坊という東西両本願寺別院がこの南北ラインに並行して開創され、大坂城と正対する形が成立する。一方、秀吉は豊国大明神になり、慶長十八年（一六一三）には大坂城に勧請されると、東西に豊国大明神と本願寺という、民衆救済を掲げる権力神と宗教が結ばれ、船場を中心とする世俗の地域は東西・南北の聖なるラインの交点に成り立つことになる。やがてこの周りを、三十三観音が取り囲むという構造も出てくるが、それについては省略する。要

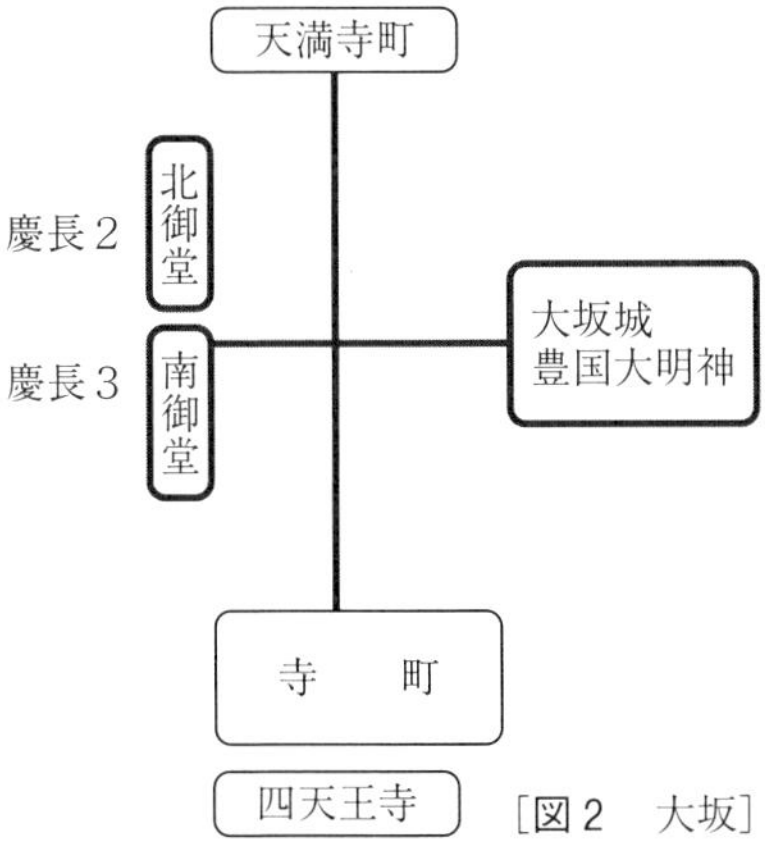

[図2　大坂]

をなす東西両御堂は、大坂中の宗旨人別帳が納められているという機能を近世を通じて持つことになる。それが宗旨巻納めという行事で、大坂三郷町人が捺印した宗旨人別帳を東西両御堂へ宗派関係なしに納める。(28)こうして東西両御堂は大坂の町人の宗旨人別を司《つかさど》るという機能を持つことになる。都市の神聖性の象徴であろう。

図3は江戸である。江戸に関しては玉井哲雄の論文(29)が示唆に富んでいる。江戸の中軸を玉井説では品川を起点に東海道を日本橋にいたり、そこから西北へ江戸城と寛永寺の間を抜けて、小石川から中山道へいたる、このラインが南北ラインで、対して江戸城から日本橋、浅草のラインが東西ラインだといわれている。私見では、品川から東海道、日本橋、そこから奥州街道を結ぶのが江戸という都市の基軸で、その南端に増上寺があり、北端には浅草観音が鎮座する。徳川家の菩提寺の増上寺は慶長三年にここへ移り、それから二十年ほどのちの寛永二年（一六二五）に江戸の鬼門の鎮護として上野寛永寺が開かれる。増上寺という菩提寺と寛永寺という江戸の鬼門を押さえる寺とが、江戸城を南北からはさむ形が出来上がる。さらに寛永寺に東照宮が勧請されることによって、江戸城をはさんで、南北に徳川家の祖先神が並ぶという構造が出来上がる。真宗寺院を見れば、図に「光瑞寺天正19」と記したのが東の御坊、のちの浅草本願寺の発端で、天正十九年（一六一四）に神田明神下に光瑞寺として開かれる。一方、西の御坊は浅草に元和三年（一六一七）開創と言い、明暦大火によって築地本願寺となり、浅草には代わって東御坊が移る。品川から浅草への中軸

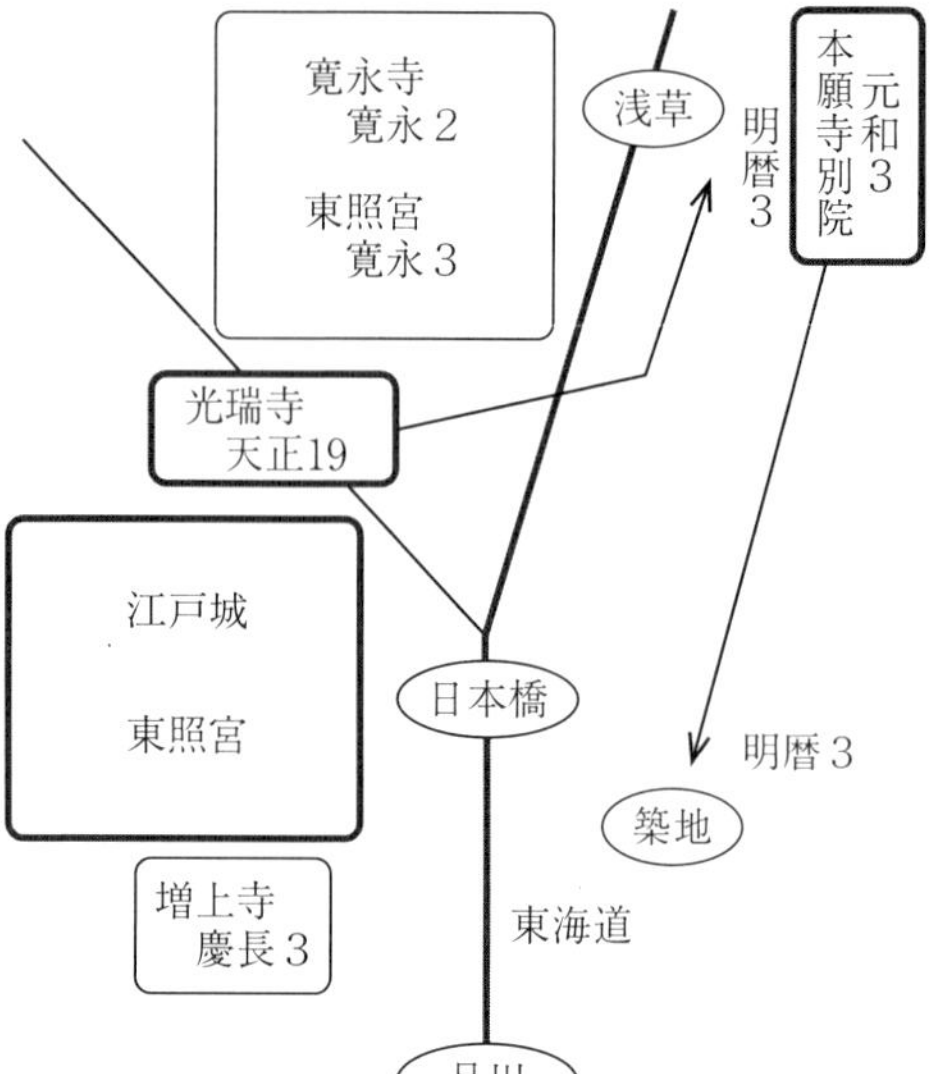

[図3　江戸]

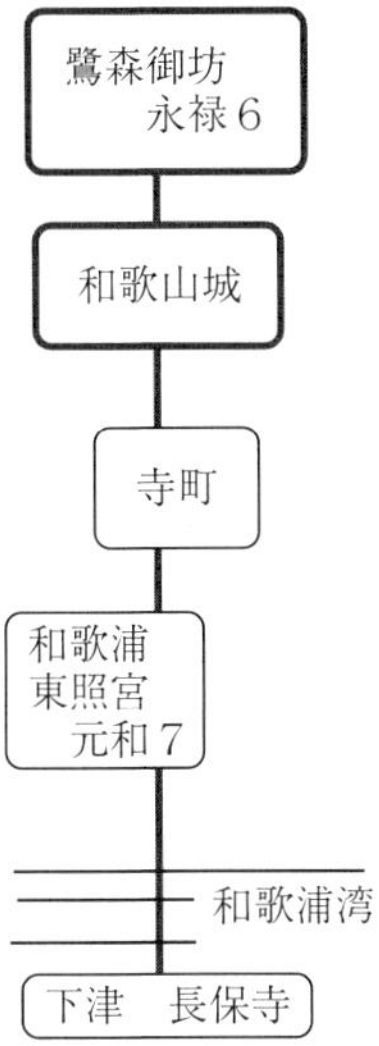


［図4　和歌山］

の南北ラインの西側に、増上寺と寛永寺という徳川家の祖先神のグループが並び、その東側に東西両本願寺御坊が並ぶ。このように読みとると、大坂の構造をひっくり返して東西を逆にしたような、同じような神聖ラインが読みとれてくる。

神聖ラインが明確に読める地方城下町の典型は図4の和歌山である。西本願寺の鷺森御坊は現在の和歌山市の北に永禄六年（一五六三）に移っていた。その南に築城された和歌山城は元来は東が大手であったが、浅野幸長がここに入城した段階で大手門を北側に変更し、城が御坊と向かい合う形をとる。やがてここに紀州家が入り、この和歌山城の南側に家臣団の菩提寺群の寺町が造営される。この寺々は、伽藍よりもはるかに大きな墓地を持っていて、寺院というより紀州家の家臣団の霊が眠る霊場である。ついでながら、各地の城下町の寺町は実はほとんどが墓地である。領主を守った家臣たちが、死後も城下町を守護している場所である。和歌山は、北端に本願寺御坊、その南に領主の城、その背後に家臣の祖霊を祀る墓所という南北の神聖ラインが見える。さらにその延長線上の和歌浦に東照宮が元和七年（一六二一）に勧請されている。ここは玉津姫神社や天満宮が所在する聖地であった。その聖地の中心に東照宮が勧請されたのは、和歌山城を背後から東照大権現、家臣団の祖霊が守護して真宗に向かい合うというラインの形成を意味する。さらに紀州家の菩提寺長保寺は、はるかに海を隔てた下津の山中に所在し、山全体に点々と紀州家歴代の巨大な墓石が並ぶ聖地となっている。何故ここが選ばれたのかと穿鑿してみても明確な理由が記されていない。しかし、このように図示すれば、本願寺御坊という民衆の神殿、そして和歌山城という領主の政庁、その背後に、家臣団の神殿として寺町＝墓域、そして東照宮、領主家の祖霊の聖地長保寺、これが南北に一直線に並ぶというラインを想定することができる。

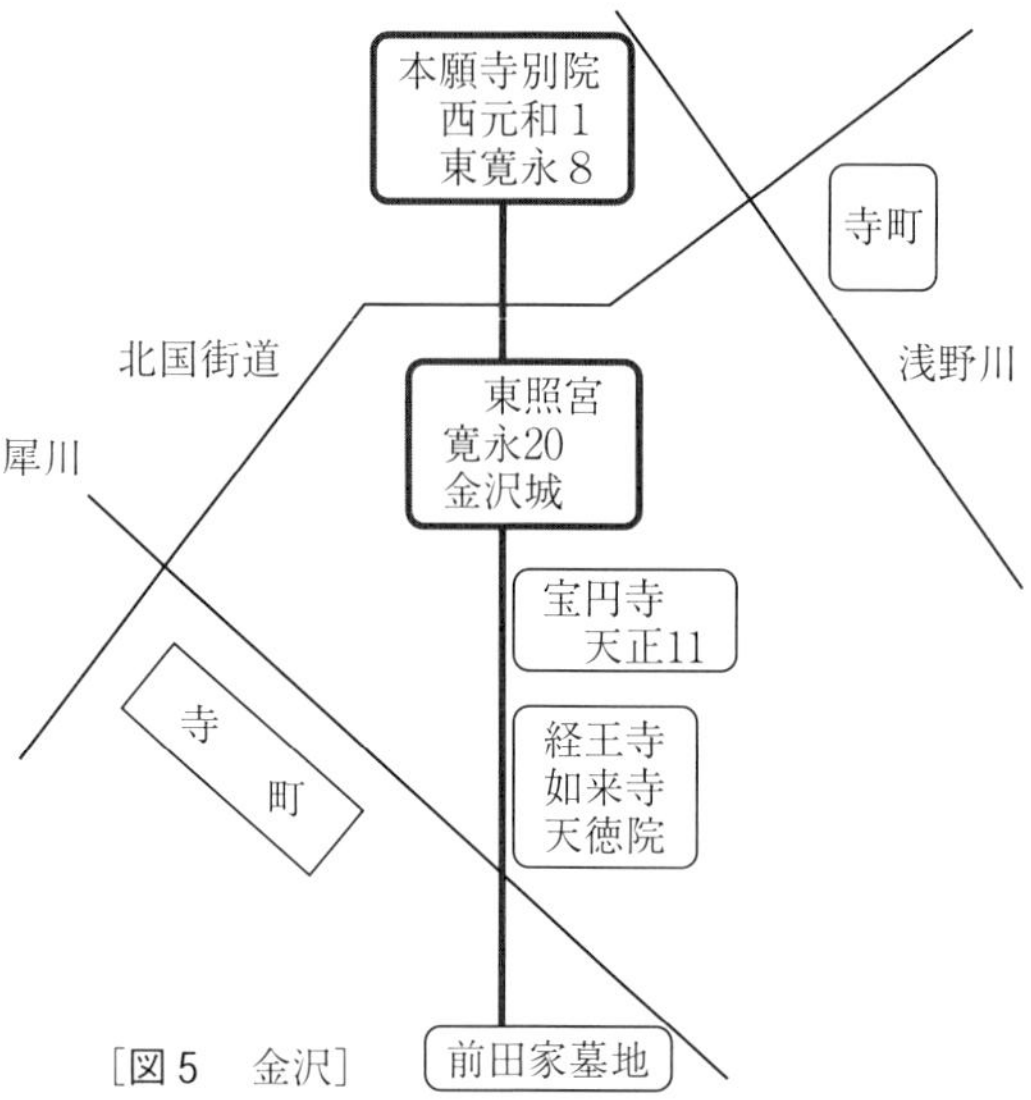

［図５　金沢］

次に図５の金沢の例である。二つの川にはさまれた台地上に、かつての一向一揆の本拠地の跡に金沢城が存在し、その真北に再興された東西の金沢御坊が寛永年間に移され、寛永二十年（一六四三）には金沢城内に東照宮が勧請される。現在、金沢城本丸跡から金沢東別院の屋根を望むと、その中間に東照宮のあった場所が見える。金沢城本丸と東照宮・金沢東西御坊がほぼ一直線に並ぶそのラインを逆に南へ延ばせば、城の背後に前田家の菩提寺宝円寺があり、その南には三代利常の夫人で二代将軍秀忠の娘の菩提寺天徳院、また経王寺という利常の母親の寺、徳川家歴代の位牌所如来寺、四代光高の室の菩提寺というように、徳川家・前田家にゆかりの夫人たちの寺々が続いている。従ってこのラインも、和歌山城とほぼ同じで、祖先神と東照宮のラインが、本願寺御坊に相対している。ただ、寺町はこのラインから少しずれて、前田家の野田山墓地に行く道沿いに展開している。しかし強いていえば、野田山墓地や寺町も金沢城の南といえないこともない。金沢の場合も本願寺御坊と東照宮と城と祖先墓域を結ぶラインが出来上がっている。こういう事例は東照宮がある城下町を子細に検討すれば、さらに多く追加できるように思う。

これらとは別に、澤博勝の最近の著書[30]に紹介された越前勝山の物坊尊光寺の存在が注目される。簡略に留めるが、越前勝山には右のような城下町プランはないけれども、都市物坊という都市全体の寺院として尊光寺という西本願寺派の触頭の寺が存在し、百姓一揆が起こったときに、自ら阿弥陀仏を担ぎ出して収めたという伝承を持っている。このような、国の仕置きをなす真宗寺院が城下町全体の惣坊として存在するという事例も、城下町における真宗寺院の意味を考える手がかりとなろう。

## 四　大名の神格化

神聖都市城下町に君臨する大名が神格化する動きが出てくる。その一例が図6の越中高岡の町の図に読みとれる。

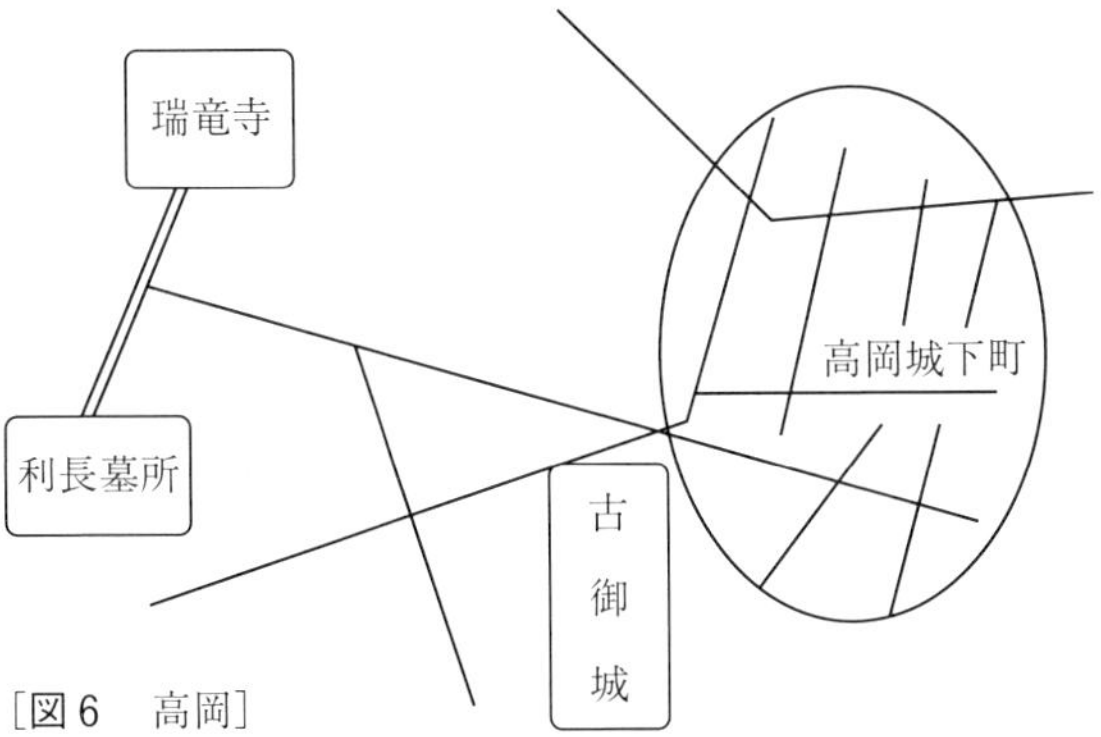


［図6　高岡］

図に「古御城」とあるのは、廃城になった高岡城で、前田家の二代利長の居城であった。利長はここで没したが、利長弟の三代利常は高岡近郊に壮大な霊域を建設する。利常は利長によって抜擢されて三代藩主になったということから、その恩を思い、三十三回忌の前年の正保二年（一六四五）に、利長の廟所瑞竜寺を大改造する。現在、瑞竜寺は大修理が成って国宝に指定されている。そのことからも知られるように、加賀藩あげての大工事であり、壮大な伽藍を持った曹洞宗の寺院となった。図6の左上が瑞竜寺で、そこから左下への二本の線が八丁の長さを持つ参詣道で、利長の墓所に続く。墓は高さ約十二メートルで、周りを堀で囲んだ壮大な石塔である。長さ八丁の参道によって菩提寺と墓所が結ばれることで、高岡城下町の長さにほぼ匹敵するような長大なプランを持った神聖領域が作られたことを意味している。贈名の瑞竜公として神格化された利長の神殿である。

高岡は廃城によって城下町としては展開しなかったので、都市内部に開創者瑞竜公の聖域を置くことなく、その外縁に大規模な聖域が開かれた。しかも高岡という町は越中東部の砺波・射水平野の中心に位置するが、それに留まらず、平野東南の井波瑞泉寺、西南の城端善徳寺、北の伏木勝興寺という越中の三大真宗寺院のトライアングルの中心である。越中東部の平野地帯の中心にあって、国の仕置きをなす三大真宗寺院を抑える場所、ここに瑞竜公という神格化された領主の聖域が開かれた意味があると考えている。

以上に述べた事柄の根拠となるような文献史料があるわけではなく、またそれが何らかの既成の思想に根拠を持つということも、言い得ないようである。けれども玉井哲雄が、城下町は戦国大名の試行錯誤を経てたどり着いた終着地であるというように、戦国大名が学習を経た挙げ句に作り上げた都市だと考えれば、それがなんらかの思想によって作り上げられたというようなことを想定する必要はない。戦国大名が領国の支配の必要から、さまざまな試行錯誤を試みて、最終的に到着した様式が城下町であって、特定の思想に依拠するものではない。城下町の形成が大名の経験の帰結であれば、瑞竜公のような大名の神格化もまた大名たちの領国支配の経験が求めたものであろうから、その様態もさまざまな形をとることになった。

会津藩主保科正之の廟所が大名神格化を最もよく示すのではないかと推測している。保科正之は、吉田神道によって土津霊神という生き神になり、自分の墓所を死ぬ前に用意している。これを継承して歴代会津藩主は霊神という生き神の称号を贈られている。大名神格化の典型的な例が保科正之だろう。見学して驚嘆したのは、仙台伊達政宗の廟所、瑞鳳殿である。戦災で焼けての再建であるが、壮麗な日光的な霊廟である。政宗の霊廟と、二代・三代の霊廟が向かい合っている。規模はそう大きくないが、どうみても政宗は神になったと考えざるを得ない。そのような壮大な霊廟の造営がなかったにしても、先に名前を出した飛騨高山の金森長近は金竜社という神格で祀られているし、加賀の初代前田利家の場合には、天神さんとされている。前田家は菅原氏で、従って天神さんと呼ばれたと伝えられている。各地の大名は程度の差はあれ、ほとんどが神格化されたと考えていいのではないかと思う。

大名の神格化という問題は、城下町のプランとは異なって、思想的根拠がある。保科正之の場合は吉田神道がそれであるが、より一般的には史料⑬の沢庵『理気差別論』(31)がそれを示唆している。

⑬『理気差別論』

道のあきらかなる人は、いきなから仏也。明君聖王は、いきながら神にて候間、死しまし〱ても神也。（二四頁）
たてにもよこにも、かたゆきのなき心を直と申也。（中略）この心か生きて如此なれは、いきなから神にて候。死して後この神を社壇宮のうちへいはひこめて、たつとみ申也。今東照大権現とあがめ申ことくに候。（二九頁）

この書は江戸前期には何度も再版された仏教と儒教と神道を混合したような啓蒙書で、心の正直なる者を神であると規定している。人間は正直によって、生きながら神になり、死後には社壇宮に祝い込めへ尊崇するのであり、東照大権現がその典型であるという。家康にとどまらず、道の明らかなる名君聖王は生きながら仏であり神であり死後も神であるという。大名が「名君聖王」であれば、大名たちは生きながら神であり、仏であることになる。神になった東照大権現のもとに、神である大名たちが連なっている。従って幕藩制領主間秩序は、単なる世俗の君臣関係ではなくて、神々の秩序体系として意味化されている。

最後にもう一つ付け加えたい。生き神の体系としての幕藩制領主間秩序は真宗と関係ないようであるが、考えられなければならないのは、生き仏門跡というあり方である。生き仏としての門跡というあり方は真宗の本来ではない、誤った考えとして排除すべきであると現在ではいわれる。しかし江戸の真宗には生き仏が群がっていた。

親鸞は、法然を如来の生まれ替わりと仰いだことは否定できない事実であるが、その親鸞の生まれ替わりが蓮如であり、歴代の門跡は、如来聖人の御代官であるといわれる。こういう観念が江戸の真宗に存在する。その観念と神々の体系としての領主間秩序、あるいは生き神としての領主、あるいは神聖都市としての城下町、こうした事柄が交錯しながら、近世社会というものが形成されているのではなかろうか。真宗という宗教の持っている民衆救済の機能が根底となって、生き仏門跡が持っている民衆救済の力、それを領主権力が取り込もうとするところに、領主間の生き神の体系が出来上がっているとも考えられる。真宗を念頭に置いた城下町構造を持つ地帯と、そうものを全然持たない所で形成されるいわば呪術的な宗教を基盤にする城下町や都市、この両方が存在するのであるが、真宗地帯の構造と、非真宗地帯の構造との両方を捉える複合的な視点で、近世社会というものを捉えていかなければならない。一方を例外、特殊であると切り捨てる論理は、もはや意味をなさないだろう。そのようなことを述べたつもりである。



（1）安丸良夫『近代天皇像の形成』（岩波書店、一九九二年）
（2）黒住真「儒学と近世日本社会」（『岩波講座日本通史13』、岩波書店、一九九四年→『近世日本社会と儒教』、ぺりかん社、一九九四年）
（3）引野亨輔『近世宗教世界における普遍と特殊』（法藏館、二〇〇七年）
（4）有元正雄『真宗の宗教社会史』（吉川弘文館、一九九五年）
（5）奈倉哲三『真宗信仰の思想史的研究』（校倉書房、一九九〇年）
（6）『御夜話集』（石川県図書館協会、一九七二年）
（7）土井了宗・金龍教英『目で見る越中真宗史』（桂書房、一九九一年）など
（8）高沢裕一「加賀藩初期の寺院統制——道場役と屋敷改め——」（楠瀬勝編『日本の前近代と北陸社会』、思文閣出版、

一九八九年）

（9）『岷江記』（『大系真宗史料文書記録編11一向一揆』、法藏館、二〇〇七年）

（10）『真宗史料集成』第六巻・各派門主消息（同朋舎、一九八三年）

（11）『客照問答集』（『大系真宗史料文書記録編15近世倫理書』、法藏館、二〇一〇年）

（12）『農民鑑』（同右）

（13）『家久弁』（同右）

（14）『本福寺跡書』（『真宗史料集成』第二巻・蓮如とその教団、同朋舎、一九七七年）

（15）『那谷寺通夜物語』（『日本庶民生活史料集成』第六巻、三一書房、一九六八年）

（16）佐々木潤之介『近世民衆史の再構成』（校倉書房、一九八四年）

（17）「百姓一揆の意識構造」（『思想』584号、一九七三年→『百姓一揆の歴史的構造』所収、校倉書房、一九七九年）

（18）『寝覚の蛍』（石川県図書館協会、一九三一年）

（19）『言経卿記』（大日本古記録）

（20）本願寺文書（『本願寺史』第一巻、浄土真宗本願寺派宗務所、一九六一年）

（21）岡村喜史「本願寺門前町の成立」（河村能夫編著『京都の門前町と地域自立』、晃洋書房、二〇〇七年）

（22）「島津家文書」（大日本古文書）

（23）「都市文化の中の聖と性」（『岩波講座近代日本の文化史2コスモロジーの近世』、二〇〇一年→『民衆仏教思想史論』所収、ぺりかん社、二〇一三年）

（24）若林幹夫『都市の比較社会学』（岩波書店、二〇〇〇年）

（25）渡辺浩『東アジアの王権と思想』（東京大学出版会、一九九七年）

（26）拙稿「徳川将軍権力と宗教――王権神話の創出――」（『岩波講座天皇と王権を考える4宗教と権威』、岩波書店、二〇〇二年→**本書第一部第二章**）

（27）曽根原理『神君家康の誕生』（吉川弘文館、二〇〇八年）

(28) 上場顕雄『近世真宗教団と都市寺院』(法藏館、一九九九年)
(29) 玉井哲雄「都市と計画と建設」(『岩波講座日本通史11』、岩波書店、一九九三年)
(30) 澤博勝『近世宗教社会論』(吉川弘文館、二〇〇八年)
(31)『理気差別論』(『沢庵和尚全集』第二巻、日本図書センター、一九二八年再版)

# 第二部

# 仏教土着論

# 第一章　戦国思想史論

『日本思想史講座2中世』（ぺりかん社、二〇一二年）所収論文。本書の課題の一つである近世仏教的世界論の前提として、戦国思想史を仏教土着において捉えることを、研究史の総括的整理によって果たそうと企図している。

## はじめに

思想史からみて戦国期とは何かを問うた試みは多くない。戦国期の人びとの思想を問い、例えばそれを天道思想においてみるような研究などがなくはないが、日本思想史における戦国期思想の位置という問いそのものを持っておらず、満足させられるものがほとんどない。

野口武彦の『日本思想史入門』が興味深い。戦国期末期、「なぜかくも人々の宗教活動が社会の前景に現われたのだろうか。そして政治権力といさかいを起こすのだろうか」（五四頁）と問い、「あらゆる宗教は政治権力以上の権威、つまりは超越をめざす」（五五頁）ことに理由を求めている。宗教と政治、聖なるものと世俗の抗争というのではない。日本思想史における超越の成立が問題なのであり、それが戦国期に出現したことの意味が問われねばならない、というのである。「人間の救済を人意の測知できぬところで決定する至高の存在」が「超越」（七四頁）であり、「救済という「超越」的なモメントは、専修念仏の即効性によって「土俗化」された」（八四頁）。

それが戦国期である。宗教が「超越」を本旨としたにしても、その「超越」が人びとに土着し、権力と抗争するまでに成熟した、このような「超越」の「土俗化」＝土着こそが戦国期思想の思想史的位置である。日本思想史における「超越」の土着として戦国期がある。

それを野口は一神教の成立においてみる。十五世紀後半、蓮如において「阿弥陀仏一神教」が成立した。「ただ自分は阿弥陀仏しか信じていない。阿弥陀仏のほかにいかなる神も仏もいないとはいっていない。阿弥陀仏だけを信仰する、といっている。これこそがまさに一神教なのである」（一〇〇頁、傍点野口）と一神教の成立をいう。「あまたある諸多神教を淘汰して最高の神／仏格という超越性を獲得」（一一四頁）したのが一神教である。私流に言い換えれば、多神教を前提とし、それを最高神によって体系化したのが一神教なのである（大桑斉『日本近世の思想と仏教』、同「仏教土着論」）。

戦国期は、天下統一の動乱の変革期である。それは生きる意味を模索した民衆が、野口のいう「超越」の「土俗化」によって変革の思想を獲得したことを根底に置いている。そのような民衆思想の高揚を踏まえながら、統一政権は思想形成を行なわざるを得ない。信長の自己神格化は、超越性を目指す最高神による一神教への志向において捉えられるから、その形成過程を追うことが、「超越」の「土俗化」としての戦国期思想史を描き出すことになる。

予め戦国期思想史の展開を概観しておこう。信長の自己神格化を、石毛忠は、「『天道』との一体化――自ら超越的絶対者『天道』となって天下を統治すること――をめざしたもの」（「織田信長の自己神格化」一四六頁）で、その「『天道』はキリシタン流の唯一絶対神というよりも、むしろ統一的絶対神と見るべき」（一四九頁、傍点石毛）と捉える。信長＝『天道』＝統一的絶対神とは、先の私見のように、多神教を前提とし体系化する最高神と規定されるものである。信長がかかる神観念にたどり着くのは、戦国期最激戦であった石山合戦を体験することによっている。最高神阿弥陀仏の下に諸神仏を組み込み、最高神阿弥陀仏によってすべての人びとが支配されるという「仏法領」の観念を有し、最高神阿弥陀仏によって必ず救済されるという救済論を備えた宗教である浄土真宗（一向宗）との対決であり、そこから阿弥陀仏をも超越する最高神として信長神格化が構想された。キリシタンの最高神デウス観念や、安土宗論で屈服させた日蓮宗の最高神釈尊観念もまた克服の対象であった。浄土真宗・キリシタン・日蓮宗という宗教勢力は、単に物理的な宗教勢力であるに留まらず、民衆救済を旗印とする宗教思想であるから、それを換骨奪胎するためには、より強力な宗教思想としての民衆救済論がなければならない。自己神格化した信長礼拝による現当二世救済宣言はそのようにして登場するが、救済論の面においての弱さは否めず、もっぱら撫民仁政という政策によるしかなかったが、これまた十分な展開を見せずに終わっている。これが秀吉政権から徳川政権へと引き継がれる課題であり、そこに自己神格化と民衆救済論を結合した宗教思想の展開があるが、それは近世宗教の形成という別の課題とせねばならない。

最高神観念は、信仰による人の支配（「仏法領」）と、その領域として土の支配（「釈尊御領」）を含んでいる。領民と領土という現実的側面においても最高神観念が働き出す。その対抗観念が王土王民思想であり、天（天道）の思想さらには神国思想であった。最高神は世俗の王あるいは日本の神々の権威を超越することで、人民と国土を王や神々の支配から解き放つ。それだけではなく、最高神阿弥陀仏は、時空をこえて一切の人びと（十方衆生）の救済を掲げたから、日本人という限定を超えて全世界の人民を対象とする。「釈尊御領」の観念は、これまた時空を超えた全世界の領有を宣言する。「仏法領」と「釈尊御領」観念は、その意味において日本国家を、その人民と領域を、凌駕超越する概念なのである。これに対抗しうる概念として最高神天ないしは天道の思想がもちだされ、信長はこれを天下思想へと練りあげる。「天下は天下の天下」というときの天下は、王という個別君主の支配を超える全世界の土と、そこに住む人びとであった。天下思想は、「仏法領」と「釈尊御領」という国家を超える思想に対抗する思想であった。そのような超越的天下思想で天下統一を掲げれば、日本という領域を超えた世界統一が構想されねばならなくなるが、それに先立って日本の統一が目指されねばならず、その国家理論が必要とされてくる。唯一神道の思想は、その要請に応えるもので、根本枝葉果実論は神国日本が世界の根源であるという国家理論となる。秀吉段階ではそれが日本国家の理論となり、さらにはアジア侵略を正当化する。戦国期の国家観をめぐる思想抗争は、全世界を仏法の下に見る〈限ることのない思想〉と、日本人と日本領域の確立を目指す〈限る思想〉の対決、超国家思想と国家思想の対決であった。このように戦国期思想史を構想し、以下では、それらを各論として展開する。

## 一 仏教土着論

最高神観念が戦国期に成熟したのは、戦乱の世に苦悩する民衆の現世安穏後生善処の願望の深まりによる。人びとをいかに救済するのかという課題が、宗教者に突きつけられた。民衆性を本質とする鎌倉仏教、なかんずく真宗と日蓮宗は、この課題を引き受けることにおいて民衆仏教として土着する。藤井学が「戦国仏教」と呼んだ(「近世初期の政治思想と国家意識」一二一頁)のは、哲理から救済へという課題に対応して戦国期に成立した仏教の意味であり、私見ではそれを戦国期宗教化状況と位置づけた(大桑斉『日本近世の思想と仏教』)。戦国思想史の展開は、この宗教化状況から初められねばならない。

「戦国仏教」の意味するところは土着した仏教ということであろう。土着という概念は、外来の他者が到達した土地に定着することを言い、往々にして、固有の本来性を喪失して埋没することをも意味している。しかし私見では、土着はその土の固有の現実にコミットしながら、他者としての本質を喪失することなく、逆にその土との対応を媒介に、新たな芽を吹き出すことを含意している。土着は定着と再生を含む概念である(大桑斉「仏教土着論」）。

仏教土着は、まずもって仏教を担う主体である僧侶が、人びとと共にあろうとすることから始まる。聖なるものが、その聖性を保持しつつ俗に交わることが出発点となる。例えば親鸞が模範とした教信沙弥が妻帯し在俗生活を送りつつ、その中で念仏を絶やすことがなかった、というような姿になることである。

妻帯僧蓮如という姿は、その生活自体は本願寺という寺の中にあったにせよ、土着の典型であろう。次々に先立たれた五人の妻との間に二十七人の子を生《な》した。在家愛欲の僧として人びとを瞠目させる。「愛欲の広海に沈没し、名利の太山に迷惑して、定聚の数に入ることを喜ばず」という親鸞の述懐を、門弟たちが不審に思ったと聞いた蓮如は「愛欲モ名利モミナ煩悩也」（『第八祖御物語空善聞書』一〇一条）と喝破した話が載せられているが、蓮如にとって親鸞は、まさに在俗愛欲生活の僧であったし、そのひそみに倣うことこそ、親鸞の信心を通して一切衆生救済という如来の本願を、人びとと同じ生活の中で証してゆく道であっただろう。妻帯しての愛欲の生活から子を儲け、家を構え、貧窮の生活を送り、しかもそこに埋没することなく、如来の本願弘通《ぐづう》に生涯をかけたのである。そのような蓮如を、門徒たちは蓮如上人ではなく、いまも近所の爺さまのように、蓮如さんと呼ぶ。五木寛之は『蓮如―聖俗具有の人間像―』と捉えた。

蓮如と同時代を生き、親交があったといわれる禅僧一休もまた、愛欲の在家僧であった。一休は、「他日、君来って如《も》し我を問わば、魚行酒肆、又た婬坊」（『狂雲集』）と、自分を捜すなら、居酒屋か遊里を捜せといった。加藤周一は「事実彼はそこにいたかもしれなし、いなかったかもしれない。しかし少なくとも彼の精神はそこにいたのである」（「一休という現象」一〇頁）と、一休に在俗的精神を見出している。また、「一方では昂然としてそれを誇示すると共に、他方ではそれを罪業とする」ところに「高僧にして破戒僧、悟道の達人にして肉感性の詩人」、「一方での強い自信と、他方での厳しい自己批判」（一一～一二頁）を見出し、単なる破戒僧ではありえず、罪業を背負った存在としての自覚とそこに定着する仏道を見出したのである。そこから「法然と浄土真宗への共感」（一一三頁）が生まれ「予今更レ衣入二浄土宗一」と浄土宗への改宗をいう（一一八頁）。これまた事実であるか否かを越えて、在俗仏法への共感と見ることができる。盲目の美女森侍者との愛欲生活も有名である。「婬水」や「美人陰有水仙花香」と題する詩に加藤は、「男女の精神的（三生を約す）および肉体的な結合（巫山の雲雨）の瞬間に、一休が超越的な「永遠の今」を見たであろう」（三六頁）というのは、在俗の精神が超越の母胎となるこということにおいて、注目しておいてよい。

今泉淑夫は、森侍者との交情は事実かと問い、「おそらく無かったであろう」（『一休和尚年譜2』一七二頁）とする。しかしながら、一休は若い頃に「不邪淫戒」を破ったことがあり、それを生涯にわたって背負い、『碧巌録』の「金剛経軽賤」に見えるところの、前世の罪による堕獄が今この世で人から侮蔑されることで消滅するという文言によって勇気づけられ、「等身大となった「破戒」」が一休を欺瞞、偽善から解放したと見なす（一七三頁）のも、愛欲生活が事実であったか否かを越えて、一休に在俗の精神への解放を見出している。加藤のように、超越への飛躍という観点はないが、「一休は情のひるがえり着地する世界をことばで創り出した」（一七五頁）というのは、土着が退廃ではなく、むしろ飛躍であることを示していよう。

一休が教団を組織したり、自らが在地に定住して教化活動をなしたことはない。蓮如もまた本願寺住持であり続けたから、身を在俗の世界に置いたわけではない。事実として在俗であったか否かではなく、その精神に在俗の仏教を見ることができ、それが戦国仏教の精神的基盤をなした。在地には、何宗とも知れぬ信仰に、現世安穏後生善処を託す人びとが溢れていた。村や町に住み、あるいは衆や党を名乗って集団を結んで生活し、それら集団の信仰拠点である村堂・町堂、あるいは道場に、蓮如は親鸞影像や名号を下すことで本願寺の下に組織した。例えば近江堅田の馬場道場主法住が蓮如に帰依すると、親鸞影像を、ついで光明を放つ十字名号が下されて法住道場となり、本福寺を名乗ったのが典型である。在地の共同体や集団の何宗ともしれぬ信仰が媒介となって、本願寺門徒に組織化され、このような姿で真宗は各地に土着してゆく（大桑斉「真宗寺院成立史試論」）。

日蓮宗の場合も原理的には同じことであった。日親は、若年より「若樹・若石・若田・若里の金言に任せて、在々所々往返遊行して弘通仕り候」、「身軽法重の修行を専とするに依って、多分に在処幽遠の地を栖家と致し候」（『埴谷抄』、中尾堯『日親』七八頁）と、林間石原田園村里を選ばず、辺鄙な地に至るまで、在俗世界を栖家として法華経を説いたと語るのは、そこにこそ法華経信仰の場があるという在俗の精神であろう。

日蓮衆・党と呼ばれ、その寺が法花堂と称されたのは、時宗が時衆とよばれ、洛中の六角堂や因幡堂のような町堂を拠点として広まったのと同じで、衆と堂への法華信仰の定着が日蓮教団の広範な展開となった。湯浅治久は「戦国仏教が地域に浸透してゆく理由、そしてそれが追及したものは何だったのか」と問い、真宗が来世救済であったの対して、「日蓮宗は現実世界における人々の救済に、より重きを置いていた。……地域に生きる人々の社会的な保障システムの構築を、寺院の定着をとおして意図していた」、中世の悲惨な現実に覆われた社会の「現実に直面した僧侶たちは、いかに民衆と向き合い、どのように行動したのだろうか。もちろん信仰はそのメインになるものだが、すべてではない。今日流にいえば、生活や経済といったものに強い関心をもち、地域社会のなりたちの核として、寺院と仏教を位置づけていた」（『戦国仏教』ii～iii頁）と見る。そのことを下総の尾垂村堂への日蓮宗の定着を具体例として、「住民が在来の堂に寄せたそうした期待（延寿治病）を排除することができず、そこに同居することでのみ、教線を延ばすことができた」のであり、「既存の郷村の鎮守社や村堂を取り込んで、その堂座・宮座や講を利用してゆくという事実があるが、これはまさに顕密仏教から戦国仏教への「変化」を物語る」（二一五頁）という。日蓮宗の戦国仏教化を生活保障に求めることは賛成できないが、堂やその集団に定着することが戦国仏教としての在俗の精神を表し、それが日蓮宗の場合にも当てはまることはいえるだろう。

## 二　神仏関係論

新仏教が住み着くとき、先住の神仏との関係が問題になる。専修性を特質としながら、南北朝期には余の神仏へすりよる方向が模索されたというのが通説である。佐藤弘夫は『日本中世の国家と仏教』で、「自らが選取し「専修」する以外の教行の宗教的価値を否定するような是一非諸の立場を〈選択の論理〉」、「同じく「専修」を行なうにしても、自分が選び取ったもの以外をも否認することなく、等しくその効能を認める立場を〈融和の論理〉」と名づけ、この二つの論理が中世仏教の正統と異端の根本的理念対立であったという（一八九頁）。土着しようとすれば〈選択の論理〉が障害となる。〈融和の論理〉を採用すれば祖師に背反する。そこで鎌倉仏教諸派は、〈選択の論理〉をさまざまに変容する。この視点から佐藤は以下のように論ずる。

夢窓疎石は「教門に談ずる処の仏性、心地、如来蔵、真如、法性等、乃至凡夫所見の山河大地、草木瓦石にいたるまで、皆ことごとく本分の田地なるべし」（『夢中問答集』）と「内在的仏陀観と此土即浄土を説」いて顕密教学に接近し、「しだいに密教などと兼修化を推し進め、本地垂迹説を受容して既成仏教との共存を志向し」、やがて儒仏不二論・三教一致論を展開する（二一七頁）にいたる。真宗では、覚如は『出世元意』で「法華念仏同体異名事」として、釈尊教説の五味中の最上醍醐を「出世の本意とする法華経にたとふるなり。しかるに浄土真宗をば法華同味の教とさだめらる、しかれば浄土真宗をばこれも出世の本意とす」と言い（二二三頁）、これを前提に存覚は『決智鈔』で「聖に対しては法華となづけて諸法実相の妙理をあかし、凡に対しては念仏となづけて捨身他世の往生をすゝむ」と、被救済者の宗教的能力による法華と念仏の差異を説いたから、「余行を修して得脱を肯定することで、……法然・親鸞の立場と訣絶した。そして、浄土門・聖道門の二者択一ではなく、顕密諸宗の存在を前提として、その中から自己有縁の法門を選取すること――〈選択〉に基づかない専修――を主張」（二二五頁）した、という。私見の、多神教を前提とした一神教の形成という把握は、このような佐藤の「〈選択〉に基づかない専修」と同じことを意味している。ただしこの段階では、いまだ最高神への着目よりは汎神論中の一神選択に留まっている。またそれが、法然・親鸞からの決別であるかどうかは、慎重に検討される必要があろう。

佐藤はまた、法華宗について、日像の『法華弘通抄』において、正法法華経の衰退が災難出現の根本原因とすることで、逆に法華宗の興隆による鎮護国家機能独占を意図したのは、後期日蓮の〈選択の論理〉の継承であったが、他方で政権から他宗とともに勅願所に補せられたことで〈選択の論理〉を放棄し、他宗との共存が志向されたという。真宗とともに日蓮宗も、「〈選択の論理〉を〈融和の論理〉へと引き戻すという軌道修正の方向」が見られ、「このような思想の旋回を経て初めて、これらの教団はその存在を公的に認知され、中世社会に根を下ろしてゆくことができた」（二二六～八頁）という。

このような論は、社会的認知から〈選択の論理〉の変容を見るのであるが、そのことと土着とは別の問題として考えねばならない。そこで佐藤は、日蓮宗のもう一つの展開として「各地の在地領主層に受容されその支配の理念的支柱となってゆく形態」（二二九頁）を提示する。中山法華経寺が千葉氏の権力を後盾に一円皆法華の世界を現出したのがその好例となる。そこでは同信者の「日蓮党」による支配が「釈尊御領」に比定される。「絶対的存在である釈迦一仏」のもとでの「釈尊御領観の実体化」が「排他的教理＝〈選択の論理〉に立脚する点において」、「祖師の思想の継承のいまひとつのコース」として展開されたが、その一方で、日蓮と異なって、「個別具体的な領域に限定される「大仏御領」のごとき、旧仏教の寺領＝仏土観に接近」（二三一頁）することになったとその限界を指摘している。にもかかわらず、それは「仏神の呪縛から国人領主・土豪の精神的自立を促し」

（二三二頁）、荘園制崩壊への道を切り開いたと評価する。

佐藤はそこから一向一揆と蓮如に注目する。闘争の実績を積み重ねた農民たちは、覚如・存覚の妥協的立場を抜け出して排他的な一仏至上主義と〈選択の論理〉を受容し、仏像経巻破滅、神社仏閣転倒を行なった。それに対して蓮如は制止を加える。しかし一方で「諸仏菩薩トマウスコトハ、ソレ弥陀如来ノ分身」（『御文』）と、弥陀一仏の至高性を強調した（二三七頁）から、門徒はこれを反体制的行動原理として受容した。「弥陀至上主義と専修の徹底を強調すればする程、彼の主観的意図に反して、その思想は中世民衆の団結と行動の精神的支柱として受容」（二三八頁）されたという蓮如のジレンマを見る。しかし私見では、蓮如の諸仏弥陀分身論は〈選択の論理〉ではありえない。弥陀以外の神仏の価値を否定するものではなく、むしろ汎神論を前提とした専修、佐藤の用語でいえば「〈選択〉に基づかない専修」である。そのような神仏関係の捉え方は、蓮如の独創というよりは、むしろ在地の人びとの思惟ではないか。それを基盤に、弥陀を最高神とする神仏体系を形成したのが蓮如である。

日蓮宗の在地における皆法華、日蓮党の形成も、〈選択の論理〉なのか否かが改めて問われねばならない。藤井学（「日蓮と立正安国」）の要点をまとめておく。日蓮宗土着の核となったのは、日蓮における日本の国土を「釈尊御領」とする観念で、これによって日本の神々は釈迦仏の唯一の正法である法華経とその行者を守護する神々へと転換される。釈迦仏は天照大神を始め諸神の本地で、神々は常に法華経の法味に浸らねばならないとして神前読経が論理化される。その論理が逆転させられて、法華経の法味に浸りえなかった神々は神でなくなり天に帰るという神天上の法理が導かれる。こうして神はそれ自身主体性をもった存在ではなく、法華経受容によっての み神とされることとなった。法華経にかかわらない神は当然ながら礼拝の対象にはならなくなる。こうして日蓮宗における神祇不拝の教説と、それとは逆の法華経守護の三十番神という考え方が展開することになる。三十番神の思想はすでに比叡山天台宗で形成されていたが、中山門流と日像門流において受容され、十三世紀末から十四世紀初期の洛中布教とともに展開し、十五世紀の日親の洛中布教、日蓮宗寺院の成立展開において、寺院境内に三十番神堂が勧請されるという様相で展開し、釈迦仏（主神）―三十番神（守護神）―それ以外の神々（天上に帰った神）という神仏のヒエラルキーが形成された。

以上のような藤井の日蓮宗の神仏体系化論は、佐藤弘夫の〈選択の論理〉ではなく、〈融和の論理〉でもない。神天上説をともなうことにおいては排除と選択であり、番神編成では融和であるが、余の神仏の独自の宗教的価値の独自性を承認しない論理である。しいていえば「〈選択〉に基づかない専修」であり、蓮如と軌を一にする。それらは、〈選択〉と〈融和〉という二者択一ではもはや捉えきれない段階に到達しているのであり、凡神論を前提とした最高神による一神教の形成を見るべきである。

後期日蓮を佐藤が「釈尊を、此土の一切の存在を支配し「三界の諸王」の上に君臨する超越的人格にまで引き上げ（外在的釈尊観）、国土の本源的主権者として実体視するに至った（釈尊御領観）」（一八一頁）というのは、釈尊を人格神的最高神と規定することであり、多神教を体系化する最高神としての釈尊である。日蓮宗の釈迦仏は、さらにそれに加えて宇宙・世界・万物を創造し、それらを支配する創造主宰神の性格をも有している。日蓮は「日眼女釈迦仏供養事」で、

　東方の善徳仏・中央の大日如来・十方の諸仏・過去の七仏・三世の諸仏・……日月・月天・明星天・北斗七星・二十八宿……八万四千の無量の諸星・阿脩羅王・天神・地神……一切世間の国々の主とある人、何れか教主釈尊ならざる

と述べることで、王法や神々は「宇宙の本主釈尊＝正法の中に完全に包摂され」た（藤井学「日蓮と神祇」一三〜四頁）。全時空における一切の神仏及び権力者を釈尊の分身と見る観念であり、釈尊は万物を生み出した根源として創造主宰神的である。このような最高神＝創造主宰神的思想が、「釈尊御領」思想の展開と実践を支え、法

華経の「今此三界皆是我有、其中衆生悉是我子」という世界と衆生を仏土仏子とする文言が本尊に記され、人びとの礼拝の対象とされることで、最高神釈尊の御領として現実世界の常寂光土化が目指されたのである。「釈尊御領」の観念は、土着にさいしての日蓮宗世界実現の理念となった。

蓮如の阿弥陀仏にも同様な最高神観念が見出せる（大桑斉『日本近世の思想と仏教』『戦国期宗教思想史と蓮如』）。『正信偈大意』で、親鸞の『正信偈』冒頭の「帰命无量寿如来　南无不可思議光」という二句の解釈において阿弥陀仏の概念が展開される。阿弥陀仏が「无量寿如来」と呼ばれるのは「寿命の无量なる体」を示すもので、真如そのものである法身としての本質においては、時間的に永遠で全空間に遍満する存在であり、かつ「こゝろをもてもはかるべからず、ことばをもてもときのぶべからず」というように、人間の思慮・言説を超えた非実体的な認識不可能な存在である。しかしながら、阿弥陀仏という存在の本来的目的は人びとを救済することであり、そのためには人びとにその存在と本願を知らしめねばならず、その智慧と徳を「不可思議光」という光明として表す。このようなあり方が報身で、法身であり同時に報身である両義性を備える故に方便法身といわれる。つまり無量寿仏は法身、不可思議光仏は法身であり報身、それを兼ね備えたのが方便法身の南無阿弥陀仏ということである。その南無阿弥陀仏は世界に充満し遍在するから、その救済は包摂的で漏れる者がない。ただし日蓮の釈尊のような、創造主宰神的性格は見られない。

阿弥陀仏の法身としての性格を一般化すれば、無形無名で無限性永遠性を持ち全世界に遍満する非実態的な認識不能の究極原理とも言いうる。この限りでは儒教の太極や老荘の究極的原理である「道」「一」などと同質であるが、そこに留まることなく、方便法身として形と名を表し尽十方の無碍の光明として人間に働きかける能動性を属性とすることに特徴がある。阿弥陀仏は、儒や老荘の究極原理が宇宙創造の方向へ働くのに対して、そこに留まることなく、なによりも衆生済度を本願とすることで、宗教的救済理念たることを本質としている。また儒の究極原理が無から生じた「理」と表現されるとき、それは万物に内在し個物を個物たらしめる個別性の原理として働くのに対して、阿弥陀仏はこれとは逆に、万物に遍満し万物を漏れることなく救済することによって個物の普遍性を保障する原理となる。これもまた、阿弥陀仏が原理ではなく仏という救済者であることによっている。阿弥陀仏は究極原理性として説かれるよりも、このような救済性において強調された。方便法身の阿弥陀如来がそれであって、無形無名の究極原理としての法身の阿弥陀仏が、衆生の完全救済を実現すべく、形名性と充満性・包摂性・無碍性を属性としたあり方において説かれてくるのである。弥陀は超越的原理であって創造主宰神ではなく、しかしながら超越的原理でありながらそこに留まらず、救済神として働く現実性に特徴がある。『五帖御文』では、そのような阿弥陀仏と諸仏の関係が、諸仏弥陀仏分身論、弥陀本師本仏論、弥陀諸仏包摂論として見出せる。すなわち、

諸仏・菩薩と申すことは、それ弥陀如来の分身なれば、十方諸仏のためには本師本仏なるがゆへに、阿弥陀一仏に帰したてまつれば、すなはち、諸仏・菩薩に帰するいはれあるがゆへに、阿弥陀一体のうちに諸仏・菩薩はみなこと〲〵こもれるなり（二帖目第三通）

というのがその典型である。

諸仏弥陀仏分身論は、儒教の理一分殊という論理に近い。宇宙の究極原理である「理」は、万物に超越して外在するとともに、一転して万物に内在するという儒の理一分殊説と、諸神仏に超越して外在する阿弥陀仏が、分身しての諸神仏に内在するという思惟は、世界の構造論として同質の論理構造である。その「理」に相当し、原理として諸々の個物に内在するのは、諸仏菩薩と阿弥陀仏に共通する衆生済度の誓願である。諸仏菩薩も弥陀も、衆生済度を共通の願いとすることにおいて弥陀本師本仏論となって体系化される。分身論を基盤に、諸仏は阿弥陀仏のうちに「こもれる」と、弥陀仏が諸仏を包摂する。そこから、諸神仏を信ぜず軽視せずという論理が成り

立つ。

一切の仏・菩薩ならびに諸神等をもわが信ぜぬばかりなり、あながちにこれをかろしむべからず。これまことに弥陀一仏の功徳のうちに、みな一切の諸神はこもれりとおもふべきものなり（二帖目第二通）

というように見えている。他にも用例が多い。弥陀一仏への一心一向の専修的信仰は、雑行余行として諸神仏の不拝をともなうが、それは我が信ぜずというばかりで、軽視し疎略にすべきではないという態度であり、その論理が分身論、包摂論である。

蓮如が門徒に勧めた弥陀と神仏の関係論は不信不軽視論であるが、それは土着の現場において諸神仏破却におよぶ門徒の行為を抑止することを目的とし、念仏の専修性を否定するものではない。専修性が他者排撃に向かうことを禁じつつ、他者の宗教的価値を無効にする論理なのである。多神教を前提とする最高神による一神教とは、選択排他か融合かという二者択一のアポリアを、最高神とともに諸神仏もまた衆生済度を願うと認識することで、突破する論理である。そこから次に救済論が問題となる。

## 三　救済論

飢饉と一揆と戦乱の悲惨な戦国期の現実に土着しようとすれば、他者のいのちを奪ってでも生きねばならない人びと、それを救い取るという課題が、宗教者たちに突きつけられる。その課題を受け止め、祖師の思想を救済論として再構築し展開する宗教化状況が生まれる。戦国の現実にうごめく人びととは、殺生をこととし悪業を常とする十悪五逆の救われざる者であった。その救われざる者こそ救われねばならない、必ず救われるという救済論を、だれもが受け止め実践できる教えとして提示しなければならない。

寛正二年（一四六二）の大飢饉に、清水寺修復のために勧進した資財をなげうって難民救済に励む時衆僧願阿の姿があったが、それを見つめ立ちすくむ蓮如がいた。そこから、最初の御文である「御文始めの御文」が生まれた。『五帖御文』に収録されていないこの御文に注目したのは小説家真継伸彦『私の蓮如』であった。餓死の不安の中で「助けてください、阿弥陀様」と祈願を込めて念仏する門徒たちに対して、一心一向に弥陀をたのむ一念による弥陀の方からの救済を説き、

タトヒ名号ヲトナフルトモ、仏タスケタマヘトハオモフヘカラス、タ、弥陀ヲタノムコ、ロノ一念ノ信心ニヨリテ、ヤスク御タスケアルコトノカタシケナサノアマリ、如来ノ御タスケアリタル御恩ヲ報シタテマツル念仏ナリトコ、ロウヘキナリ（『真宗史料集成2』）

と、飢饉で死に直面する人びとに、阿弥陀様助けてくださいと願うのではなく、「阿弥陀様に助けていただいたことのお礼を言いなさい」（五五頁）と蓮如は説いたと真継はいう。餓死から救い出すよりも、その現実を弥陀の計らいと受け止めることが救済である、これを解き明かす御文を提示することが、真実の救済であると蓮如は確信したというのである。蓮如の御文作成動機を史料的に裏づけることはできないが、この飢饉の年に、初めて、御文が書かれたことを重視する真継の推論は否定しがたい。「命に苦しむ自分の信者たちを、現世では見殺しにする」弥陀への信仰の土着がある。五木寛之『蓮如―我深き淵より―』もまたこのような解釈を継承するように、この御文で一幕を構成している。危機に瀕した生命の存続を求める願いが、それを超えて、いのちそのものへの目覚めを生み出す救済論である。思い切って単純化すれば、悲惨に死んでゆくことがそのまま救済であるということだろう。罪の軽重や心の妄念妄執にかかわりなく、ただ弥陀の悲願に帰する信心一つで、直ちに弥陀の摂取不捨の光明に包まれてたすけられるというものである。つまりは、生きている現実の〈ありのまま〉で、称名念仏のそのときに〈いま直ちに〉救われる救済論なのである（大桑斉『戦国期宗教思想史と蓮如』）。

蓮如は、生涯に二百三十余通といわれる御文を発給し、この救済論を展開したが、その中核は、南無阿弥陀仏

という六字の意味を説く六字釈であり、『五帖御文』三帖目に集中的に展開されている。第二通では、

　まつ南无といふ二字は、……やうもなく、弥陀を一心一向にたのみたてまつりて、後生たすけたまへとふたごゝろなく信じまいらするこゝろ……。つぎに阿弥陀仏といふ四字は、……弥陀を一心にたのみまいらせて、うたがひのこゝろなき衆生をば、かならず弥陀の御身より光明をはなちててらしまし〳〵て、そのひかりのうちにおさめをき給て、さて一期のいのちつきぬれば、かの極楽浄土へをくりたまへるこゝろを、すなはち阿弥陀仏とはまふしたてまつるなり

と説かれている。南無の二字は、一心一向にたのみ、後生たすけたまへと信ずるという、人びとが弥陀に向かう姿であり、阿弥陀仏の四字は、弥陀が人びとの願いを光明に摂取して救い取る心である。弥陀に向かう人びとと迎えとる弥陀、その両者の統合体である南無阿弥陀仏という六字は救済の成就した姿なのである。第七通では、この六字釈にもとづいて「機法一躰の南无阿弥陀仏」、「衆生の三業と弥陀の三業と一躰」、「彼此三業不相捨離」と衆生（機）と弥陀（法）の一体の救済を強調する。

　しかしながら翻って考えれば、人びとは生命の存続を願って弥陀を頼んだのである。それがいかにして〈ありのまま〉〈いま直ちに〉の救済に結びつくのだろうかという疑問に出会う。第六通では「南无といふ二字は帰命と発願廻向とのふたつのこゝろなり。また南无といふは願なり。阿弥陀仏といふは行なり」という言葉が加えられるのが、それの応えである。この言葉は善導の『玄義分』に由来し、親鸞が『教行信証』行巻に引用している。親鸞の『尊号真像銘文』に引かれるところでは、

　帰命はすなわち釈迦・弥陀の二尊の勅命にしたがひて、めしにかなふとまふすことばなり。……亦是発願回向之義といふは、二尊のめしにしたがふて、安楽浄土にむまれんとねがふこゝろなり

と、〈帰命＝釈迦弥陀の勅命〉〈発願回向＝召しに順《したが》う＝浄土往生を願う心〉という釈を加えている。弥陀から衆

生に施された救済の呼びかけを勅命として信順し、往生を願うのが帰命なのである。しかるに蓮如では、〈南無＝帰命＝たすけたまへとたのむ＝弥陀の発願回向〉と〈たすけたまへとたのむ〉と人びとが弥陀に向かう能動性を重視し、それが如来から差し向けられた信によって成り立っていることを強調する。人びとの能動性とは、人びとが求めた悲惨な状況から救済を願う心であるが、それが弥陀から差し向けられた本願をたのむ心と一体化すれば、救済願望自体が往生へむけられていく。こうして人びとの生命存続という素朴な救済願望は、往生という救済願望に転化される。命をたすけたまえという願いしか持たず、浄土往生を願うことのない救われざる者、その願いを弥陀の方から一方的に転換し、浄土往生を保証することで救いとるというのである。

集中的に六字釈が説かれる御文三帖目は、加賀で一向一揆が蜂起した文明六年（一四七四）七月に始まり、ともに戦った富樫政親が一転して弾圧に転じ、これと戦い敗退し、さらに翌文明七年に再蜂起を企図している状況の内で説かれたものである。一揆せざるを得ない業縁の人びとに向けられたのであり、その一揆という行為が弥陀から回向された信心によって救済の内に包み込まれることを保証するものであった。第五通の六字釈の後に「われらを阿弥陀仏のたすけたまへる支証のために、御名をこの南无阿弥陀仏の六字にあらはし」と「支証」という言葉が見えるのは、一揆の人びとの救済の確証を意味していよう。また先に見たように第七通で「衆生の三業と、弥陀の三業と一躰」というのは、一揆を含めた三業（すべての行為）が同時に弥陀の三業であることを意味してくる。一向一揆は「一揆」であることにおいて自力の世界であるが、その自力世界の「一揆」が弥陀の三業と一体であれば「一向一揆」となる。自力の「一揆」はそのままでは修羅の世界であるが、「一揆」の人びとが、〈南無＝帰命＝たすけたまへ〉、〈阿弥陀仏＝南無の衆生を光明に摂取〉との信心を弥陀から回向されて救済を確信したとき、自力の「一揆」は弥陀回向の一揆として「一向一揆」に昇華されるのである。蓮如は、一揆の渦中で一揆の人びとの救済が確かめられる教学を模索していたのである。

一揆の人びとを救う弥陀如来は最高神であった。一向一揆は、本願寺門徒のみならず、多様な信仰を持つ人びとをも構成員としているが、中核の門徒たちは、他宗の信仰を自己の救済とは無関係としながら、それを否定排除するものではなかった。他宗の人びとは無宿善の機と呼ばれ、いまだ救済の縁に与《あずか》っていない者、逆にいつか必ず救済されるべき人びとであった。その人びとの信ずる神仏は、最高神弥陀の分身であり、包摂されるものであって、弥陀の救済を補佐すべく、人びとと縁を結んでいるのである。多神教の世界で、諸神仏は疎《おろそ》かにされることなく、しかし信じないという門徒のあり方は、南北朝期の覚如や存覚よりは、はるかに親鸞的である。親鸞が土着を試みれば、このような、信ぜず軽視せずというあり方を選んだであろう。『浄土和讃』の現世利益和讃では、最後に「南无阿弥陀仏をとなふれば　十方无量の諸仏は　百重千重圍繞して　よろこびまもりたまふなり」と、多神教世界の諸仏はすべて弥陀をたすける存在であると規定しているのである。

日蓮宗では、蓮如と同時代に日親が出て純正法華信仰の確立に勤めたが、御文に相当するような救済論の再構成は見出せない。日親ばかりではなく、戦国期日蓮僧には、かかる救済論再構築が見られないようである。

藤井学によれば、「日蓮のいう救済は、法華経あるいはその眼目たる八《（ママ）》字の題目を唱えることにより、久遠実成の釈尊と、法華経と衆生とが一つになり、衆生はそのまま成仏できるというにあった」（「日蓮と立正安国論」一九頁）、「余行を捨てた専修唱題が行われたとき、現当二世にわたる日蓮のいう救済が、被救済者に約束される」（同前二三頁）というように、日蓮宗の救済論は、この専唱題目による法華経との一体化に集約される。論理的には、専修による絶対との一体化が救済であり、蓮如の六字釈と同じ論理構造を持っている。

日親を継承した日奥には、日蓮の「浄土と云も地獄と云も外には候はず。ただ我等がむねの間にあり」（「上野殿後家尼御返事」）を受け止めて、「仏といふも全く別事に非ず、只我等が心法を指して仏」（『万代亀鏡録』、藤井学「法華専修の成立について」一五九頁、傍点藤井）という言葉がある。これを藤井は「唯心浄土の理念を展開した」と言い、「人々は仏性を具現した「心法」を形成し、人々は救済される」（同前）というように、唯心浄土論によって人間に内在する仏性の開発に救済を求めたと解する。また『妙正物語』（伝日典著）に次のように見えるのも同様に解される。

法花一部の肝要は、妙法蓮花経の五字にきはまる。……それ十界の衆生のむねのうちに、八分の肉団あり。八葉の蓮花なり。その中に仏性あり。此義を涅槃経にいはく、「一切衆生、悉有仏性、如来常住、無有変易」とあり。是すなはち妙法蓮花経の事也。「真如法性」といふも是なり。真言には「阿字本不生大日盧遮那仏」といひ、禅宗には「金剛の正躰本来の面目」といひ、浄土宗に「唯心の浄土、己身の弥陀」となづけ、十宗ともに此理を心ざすといへども、これを受持行する事なきゆへに、成仏の理にいたらず。……をしへにまかせて、だいもくのろうやくをのみ候へば、十悪五逆の重病も、五障三従の長病も、その外一切の大くなう、こと〴〵くめつして、成仏さらにうたがひなし。（三七九〜八〇頁）

法華経の真髄を仏性の人間内在論に見て、他宗派もここに立脚することで同じながら、実践が可能なのは題目のみというのである。これまた、真宗が救済を弥陀回向によって内在する帰命の心に求めたのと同じ構造と見てよい。人間に内在する、ないしは付与された願心によって、ひたすら最高神と一体を求める、これが戦国期民衆仏教に通底する救済の論理であったと言い得よう。

日蓮宗の独自性は、その専唱題目が現世寂光土をもたらすという現世主義にあった。かくして法華経信仰は、寂光土の実現を目指し、法華経への誹謗を排除し、国主に法華経の受持を求める諫暁・折伏という実践を生み出す。戦国期で「法華専修の実践を堅く止揚した門流が、本能（日隆）・本法（日親）・妙覚寺等であった」（藤井前掲論文一六六頁）のであり、不受不施派を形成する。地域における一円皆法華の地や日蓮党の形成は、常寂光土の成立であったから、それが「釈尊御領」の観念をともなうことで、思想史的には国家を呼び出してくる。

「釈尊御領」は、超越的絶対的人格神である釈尊という最高神の下での、宗教的な人的結合と土地支配を意味することで、世俗的な領域概念である国家を無化ないしは超越する。一向一揆が生み出した「仏法領」もまた同じ思想構造で捉えることができる。弥陀の救済の対象として全人民、すなわち救われざる者としての十方衆生、その救われざる者は必ず救われる者となる、その共同体が「仏法領」である。この言葉は、文明一向一揆の敗退状況において、近江大津の幸子房の正体なき有り様を批判した御文で、

ソレ当流トイフハ、仏法領ナリ、仏法力ヲモテ、ホシヰマヽニ、世間ヲ本トシテ、仏法ノカタハ、キハメテ疎略ナルコト、モテノホカ、アサマシキ次第ナリ

と蓮如が述べたのが初出である。黒田俊雄が「仏法領では、仏法がすべてを支配し、人びとは仏法によって擁護されあるいは罰せられる」(「一向一揆の政治理念」)と規定したのは、仏によって支配された人びとの関係を示す概念という意味である。人間が土地を支配するのが「領」であり、仏に支配される人間がアナロジーされて仏法「領」と表現されたのである。一定の土地を領域として支配するような意味での「領」ではない。必ず救うという理念(=仏法)の下の、救われるべき人びとの集まり=教団(=領)である。その意味では弥陀如来御領=如来の教団と表現してもおかしくはない。

すべての衆生は必ず救われる者としてこの仏法領の住人たりうるのであるから、仏法領は〈限る〉ことなく、一切の人びとに開かれている。一向一揆が他宗派信者をも組織しうるのは「仏法領」を理念としているからである。未信者、他宗信徒にも開かれていることの表明で、彼らは無宿善の機といわれ、いまだ信心の縁を得ていない者、いずれ必ず信心に入る縁を得る者なのである。従って一向一揆=教団=「仏法領」の理念は、国家という、

人間を領民として囲い込み、反対に、従わない者を排除し、土地の一定領域を限って占有するところに成り立つ国家という〈限る思想〉とは、真っ向から対立する。「仏法領」理念は非・超国家の理念なのである。

『蓮如上人御一期記』の前書に、真宗が六十余州に広まり、さらには「荊タン国人モ観世音菩薩ノ示現ニヨリテ我朝ヘワタリ」、「又ハエソ嶋マテモ御教化」がおよんだと記すのは、蓮如の教化が広い地域におよんだというばかりではなく、国を〈限る〉ことなく人びとが集まるのが「仏法領」であることを意味している、ともいえる。あるいはまた、同書百三十二条に、信心を取るを宿善と言い、「サレハ一流ニハ群機ヲモラサヌユヘニ、弥陀ノ教ヲハ弘教トモイフナリ」と、弥陀の教えが「弘教」という普遍性として表現されているのは、日本という国土人民という限定を超えることを意味しているともいえる。

『本福寺跡書』の「諸国ノ百姓。ミナ主ヲモタシ〳〵トスルモノ多アリ。……百姓ハ王孫ノユヘナレハ也」という言葉から、武家が「特定の私的主従関係のもとに「百姓」――とくに上層の――を包摂しようとする動向への拒否」であり、「百姓ハ王孫」の論理がそれを根拠づけていると読み取られた（朝尾直弘「「将軍権力」の創出」）。「普天之下、王土ニ非ザル莫ク、率土之浜、王臣ニ非ザル莫シ」という『詩経』の文言に象徴されるところの、全ての世界と住民を王の支配下にあると見なす王土王民思想が背景となって、王の権威によって武士の支配を超えようとするというのであるが、現実の私的支配を超える権威を「王」と表現したもので、現実の天皇を意味するものではなく、民衆が求める現世の権威を超える権威の意味であり、この言葉が真宗僧侶によるのであるから、最高神阿弥陀仏をアナロジカルに「王」と表現したと見ることも可能であろう。真宗門徒において百姓王孫とか御百姓という観念が見られたとすれば、それは最高神弥陀の客人としての門徒という意識がベースになっていると考えられる。普天の下の人民が全て王孫であると同様、全ての衆生が弥陀の支配下にあるから、それは〈限る思想〉ではない。

あるいは公界の観念も、言葉としては真宗には見出させないが、最高神阿弥陀仏のような現実世界に超越する権威が背後に想定されていたとすれば、誰のものでもない、みんなのものという意味で、全ての人びとを包括する「仏法領」概念に繋がり、国家というような〈限る思想〉とは相容れない。「天下は天下の天下」という言葉にも通ずるような、非・超国家の理念である。

「釈尊御領」もまた〈限ることのない思想〉非・超国家の理念である。不受不施義を貫き徳川政権によって対馬に流罪となった日奥は『宗義制法論』で、

今この世界は悉く、教主釈尊の御領なり。……小国の君主、誰か釈尊の御領を押領せんや。十方恒沙の国土、なほ教主釈尊の領内なり。扶桑国、あに法王の御分国に漏れんや。しかれば則ち、法華の行者は、釈尊の愛子として、釈尊の国土に住し、釈尊の教勅を蒙つて、その土地の所生の物を受く。これ利運の受用なり（三三一～二頁）

と、全世界が「釈尊御領」であって、日本もまたその分国の一つでしかないと述べている。日奥のこの言葉や『守護正義論』の「三界は皆仏国なり」を紹介して藤井学は、「三界＝釈土なる理念が、法華一揆を中心とした室町末期の正法圏樹立運動の精神的支柱となった」（「法華宗不受不施派について」一七七頁）のであり、その社会的基盤となったのは上層町衆や地方土豪武士であったが、彼らは釈尊より統治権を委託されたと観念されたから、正法統治として全世界は一つの理念の下におかれる。内部に国家という領域を〈限る〉ことがないという意味で、非・超国家の思想と見なしたい。

『宗義制法論』（下巻）では、日奥への日乾の非難が転記されている。

他、難じて曰く、もし爾れば、普天の下、王土にあらずということなく、山海の万物は、国王の有にあらざることなし。もし国主の供養を嫌はば、須臾も国王の地の上に処すべからず。土地所生の物、一粒一滴もこ

れを受くべからず。日奥、なんぞ伯夷・叔斉が如く飢ゑ死なざるや。（三二六頁）

日乾の思惟は王土王民思想に立脚するが、全世界が単一の世界であることを前提とすることでは日奥と同じ位相にあり、その世界の支配者が釈尊という宗教的絶対者か国王という世俗権力かという差異である。支配者が釈尊であれば〈限ることのない思想〉となり、国王であれば〈限る思想〉になろう。不受不施と受布施（王侯除外不受不施）の差異は、国家論の差異であった。

　世界が一つの普遍原理の下での単一世界であるという思惟は、仏教に限ることなく、同時代の基本的思惟であった。政治思想としての王土王民思想、天下思想、天・天道思想にこれを見ることができる。先に見た『詩経』の文言にもとづき、「「天下」の土地も人民もすべて王土王臣であるから、王土に孕まれ王臣たる者はすべて君主に服従すべしと主張するのが「王土」思想」（石毛忠「室町幕府の政治思想」三一頁）と規定される。ここでは、その政治思想としての機能に注目し、臣下に服従を要求する思想と位置づけられるが、世界観・国家観から見れば、天に覆われた世界の全ては、「王」という絶対者の下に一つの世界として成り立っているという思惟である。

　この王土思想と表裏の関係にありながら、これと対立して乗り越えた思想として天下思想が示される。「中国において「天下」とは、……新しい主権者による統一社会の実現の目標として創出された地理的・政治的・文化的概念であり、宇宙における至上の人格神としての「天」が照臨し君臨する「下《か》」民・「下《か》」土の意味で造語されたものである。なお具体的にいえば、「天下」とは、「天」と王（君主）と人民と国土の関係が一つの均衡を保って実現さるべき世界であり、文化的あるいは道徳的な価値の実現さるべき世界であった。そして「天」と王と人民と国土の関係については、（一）国土と人民は「天」に所属し、天命を受けた王はその統治を「天」から信託される、（二）したがって「天」は王の「天」ではなく、民の「天」であり、天命の去就得失は王が民意を得ると否とに――すなわち撫民仁政を行なうかどうかに――かかっていると考えられた。……「天下」の観念は、

「修身斉家、治国平天下」というかたちで儒教的政治理念――徳治主義――を形成する」（石毛忠「戦国・安土桃山時代の思想」二五頁、傍点石毛。同「織豊政権の政治思想」も参照）。

天下思想は、天下が超越的絶対者天と王・人民・国土が結合した統一体であることに注目すれば、王土思想とも、さらには「釈尊御領」とも、同じ論理構造を持っている。石毛は、それが統一の理論であり、信託された統治者に撫民仁政を要求する政治理論であることにおいて王土思想との差異に注目するが、世界観として見ればほとんど同じ位相にある。王土思想の絶対者王が、天下思想では天という超越性に従属せしめられたことにおいて、超越思想としての性格が強化されている。

石毛はまた、「「天下」思想＝「天」の思想――超越的な「王土」思想を退け、撫民仁政を求め、政権ないし主権者の交代をジャスティファイする」（前掲「戦国・安土桃山時代の思想」七頁）というように、天下思想と天の思想を撫民仁政―政権交替を正当化する、ほとんど同義の思想と見なす。それはまた『天道』（儒教の天道と区別される戦国期の天道）思想とも同義で、ただそこでの「天」「天道」は「倫理的応報をもって天地万物を主宰する人格神、あるいは宇宙人生をつらぬく合理的な法則を意味する一方、人間生活を神秘的に支配する不可知の存在、あるいはままならない運命的なものを指すこともあった」（同前一〇頁）というように、天命として具体的に活動し、倫理的応報や運命的支配を意味する人格的主宰神の側面が強調される。『天道』思想もまた世界観構造としては天下思想・天の思想に同じく、超越的天の一元的世界支配をいうものであった。

かく見れば、政治思想としての王土思想・天下思想・天の思想・『天道』思想の世界観と、宗教的世界観たる「釈尊御領」や「仏法領」は、同じ世界観構造に立っていることが判明しよう。大きく異なるのは、前者が統一の思想として働き、国家を目指すところから、〈限る〉思想として展開し、これに対して、後者は宗教的世界観として〈限ることのない思想〉に立脚して非・超国家の思想としての志向を内在している点である。

信長が天下思想に立脚して統一を進めたことはすでに周知のことがらである。その天下思想は、「天下は天下の天下」という本来の民の天下としての性格を失い、主権者の天下に転化されたものであった。このことを端的に証するのが石山合戦の過程における長島や越前での一向一揆虐殺である。信長が何故「根切り」「撫切り」と呼称する一揆虐殺を敢行したかは、信長の口からは一切語られない。藤井学が、信長の「自己の権力への絶対性への確信」故に、それに抵抗する一揆門徒は虐殺されねばならなかった（「近世初期の政治思想と国家意識」一三三頁）というのは、信長の天下の超越志向を意味しよう。朝尾直弘『天下統一』が「信長と一揆の人びととは、その来世観においてみごとな対照をみせている」「信長が撲滅したはずの反逆者が浄土に往生したりすることがあってはならなかった」（七七〜八頁）というのも、信長の天下の超越性への志向を指示している。藤木久志は「統一政権の成立」で、『信長記』に一揆・百姓を「不屑（もののかずとせず・いさぎよしとせず）という「武者」の意識」（三六頁）が虐殺の根底にあったというのは、屑にすぎない民は排除抹殺されるという論理が隠されているのであり、つまりは信長の〈限る〉国家構想が〈限ることのない〉思想を排除したというのである。信長の天下は選別する〈限る〉論理によって成り立っていることを示す。尾張徳正寺宛書状で信長は、本願寺門徒は「男女に不レ寄、及二櫓械（櫂）一程可二成敗一」と命じたのは、のちの天正十八年（一五九〇）の秀吉の奥州仕置に「一郷も二郷もなでぎりに、……山のおく、海はろかいのつゞき候まで念を入れ」とあることに繋がる国家観である。権力支配がおよぶ山奥、海の彼方までが、一見無限のようであるが、実は海で限られた列島内部が天下であった（大桑斉「石山合戦編年史料をめぐる諸問題」）。これが信長・秀吉の天下＝国家であった。

天下思想が主権者の思想となったとき、「釈尊御領」や「仏法領」のような〈限ることのない思想〉の対極に立つ〈限る思想〉、国家の思想へと転化するのである。撫民仁政と結びついた結果、天下は現実の政治権力を指示することになり、信長や秀吉が天下を自称することで、近世国家を志向する理念となり、「天」のもとにある全ての世界という普遍性を失い、日本という一定領域を意味することとなってしまった。近世国家は天下の国家という普遍性を偽装した領域国家として成立する。これが神国思想であり、そこから日本型華夷意識が生まれる。

天下思想は〈限る思想〉としては積極的テーゼを欠き、目指すべき国家の独自性が描き出せない。その欠落を補うのが神国思想である。秀吉段階で、例えば天正十五年（一五八七）のバテレン追放令が「日本は神国たる処」の文言で始まるように、神国観念が噴出するが、それは突然に始まったものではない。蓮如と少し遅れて同世代を生きた唯一神道の創出者吉田兼倶は戦国期宗教化状況における神道説の形成者であり、そして神国思想の先駆者であった（大桑斉『日本近世の思想と仏教』）。兼倶の『唯一神道名法要集』における「宗源」という概念は「神道」と同義で宇宙の究極原理であり、それを国常立尊に比定することで人格神化を試みた。釈尊や弥陀に匹敵する最高神の創出を目指したものであったが十分に展開されず、むしろ「神トハ万物ノ心」とか「心神」というように、心に神を内在化させる方向で展開された。「无上霊宝神道加持」といわれ、「无上霊宝」が三種神器を、「加持」が現世利益を指示し、合わせて「神道」という究極理念による国家統治の原理となる。そのような宗教としての「神道」は、日本を根本とし、全世界である天竺・震旦に展開したという、兼倶をして有名ならしめた根本枝葉花実論が展開される。

吾ガ日本ハ種子を生じ、震旦は枝葉ニ現はし、天竺は花実を開く。故ニ仏教は万法の花実たり。儒教は万法の枝葉たり。神道は万法の根本たり。彼の二教は皆是れ神道の分化也。枝葉・花実ヲ以て其ノ根源ヲ顕はす。花落ちて根に帰るが故ニ、今此の仏法東漸ス。吾が国の、三国の根本タルコトヲ明かサンガ為ニ也。

（『唯一神道名法要集』）

三国世界観の内に日本を位置づけ、その普遍価値である儒教と仏教の根本が日本の神道であるとして、日本の国家統治が神道によらねばならない由縁を説く論理である。兼倶は、戦国期宗教化状況において、究極原理である「宗源神道」を最高神に神格化し、現世利益による救済論によって宗教化し、日本国家の統治原理として展開したのであった。兼倶が日蓮宗の三十番神論を非難して、

国は是れ神国、君は是れ神皇、上一人より百姓に至るまで、僧俗・男女、吾が神明の後胤にあらざるはなし。（妙顕寺文書）

というのは、最高神釈尊による神々の編成、そのもとでの一円皆法華の論理を剽窃《ひょうせつ》して、日本を神国として編成しようと意図したものである。当時の関白一条兼良も『樵談治要』で「我が国は神国なり」と宣言した。これを鍛代俊雄『神国論の系譜』は「天下統合の国家論」と評している。

兼倶の思想を引き継いだのは三男清原宣賢であり、後柏原・後奈良天皇の侍講、将軍義稙・義晴の師、越前朝倉・能登畠山・若狭武田など戦国大名への下向講義など多彩な活動を開始した。宣賢の次男吉田兼右は、さらに進んで全国の神社の組織化に努め、その子兼見・神竜院梵舜も織豊政権に接近して大きな影響を与えた。こうした人びとの活動によって日本神国論は権力者たちに浸透してゆく。それは仏教の非・超国家の思想があり、王土思想・天下思想が国家論として十分でないところで、極めて有力な〈限る思想〉として国家理論となった。三国世界にあって日本という領域がその根源であり、その意味で他と区別される領域であることを神国と表現したのであり、加えて三国世界観を破って出現したキリシタン世界にも対抗しうる宗教的国家論であったのである。

## 五　思想の共通基盤

天は、元来儒教の概念でありながら老荘思想にも用いられるなど、そもそもが個別思想体系の枠組みを越えてその根底に横たわる概念であった。天が人間に運命論的処罰を下す側面を強調すれば「天道」思想といわれ、仏教の宿報や因果応報に対応し、創造主宰神的側面からはキリシタンのデウスにも比定される。天を超越的絶対と

すれば天下思想となり、それを釈尊や弥陀に入れ替えれば「釈尊御領」「仏法領」として宗教集団の理念にもなる。また一方で天命としての仁政を媒介に世俗権力の国家理念にもなりうる可能性を持っていた。宗教勢力と統一政権は、自己の天の超越を主張して相手の天を否定する思想闘争を闘ったのである。

天の観念を思想的拠り所とし、天下の主たろうとしたのが信長であったことは著名な事実である。石毛忠「織田信長の自己神格化」では、信長は仏教勢力との全面対決において「聖俗二世界の新秩序を一元的に確立する」（一三二頁）という課題と、天皇の伝統的権威克服の課題（一三七頁）から、キリシタンの「デウスの観念――天地万物の創造主であり、現当二世にわたる唯一の、かつ万善万徳の主宰者であり、したがってあらゆる地上の秩序の根源とされる――を換骨奪胎」（一四二～三頁）して「『天道』との一体化――自ら超越的絶対者『天道』となって天下を統治すること――をめざした」（一四六頁）という。戦国思想が目指した超越的最高神による多神教の体系化の帰結なのである。

信長が生きながらなった神とは、このような超越的絶対神なのである。秀吉もまた、そして家康も、死後ではあるが神になった。それは天下思想の天であったし、「釈尊御領」の釈尊であり、「仏法領」の弥陀であった。他の神仏の存在を否定するのではなく、その存在を前提としながら、それらを組織し従える最高神である。

かかる思想構造の根底には、天の思想と「釈尊御領」や「仏法領」、さらにはキリシタンのデウスが入れ替え可能な共通の思想枠があったことを問題化せねばならない。宗教思想にせよ世俗思想にせよ、この時代の思想は戦国思想としての共通基盤に立脚していると想定される。

神田千里『宗教で読む戦国時代』はこの問題へのアプローチを試みている。宣教師の説教を聴いた日本人は仏教と同じと感じ、一方で宣教師も、慈悲と罪の許し、三位一体にして一つである阿弥陀、釈迦十二弟子と十二使徒、祇園祭・お盆と万霊節、修道士・修道女の存在などにおいて相似性を見出し、「悪魔を引き合いに出さなければ、説明できないほど似ているものが仏教に多い」と思い、だからこそ日本人に受容された（三二～七頁）と考えたという。宣教師も戦国人もキリシタンと仏教の類似性を感じていたというのである。

『日葡辞書』に「天道」は「天の道、すなわち、天の秩序と摂理と、以前は、この語で我々はデウスを呼ぶのが普通」（六四七頁）とあるように、「天道」とデウスは同じ性格と見なされ、日本人キリシタン・キリシタン大名もキリスト教の神を「天道」として受容したのであり、一般の戦国大名が「天道」を信じたのと何ら変わることがなかったと指摘する（五三頁）。その例に『早雲寺殿廿一箇条』があげられる。そこでは「天道」は恩寵や冥罰を与える超自然的存在であり、それとともに仏神への信仰が重視され、神仏は本質的に同じものと観念され、神々を総体として信仰することが「天道」にかなうとされた。また正直公正など世俗的道徳が重視され、内面の倫理性としての真実の心が神仏加護を招くなどの内容を持つと分析された。こうして戦国大名北条早雲の「天道」は、内面の重視と超自然的摂理の結合であり、唯一神デウスの主宰に酷似した極めて一神教的な信仰であった（六七頁）という。かくして、「教義も行動様式も違ってみえる諸宗派は、じつは同一の思想的枠組みの中に収まる、共存可能な教団であり、それは「天道」思想を共通の枠組みとしていた」（八六～七頁）。結論的に「天道」観念の浸透は、「価値観や内面の世界においては、驚くべき整然とした秩序が存在」（二〇九頁）し、それが「統一政権成立の一つの要件」となったから、「統一政権の実現した「国家」を、民衆の集合心性に属する信仰の問題として考える余地」（二一一頁）があるという。

神田の指摘は、第一に、雑多に見える戦国の思想界は、「天道」思想という名による諸宗教共通の整然たる価値体系の枠組の内にあることをいうものである。その共通の価値体系、というよりは論理構造こそ、本論で展開してきた多神教を前提とした最高神による一神教である。それが整然たる体系を持つのは、最高神によって多神教が体系化された結果であった。第二の指摘は、その共通の価値体系が統一政権の成立の思想基盤であったということである。神格化思想が信長から秀吉・家康と継承されることにおいて、統一政権の思想基盤であったことは肯定されよう。

神田は、さらに論を発展させる。島原の乱において反キリシタンの立場をとった人びとは、自分たちの信仰を「日本の宗門」「日本宗」と称したことを指摘し、「自分たちの信仰や宗教心を、「日本」という「国家」との関係で位置づけ、「日本」に住む「日本人」という自己認識」（二一二頁）にいたったことを見出した。そして「政治権力に正統性を付与するこの「宗教」を「みえない国教」」（二一三頁）と言い、「国家は、じつは通常考えられているレベルをはるかに超えて、宗教的現象なのではないか」（二一四頁）と問いかける。共通思想基盤が「日本」や国家を生み出したことにおいて、国家論における宗教の重要性の指摘である。近世「日本」国家の成立がそのような性格で捉えられることは、本稿と軌を一にするものであり、国家と宗教の関連論に関しても基本的に同調するが、宗教を〈限ることのない思想〉、非・超国家の思想であることを見ない点で賛同できない。

いま一つ、神田の前提には、「戦国時代は、現在の日本社会の原型が成立した」時代（四頁）であり、勝俣鎮夫『戦国時代論』がいう戦国時代の変化の三点、民衆が歴史の主体となったこと、「未開」から「文明」への飛躍、国民国家の形成にそれを求めるという認識がある。従って神田がいう戦国が生み出した国家は国民国家ということになるが、それには全く同意できない。国民国家とは近代国家のことであり、戦国が生み出したのは、国民にあらざる民族国家としての「日本」である。その宗教はまた、「国教」であるよりは民族宗教である。民族とは、文化の一体性によって成立するものであることを知れば、近世はまさに日本民族の成立であり、民族宗教と民族国家を生み出したのである。宗教の姿をとった思想的一体性の形成が戦国期の思想史であり、それは日本民族の形成を告げるものであり、それが前提となって、国民としての編成を受けて近代国民国家が成立するのである。戦国時代は現在の原型ではなく祖型なのである。

## ［参考文献一覧］


朝尾直弘『天下一統』（大系日本の歴史8、小学館、一九八八年）
「「将軍権力」の創出」（『朝尾直弘著作集3』、岩波書店、一九九四年、初出一九七一年）
石毛　忠「戦国・安土桃山時代の思想」（体系日本史叢書23『思想史Ⅱ』、山川出版社、一九七六年）
「室町幕府の政治思想」（『日本思想史講座2中世の思想1』、雄山閣、一九七六年）
「織豊政権の政治思想」（『日本思想史講座4近世の思想1』、雄山閣、一九七六年）
「織田信長の自己神格化――織田政権の思想的課題――」（石毛忠編『伝統と革新――日本思想史の探求』、ぺりかん社、二〇〇四年）
五木寛之『蓮如―聖俗具有の人間像―』（岩波新書、一九九四年）
『蓮如―我深き淵より―』（中央公論社、一九九五年）
今泉淑夫「解説」（今泉淑夫校注『一休和尚年譜2』、東洋文庫、平凡社、一九九八年）
大桑　斉『日本近世の思想と仏教』（法藏館、一九八九年）
「仏教土着論」（『論集』仏教土着』、法藏館、二〇〇三年）
『戦国期宗教思想史と蓮如』（法藏館、二〇〇六年）
「真宗寺院成立史試論」（『大谷大学史学論究』15号、二〇一〇年）
「石山合戦編年史料をめぐる諸問題」（『大系真宗史料文書記録編12石山合戦』解題、法藏館、二〇一〇年）
勝俣鎮夫『戦国時代論』（岩波書店、一九九六年）
加藤周一「一休という現象」（『日本の禅語録12一休』解説、講談社、一九七八年）
神田千里『宗教で読む戦国時代』（選書メチエ、講談社、二〇一〇年）
鍛代敏雄『神国論の系譜』（法藏館、二〇〇六年）
黒田俊雄「一向一揆の政治理念」（『黒田俊雄著作集4』、法藏館、一九九五年、初出一九七五年）
佐藤弘夫『日本中世の国家と仏教』（吉川弘文館、一九八七年）

中尾　堯『日親――その行動と思想――』（日本人の行動と思想15、評論社、一九七一年）
野口武彦『日本思想史入門』（ちくまライブラリー、筑摩書房、一九九三年）
藤井　学「法華宗不受不施派について――近世初頭におけるその思想と社会的基盤を中心として――」（『法華衆と町衆』、法藏館、二〇〇二年、初出一九五九年）
「日蓮と神祇」（『法華衆と町衆』、初出一九五九年）
「法華専修の成立について」（『法華衆と町衆』、初出一九五九年）
「日蓮と立正安国論」（『法華衆と町衆』、初出一九七六年、原題「中世仏教の展開（その三）」）
「不受不施思想の分析」（『法華衆と町衆』、初出一九七三年）
「近世初期の政治思想と国家意識」（『法華文化の展開』、法藏館、二〇〇二年、初出一九七五年）
藤木久志「統一政権の成立」（『岩波講座日本歴史9近世1』、岩波書店、一九七五年）
真継伸彦『私の蓮如』（筑摩書房、一九八一年）
湯浅治久『戦国仏教――中世社会と日蓮宗――』（中公新書、二〇〇九年）

〔引用文献〕

『狂雲集』――『日本の禅語録12一休』（講談社、一九八七年）
『夢中問答集』――講談社学術文庫、二〇〇〇年
『浄土和讃』『尊号真像銘文』『出世元意』『決智鈔』『正信偈大意』『五帖御文』（『御文章』）――『真宗聖教全書2・3』（大八木興文堂、一九四一年）
『第八祖御物語空善聞書』『御文』『蓮如上人御一期記』『本福寺跡書』――堅田修編『真宗史料集成2蓮如とその教団』（同朋舎、一九七七年）
吉田兼倶『唯一神道名法要集』――大隅和雄校注『中世神道』（日本思想大系19、岩波書店、一九七七年）
伝日典『妙正物語』、日奥『宗義制法論』――柏原祐泉・藤井学校注『近世仏教の思想』（日本思想大系57、岩波書店、一九七三年）

『法華弘通抄』――『日蓮宗宗学全書1』（立正大学日蓮教学研究所、一九八六年）
「日眼女釈迦仏供養事」「上野殿後家尼御返事」――『昭和定本日蓮聖人遺文』（立正大学日蓮教学研究所、一九八八年、改訂増補版）
『日葡辞書』――土井忠生・森田武・長南実編訳『邦訳日葡辞書』（岩波書店、一九八〇年）

# 第二章　仏教的世界としての近世

『季刊日本思想史』48号（一九九六年）所収論文。一九九四年八月二十九日に、第三回日本宗教史懇話会サマーセミナーにおいての報告をもとにして、修正増補した。

## はじめに

思想史的にはもちろん、一般史的にも、近世という世界は、来世的信仰的な思惟とそれを代表する仏教の退場と、一方での現世的倫理的な思惟としての儒教の登場及びその支配的影響力をもって語られるのが常である。近世は仏教の時代ではないといわれるのであるが、まずこの常識を疑ってみるところから問題は出発する。常識とは逆に、近世世界における仏教の意味的存在を明らかにしたいのであるが、それは、近代の準備過程として描かれてきた近世思想史、およびそれに準拠する近世仏教思想史からの脱却を意味する。

従来の近世思想史は、脱宗教性の世界として構築された「近代」をメルクマールとして近世を俎上にのせ、そこに「近代」の先駆としての非宗教的世界を見出そうとしたのであるから、そもそも近世の宗教性を問題にする視点を持っていなかった。同様に、そのような眼を問題化しないで近世の宗教性を評価しようという、できるはずのない逆立ちを試みようとしたのが近世仏教思想史の研究であった。そこで宗教性が発見され強調されたとしても、その視点自体が、宗教性を本質的なものと認知することを拒否するパラダイムのうちにあるから、宗教性はせいぜい近世世界の補完的一要素としてしか評価され得ないのである。ここで思いきったパラダイム転換を試みなければならない。近世は宗教的世界であり、また仏教的世界である、と。

それなら近世が仏教的世界であるということはどのようにして言い得るか。そのためには新しい視野からのパースペクティヴが必要であり、そこに発見された近世は仏教的世界としてどのような特質を持つか、が究明されることになる。そこに見えてくる新しい近世世界は、仏教（宗教）と絶縁した世界として描かれる「近代」とはまったく異質な世界であるはずである。近世が宗教的世界として「近代」の異郷であるなら、それは改めて「近代」の誕生を問いただすことになろう。

## 一　研究史から

〈仏教的世界としての近世〉論はそれなりの前史を持っている。当然のことながら、「近代」を批判的に見る目がその始まりとなった。すなわち、「孤立した個人主義を克服するための、また個人を絶対とする思想や制度のうみいだした頽廃から、人間を救いあげよう」[1]としたと評される和辻哲郎に、その一つの始まりを見ることができる。和辻は『風土』[2]において「人間の歴史的・風土的二重構造においては、歴史は風土的歴史であり、風土は歴史的風土である」（傍点和辻）と言い、また『人間の学としての倫理学』[3]では「人間とは「世の中」自身であるとともにまた世の中における「人」である」というように、自然と歴史、社会と人間を弁証法的統一として捉える視点を打ち出したのであるが、このような視点が日本の文芸と仏教の関係論[4]に適用されると、一方に外来思想である仏教をおき、他方にその影響としての文芸や文化を捉える方法が批判され、いわば「歴史的風土」の一要素である仏教と「風土的歴史」としての文芸の関係と捉える視点が提示される。

> 仏教という一つの固定したものがあってそれが「外から」日本の文芸に影響したわけではない。仏教は日本において生きて働いていた。そうしてそれがそれぞれの時代の特殊な姿をもって、広く深く時代の生活に滲み徹って行ったときに、その生活の地盤から仏教に浸透せられた文芸が作り出されたのである。だから仏教が偉大な美術の創造や、深遠な哲学の理解やあるいは猛烈な信仰運動として動いていた時代には、文芸は必ずしも仏教的ではない。右のごとき偉大な運動が文芸を創作しあるいは鑑賞する人々の心情に食い入った後に、従って仏教自身の運動としてはややその新鮮さが失われた後に、文芸が著しく仏教的色彩を帯びて来るのである。（三八〇～一頁）
>
> かく見れば日本における仏教がその新鮮な活力を失った時代、すなわち徳川時代において、文芸がかえって著しい仏教的色彩を見せるのも、文芸の性質上当然のことでなくてはならぬ。（三八二頁）
>
> 日本の文芸は外来的なものとしての仏教の影響を受けているのではなく、己れ自身の生活としての仏教的体験から産まれ出たのである。（傍点和辻、三八二頁）
>
> 徳川時代の民衆にとっては「あの世で逢える」というようなことはきわめて当然の信仰であり、……それほどに来世の信仰は一般的であった。だからそれが文芸の上に色濃く現われてくるのは当然なのである。かかる点より見れば、文芸が最も遠く宗教から離れた徳川時代において、逆に最も深く仏教に浸透せられていると言ってもよいであろう。（三九五頁）

ここでの徳川文芸の仏教性の主張は、徳川時代は「日本において生きて働いていた」、つまり「歴史的風土」となった仏教が、「人々の心情に食い入った」時代であり、「己れ自身の生活としての仏教的体験」となった時代であること、つまり近世世界は人びとの生き方そのものが仏教的であったという見方が前提となっている。そこに産み出された徳川文芸が仏教性を持つことは当然なのである。和辻のこの視点は、文芸に限らず「生活としての仏教的体験」から産み出された文化一般の仏教性への視点と見なしてよく、〈仏教的世界としての近世〉論の最初の提言として評価されねばならない。

最近の尾藤正英の仕事[5]は、このような和辻の論と呼応するかのようである。すなわち、

葬式仏教の観を呈したのは、生前の日常の生活と仏教とが無関係であったからではなく、むしろ逆に、日常生活のすべてが仏恩に支えられているからこそ、出家をしたり特別な修行を積んだりしなくても、ただその仏を信じ、念仏などの簡易な「行」を実践するだけで、無条件に救済にあずかることができるとする信仰が、人々に共有されていたためであった。（二三四〜五頁）

と、和辻と同様、日常生活に浸透し人びとに共有された仏教という視点を述べ、そこから、

仏教は「家」の次元での共同性を、また神信仰は、その「家」を統合した組織の次元での共同性を、それぞれその精神的基盤とすることにより、それら共同体の共同性の中にこそ、個人の存在の意義が見出されるとする思考の一種の宗教的な表現として、まさに個人が生きてあることの根拠をなす「一つの宗教」として機能していた（一二三頁）

として、共同体の中の個人という視点から、近世に神仏が統合された「日本における国民的宗教の成立」を見たのである。近世は国民的「宗教」の時代とされたのであり、近世にそれを見ようとすること自体、近世世界を宗教性において捉えることの表明と見なしてよかろう。

また、これらとは直接関係はないにしても、黒田俊雄[6]の、近世宗教体制で「国教的位置に置かれていた」（三二七頁）仏教の「庶民信仰の上の幅広い基盤となったもの」（三二八頁）としての「いえ」仏教という評論などは、近世社会が「家」社会であるという常識を前提とすれば、近世を仏教的世界と見る考え方の一つの現れと見てよいであろう。

このように思いつくままにとりあげてみただけでも、近世が仏教的世界であることを示唆するような研究動向が次第に出始めているのであるが、いまだそのことが明確に意識化、問題化されているとは言いがたいのが現状である。筆者自身かつて、仏教「教団」は比叡山焼き打ち・石山開城などの武力的制圧によって壊滅させられ、屈服を強いられたが、「このことと、仏教そのもの、あるいは人々の信仰が壊滅屈服させられたかどうかは、まったく別のことがらである」(7)と、近世に仏教信仰が意味的に存在する可能性を指摘したが、そこでもまだ〈仏教的世界としての近世〉というように、意識的に問題化するにはいたっていなかった。

一方、これまで近世非仏教世界観を主導してきた近世思想史の分野でも、その基盤に亀裂が入り始めている。たとえば野口武彦(8)は、思想史の主体を論じた発言において、

かりに思想史について語る端緒を江戸時代に取るにしても、仏教の凋落と儒学の勃興という具合には話は進まない（四〇頁）

仏教はやすやすと無抵抗に、思想史の主座を明け渡したのではなかった。無血の、そして深甚な思想闘争がたたかわれた（四五頁）

などというように、安易に近世を非仏教世界と見ることを戒め、近世における儒教と仏教の思想闘争を問題化することを提言しているが、それは少なくとも、近世における仏教の意味的存在ということを前提にしなければ生まれてこない視点である。

尾藤正英がそうであったように、儒学思想史のうちから仏教の意味的存在を積極的に主張する論を構築したのは黒住真(9)である。黒住は尾藤の神と仏の機能分担による「国民的宗教」成立論を「棲み分け」論として継承し、それに「非宗教的な意味での「学問」および倫理的政治的な「道」」としての儒学を加えて「思想体制における近世的「統一」形態」（二八〇頁）を構想した。そうした「近世的「統一」形態」は、「葬儀・法要や攘災鎮護の

祈禱つまり異界的な霊魂に対する操作・媒介・安定行為」（二七五頁）を分掌し、「他界や死に関するつよい絶対性」を持つ「仏教信仰の囲い込み」を必然としたところに成立したのであり、それによって仏教は逆に「社会統制の力を鍛え上げながら定着していく」（二七七頁）と捉えた。

また儒学ことに宋学は、じつは仏教のふかい思想力も換骨奪胎しつつ構築された思想であって、その意味で儒仏はいわば「同穴の狢」である。両者は神をめぐって競合し合う関係にある。とくに仏教が寺檀制よって死の世界を管理する葬祭権を確立してしまったことは、こうした力をも含めての全面的思想構築を望む儒者および神道者にとっては、はなはだ問題事であった。（二七九頁）

というのを合わせて考えれば、黒住は近世の儒学・神道のあり方が、定着した仏教によって規定されていると論じている、と見ることができよう。黒住は別の論文[10]では仏教を中心に論じ、上記のような機能のほかに、近世社会の「積極的な形成者でもあることを自ら証明」（二一四頁）するために社会倫理を仏教的に説くことに関心をもったとも論じている。ここではもはや近世は非仏教世界であるというような観念は退けられ、意味的存在としての近世仏教が見出されている。しかしながら〈仏教的世界としての近世〉観は、いまだ意識化されていないのである。

儒学思想史研究者のこのような仏教への注視は、〈朱子学＝近世イデオロギー〉といういわゆる丸山パラダイムからの転換を求める研究動向とかかわっている。その一つの到達点であるヘルマン・オームスの研究[11]は、その目指すところは別にして、結果的には、少なくとも近世初期のイデオロギーがきわめて宗教的であることを認識させた。すなわちオームスによれば、寛永期の「体制の神聖化」を課題としての民間でのイデオロギー形成は「天と心の思想」によるが、それは仏教・神道・天道思想などがパッチワークのように組み合わされたものであり、そのイデオローグの代表としてとりあげられるのは儒者ではなく禅僧鈴木正三である。これらのイデオロギー形成の歴史過程は山崎闇斎によって構造化され「イデオロギー的完結」をみるが、それは闇斎朱子学よりは垂加神道を対象にしていわれるのである。このように諸宗教が近世イデオロギーとしてとりあげられたことは、すでに早くからいわれていた。石田一良の「イデオロギー連合」[12]論がそうであったように、丸山パラダイムの彼方に宗教的世界が発見されることを示している。

このように、儒学思想史を中心として〈仏教的世界としての近世〉へのアプローチがなされているが、仏教史の研究からはこうした方向性はむしろ希薄である。ここで今いわれているのは、近世仏教の民衆化である。

近世仏教の特色といえば、日本人の全国民が仏教徒になったことであろう。その意味で仏教伝来以来日本仏教にとって、もっとも輝しい時代ともいえる近世仏教こそが、本当の国家仏教の時代といっていいと思う[13]といわれるのは、一見〈仏教的世界としての近世〉論に近いが、仏教が最も普及したのは近世であるというのであって、近世が仏教的世界であるといっているわけではない。そしてここでは、仏教の普及（別の箇所では「民衆生活とのかかわりが深くなった」とも＝仏教の民衆化）が評価され、「国家仏教」がその否定的側面としていわれている。このような仏教の普及ないしは民衆化を評価する動向は、主として民俗学的な研究やその成果に依拠したものであり、尾藤や黒住のいうところと重なり合ってはいる。しかしながら近世世界の全体の内に仏教をどのように位置づけるかという視野を欠き、尾藤・黒住のような見通しを有していない。

このような民俗的世界を中心とする生活化した仏教という論に対して奈倉哲三[14]が「真宗地帯はこれと違うのではないだろうか」と感じたように、民俗的世界に対して独自性を保持し続けた真宗への注目がなされてきた。奈倉は越後を舞台にして、明治政府の廃仏毀釈に抵抗した真宗門徒の強烈な往生信仰を明らかにし、「現世に対して主体的にかかわる」という精神史のうねりと位置づけた。このような方向は、早くから児玉識[15]が提言し続けた神棚・位牌拒否や墓のない村・真宗流共同体規制などの真宗門徒の独自性が、廃仏毀釈への「しなやかで強靭な抵抗」を産んだという主張、あるいは、近年の有元正雄[16]の、殺生忌避が真宗門徒の独自な信仰倫理を産み出したという主張とともに、近世真宗の「近代」へ向かっての意味を捉えようとするものであろう。これらは、近世という世界が非宗教的世界であるという前提を問題化する視点を持っていないから、真宗の独自性（つまり真宗の「近代」性）をいえばいうほど真宗以外の仏教は「近代」への方向性を持ち得ないものとして否定され、結果的には近世世界における仏教そのものの位置づけが視野から脱落してしまうことになる。近世仏教思想史は自らこの袋小路からの脱却を目指さなければならない。

## 二　〈心の思想〉としての〈住み着〉き

この小論では、近世は非仏教的世界であるという観念を超えて、〈仏教的世界としての近世〉論を提示してみたい。このとき問題になるのは、近世を仏教的世界と言い得るにはどのようなことが言い得なければならないか、ということである。思想史の観点から考えるならば、近世世界の基底をなし、この世界を規定する思惟、それが仏教的性格をもつか否かということ、これが問題であろう。言いかえれば、近世的思惟とは何であり、それは仏教かどうかという問題、といってもよい。

このように近世的思惟を問題にするとき、近世初期には〈心の思想（言説）〉と呼ばれる思惟が広範に見られ、かつ時代思想のうちに重要な位置を占めていると指摘されていることが想起される。たとえば子安宣邦[17]が、本居宣長が批判しなければならなかった先行言説として〈心の言説〉の存在を指摘し、以下のようにいう。

私がいう「心の言説」とは、社会における一般的知識を構成しようとする儒教が、人々に通有する心によって一般的教説として展開しようとしたものだということである。「心」は特権者の悟りの文脈から、人々それぞれの心という一般的文脈に移される。そこに、近世の「心の言説」は成立するのである。その際、「心の言説」という一般的教説の成立を支えたのは、〈人々それぞれの心は一理を分有している〉という、宋代儒学の性理論である。この宋学の性理論に立つものであるかぎり、私たちがさきに見たように、惟足の神道的教説も羅山の儒家的教説も「心の言説」として共通した性格を示すのである。（一四八～九頁）

儒教が一般化するためには、心が「特権者の悟り」、つまり仏教が教団に独占されていた状態から解放されて「人々に通有する」ものとなることが必要であったが、宋学の理一分殊の理論が解放された心の通有性を裏づけたことによって、このことが可能になった、というのである。当面の問題に引きつけていえば、儒学思想史研究が、近世初期において人びとに解放された通有の思想基盤としての〈心の思想〉の存在を承認したのであり、さらには心が教団から解放されたというのは、その〈心の思想〉が実は仏教に由来するものであることを暗默裡に認めた、という意義をこの言葉は持っている。またそのことによって、日本儒学の心学的性格などの問題が近世思想史に位置づけられ、心を問題とする他の諸思想との共通の基盤において考えることを可能にしたのである。おそらく、〈心の思想〉の成立を支えたのは、宋学の理一分殊の論理である以上に、仏教唯心論であり、のちに詳しく述べるが、中世に大きな思想潮流を形成した本覚思想の、「唯心の弥陀、己身の浄土」というタームで示される思惟が重要であることを注意しておきたい。

このように儒学思想史研究から〈心の言説〉が問題化されてきたのであるが、私見[18]からすれば、近世初期に、仮名草子という文芸を媒体として論じられた「唯心弥陀」や「心外無別法」のタームで表される仏教唯心論こそ〈心の思想〉の中核をなすものと捉えることができる。それは壊滅させられた教団に代わって、人びとが自らの仏教を形成し始めたことを示すものであり、儒学思想史研究が注視する〈心の言説〉はこの基盤の上に展開するのである。かくして当該期思想界の中心課題に心の問題があり、それは仏教が教団から解放されたことによっているという認識を共有するにいたったのである。そして心への注視は仏教への注視と同じことなのである。樋口浩造[19]は近世神道を問題とし、そこに「万人に信仰を開いていく」「近世的言説」が成立すること、そこに「心を以てする「説得の様式」」を見ようとしている。こうしたことは仏教においても起こっていたのである。ここに野口武彦がいうように、思想史の首座をめぐる「深甚な思想闘争」が儒教と仏教を中心として展開されることになる。言いかえれば、近世世界の基底にあってこの世界を規定する思惟として仏教唯心論があったということになろう。

しかも、仏教が主導していた〈心の思想〉は、近世初期の人びとが時代の思想課題に応答しようとしたものであるという点で、たんに世界の基底にあるというだけではなく、歴史の推進力・創造力そのものであり、この時期の人間の生きざまをめぐる思想闘争を引き起こしたと考えられる。このような研究動向を踏まえるなら、近世初期思想における〈心の思想〉の仏教的性格を明らかにすることが〈仏教的世界としての近世〉論の思想史的な論拠を提示することになると考える。

近世初期における〈心の思想〉は、「人々に通有する」といわれるから形態的にはさまざまであり、必ずしも仏教そのものという姿をしているとは限らない。中世までの仏教が、仏教の名のもとに諸思想諸宗教をすべて包含し体系化したのとは異なり、むしろ仏教としての本来の姿を隠し、さまざまな形態に姿を変え、諸思想諸宗教の根底をなす心に〈住み着〉いている、ということに着目せねばならない。一見仏教ではないような様相を見せる思想宗教の根源に心として〈住み着〉くことで、その思想宗教を陰に陽に仏教に引きつけていく。天道思想とか儒教とか通俗道徳とかの形態を取りつつ、その根底に〈心の思想〉として〈住み着〉き、それらのタームで表面的に飾り立てた一見非仏教的に見える文芸や芸能に根底的に仏教性を付与し、あるいは儒教や神道で粉飾された国家論や政治思想にも忍び込んで〈住み着〉いているのである。そこで以下、まずこの点を確認してかかろう。ただし国家論や政治思想の側面に関しては別に論稿を考えているので、ここでは言及しないことを断っておきたい。

## 三　天道思想と儒教に〈住み着〉いた仏教

### (1)天道思想

仏教が諸思想諸宗教の内部に〈住み着〉く、逆にいえば諸思想諸宗教が仏教に〈寄生〉するとき、〈心の思想〉という形態を取る。その一つのキーワードが「唯心弥陀・己身浄土」というタームで、近世初期、さまざまな文献に見出せる。

仏教とか儒教とか神道などの枠組みを始めから無視して生まれたのが天道思想であるから、そこに仏教の〈住み着〉きのありさまを最も良く知ることができる。天道思想の代表的一書『心学五倫書』[20]にその事例を求めてみよう。その第一条で、

人の心はかたちもなくして、しかも一身のぬしとなり、爪の先髪筋のはづれまで、此心行わたらずと云事なし。此人のこゝろは、天よりわかれ来て我心と成なり。本は天と一躰の物なり。(二五七頁)

という。この「人の心は……一身のぬし」が『大学章句』の「心者、身之所主也」を踏まえること、また「天よりわかれ来て我心と成なり」が理一分殊の理論であるとみれば、この第一条はたしかに朱子学的であるが、一方でこのような一身の主であり天より別れたものである心を、仏教の唯心弥陀の観念のバリエーションと見なすことも可能である。たとえば鈴木正三の諸書[21]には「唯心の浄土、己心の弥陀といへり。我に有弥陀仏、念じ出す事堅かるべきにあらずや」(『盲安杖』五九頁)とか、「われすなはち、ほとけなるとき、ほとけをみる事あるべからず。ゆいしんのじやうど、己心のみだとおしへたまふなり」(『念仏草紙』一三〇～一頁)など、唯心弥陀の思惟が多出し、自己の心が仏であるという点では〈心＝一身の主〉という思惟であるといってもよい。さらに「仏性法

界に普して、一切衆生の主人と成。……此心仏を悟る時は仏也」（『破吉利支丹』一三五頁）というように、〈衆生の主＝心＝仏〉と展開されれば一身の主としての心という思惟と全く同様な意味合いとなる。また「本覚真如の一仏、百億分身して、世界を利益したまふなり」（『職人日用』七〇頁）といえば、理一分殊と同様な思惟を仏教的に表現したものということができよう。

『心学五倫書』の全体的性格については別に考察した[22]ことがあるので詳しくはそれに譲るが、この書は仏教を無心論と捉えて有心論の立場から仏教批判を行なうのであるから、仏教批判にもかかわらず思惟様式としては仏教と同じ唯心論なのである。したがって『心学五倫書』の天道思想は〈心の思想〉の典型であり、その心のありようは仏教唯心論としての唯心弥陀説のバリエーションと読み取ることが可能である。特定の思想家によらない社会思想としての性格を持つのが天道思想の特色であるが、そうであるがゆえに、社会思想として人びとの思惟様式となっている仏教、つまり人びとの心に〈住み着〉いた仏教が基盤となり、その上にさまざまな体系的思想・宗教が取り込まれ、それらの言葉や論理が用いられて表現されてくるのである。朱子学的用語で心は一身の主、心は天の分肢と表現されても、それは必ずしも朱子学的思惟を意味するわけではなく、〈住み着〉いた仏教唯心論に貫ぬかれていることを見抜かねばならない。

### (2) 儒教

最も仏教と遠いはずの儒教の言説のうちにも〈住み着〉いた仏教が発見できる。松永尺五は、仏教唯心論の言葉を頻繁に用いた儒者の一人である。その著『彝倫抄』[23]は「此国仏法繁昌ナレバ、仏法ノ教ニツイテ、儒道ノイヨイヨ行ヒヤスキ所アル義ヲ申スベシ」（三〇五頁）という立場で著わされたものである。したがってこの書には「仏法ノ義」が氾濫しているのであるが、たとえば、其禍ハ天ヨリ下ニモアラズ、……コレ福ノ一心ヨリ来リタルナリ。……コレ一心ヨリ禍生ズルナリ。仏法ニモ「三界唯一心、心外無別法」「己心ノ弥陀、唯心ノ浄土」トアレバ、只一心ヲタヾシクロクニモツヲ肝要トスルトミエタリ。（三一二頁）

というのは、果たして儒道を「仏法ノ義」で語ったものなのだろうか。禍福の根源は「一心」にあると説き、その心の根源性は「心外無別法」や「己心ノ弥陀」というように仏法でもいわれていると、比喩として仏教を用いている形をとっている。儒仏は差異よりも一致でいわれているのであるが、これは尺五が述べていることに従えば、儒教を理解させるためのテクニックとして理解しなければならないのである。

しかしながら、この文を熟読すれば、比喩であるという言明にもかかわらず、尺五が仏教に立脚して儒教を理解している思惟のありかたが暴露されてくる。すなわちここでの尺五の論理の根底にあるものは、心こそが万物万象の根源であるという思惟にほかならず、それゆえに心のありようが万物万象のありようを決定してくることになり、ここに禍福はすべて一心より起こるという論理が成り立っているのである。このような心の根源性が仏教の言葉として「心外無別法」（心の外に存在するものはない）と表現されたとき、それは比喩性を超えて、尺五の思惟の本質をきわめて適切に表現するものとなっている。言いかえれば、その思惟そのものが仏教唯心論なのである。玉懸博之[24]は尺五には「心の理解と情の理解の面において必ずしも朱子学的でない点も認められる」としてこの部分を例にあげ、「心こそがあらゆる現象を生み出すものであり、倫理的観点からいえば心さえ正しければおのずからにして諸々の場面の行為の妥当性が獲得されるとみなす禅的な心の理解がみとめられる」（五一〇頁）と、尺五に仏教的思惟を認めている。このように儒教に名を借りて仏教が『彝倫抄』に〈住み着〉いて主となり、形態的には〈心の思想〉の姿をとっているのである。

儒者の中でも宗教性が強いことで有名な中江藤樹になると、『鑑草』[25]では、福ひの種は明徳仏性なり。……明徳仏性の修行誠ありても福ひを得ざる人も有べし、いかゞ。曰然り、夫は生れつきの福分うすき故か、又は先祖積悪の余殃……。明徳仏性の修行すなはち後生仏果を得る修行なり。いかんとなれば、今生後生すべて心に有。今生に心なければ、此身しがいにして今生のはたらきなし。後生に心なければ、極楽地獄の果を受るものなし。……或は自性覚即是仏、……或は唯心浄土己《ママ》心弥陀などゝいへる大乗の法門皆此理りをあかせり。（三一七〜九頁）

「今生後生すべて心に有」とはあたかも仏教書がいうようである。これは、『鑑草』が「女中方ノ勧戒」のための書物として(26)著わされた啓蒙書であって、わかりやすく仏教を用いて説明したためであるといわれている。このように見る立場からは、儒教における「明徳」という真理が心に内在することを説明するために、同様に心に内在する真理概念である仏教の「仏性」と結びつけて「明徳仏性」とし、そのような自己に内在する本性を覚ることを「自性覚即是仏」とか「唯心弥陀」と仏教の教理に引きつけて説いた、というように説明されるのであろう。仮にこれを認めても、藤樹が仏教を比喩として使う有効性を認めて使用したこと自体、このような仏教唯心論が一般的通念となっていたことを示すだろうし、儒教を仏教で説明する有効性を、またそれが可能であることを、藤樹は認識していたことになる。

このような『鑑草』における仏教という問題は古くから研究者を悩ませているが、近来この問題に取り組んだのは高橋文博(27)である。高橋は「「翁問答」と「鑑草」の間に共通する藤樹の思想の核心は、現在の自己の心において無上の真楽を獲得することを求める修養論であり、死後の霊魂を主題化して死後の霊魂の救済を求めるものではない」（二三頁）と主張し、藤樹はこのような修養論に適合するか否かを基準として仏教などを包摂したり、排除したりしたのであるという。このような高橋の論はそのメルクマールとなっている藤樹の修養論自体が大いに問題である。「死後の霊魂の救済を求める」のが宗教で、それを目指していない以上、いかに「無上の真楽を獲得すること」（あるいは、「心を「迷」から「悟」へ転換すること」ともいう――一二六頁）を求めても、それが現世のことであれば宗教ではない（まして仏教ではあり得ない）と高橋は考えるのである。この考えによれば、現世の倫理性を重視した近世の仏教、とくに禅などは宗教ではないことになろう。そうした宗教観からは、「今生後生すべて心に有」という言葉は、死後の霊魂を問題とする仏教を包摂するための方便としか捉えられないから、〈心の思想〉として問題化されることがない。これとは別に『鑑草』の仏教を問題にした心山義文[28]も、同様に「戦術としての仏教」と捉えている。

尺五・藤樹とちがって仏教用語を厳密に避けようとした林羅山にしたところが『三徳抄』[29]で、

皆、我心ノ理ヲキハメテ智ヲツクス。工夫ヨリ末ハアマタアレドモ根本ハ只一ナルユヘニ、一理ヲ以テ万事ヲツラヌキ、一心ヲ以テ諸事ニ通ズル也。其理ト云モノハ即我心也。心ノ外ニ別ニ理アルニアラズ。（一五三頁）

と、朱子学の性即理に反して心即理と言い、心の外に理を認めないというのであるから、仏教の「心外無別法」と変わらぬといわれても弁明の余地はない。それなら羅山は、何ゆえにこのように理を心に取らねばならなかったのだろうか、と問えば、羅山の発想自体が心に拠点をもつものであったと見るのが自然であろう。前述の「心の言説」に関する子安発言は、この羅山の言葉を引用して始められているのは暗示的である。『随筆』[30]四で理気の一元・二元を論じて「之ヲ要スルニ一ニ帰スルノミ、惟心ノ謂カ」（原漢文、八四四頁）というのを加えれば、少なくともこれが唯心論であり〈心の思想〉であることは明白であろう。超越性外在性と心への内在性を共有する朱子学の理は、ここではもっぱら内在性において理解されている。このような理の内在性における儒者の理解は仏教的タームや仏教唯心論の便宜的利用ということで処理できる問題ではなく、儒者たちの心にも仏教唯心論が〈住み着〉いている結果であると考えられる。

## 四　仮名草子の仏教

近世初期の文芸である仮名草子は、その仏教的性格が一つの理由となって、中世のお伽草子と近世の浮世草子の中間に位置する過渡的文芸と規定されてきた。仏教的であるゆえに過渡的であるという通説は、まさしく近世は非仏教的世界という通念に立脚していることを示すものである。またその教訓書的性格や文学的未熟性といわれるものは、近世文芸を近代芸術の眼で眺めるところからの評価であり、そのような眼を離れてみれば、仮名草子は近世初期の時代的思想課題へ直接対応した書であることが明らかになる。仮名草子の内には、お伽草子や浮世草子とは性格を異にし、文芸の姿をとった、一種の、この時代特有の、民衆的思想書とみなすべきものが多く含まれている。それのみならず、これらの思想的仮名草子は先行書における時代の思想課題を継承し、試行錯誤を繰り返しながら、粘り強く思索を続けているのである。そのような仮名草子が仏教的性格を持つということは、ここに継承された課題とそれへの応答がきわめて仏教的であるということであり、和辻哲郎風にいえば、時代の中に沈潜した仏教が生活化して文芸作品の中ににじみ出てきたということなのである。

以上のようなことがらに関してはすでに論じたことがあるので(31)、全面的検討はそれに譲るが、一つの例をあげて補足的考察を加えておきたい。仮名草子の第一作の名誉を与えられる慶長末年の作品『恨の介』(32)においては、恋を「心の妄執」としながらその成就を祈るという矛盾的心情がモチーフとなっているが、そこには「思へども思ふ事、叶はねばこそ憂き世なれ」（七〇頁）という言葉がみえ、「思ふ事」すなわち恋が叶わぬのは因果の定めとされている。言い換えれば、恋ということに象徴されるのは、一切の根源である心を自由に解き放つことなのであるが、それを阻んでいる因果もまた心から生まれながら、心の外に聳え立つ絶対原理となって恋を阻むという矛盾、それが問題にされているのである。恋も因果もともに己の心が生み出したものであるが、それが心を縛っていくという矛盾から、心の解放が求められているのである。すべては心に発し心に帰着するという点でまさに「心外無別法」「三界唯一心」の思惟というべきであり、仏教が心に〈住み着〉いているのである。それが大前提となり、その内での自由が求められている。恋する二人の死、そして往生が示唆されて物語は終わるが、ここに〈心の思想〉における心の解放＝自律のあり方が示されている、と考える。

寛永初年の『恨の介』のパロディー版『薄雪物語』[33]は、この言葉を「げにや思ふ事かなはねばこそ、うき世なれ」（二七六頁）と継承することで、パロディーであるだけではなく、課題をも引き継いだことを表明する。しかし共通しているのは言葉、つまり課題であって、その課題への答は当然ながら異なっている。『恨の介』では恋が叶わぬのは因果の定めとされ、その因果を何とか破ろうとする主人公が設定されるが、『薄雪物語』では、ヒロインの「谷蔭のうす雪」（二〇二頁）という無常の自覚の中で恋が成就され、またうす雪の消えるような死で終わるという無常感と、それに捉えられた人間が基調となっている。『恨の介』における因果に代わって無常という原理が導入され、心を呪縛する力の強大さが誇示されることで、ここでは虚無が姿を現している。こうして恋に象徴される「思ふ事、叶は」ぬ理由を問題とする二つの仮名草子は、因果・無常という仏教的世界を構成する原理を俎上にあげるが、それらを否定し超克するのではなく、その内での自律を求めようとするのであり、その限りで、仏教が〈住み着〉いた〈心の思想〉の枠組みの中での思惟であった。

ところで、この「思ふ事、叶はねば」という言葉は、仮名草子以前から人口に膾炙したものであったようである。慶長の朝鮮侵略に従軍させられた九州臼杵の真宗僧侶、安養寺慶念の『朝鮮日々記』[34]慶長二年（一五九七）十二月十一日条には、帰国の念願が叶えられそうもないことを悲しんで、

業平のいせ物語にも、おもふ事「かなわねハこそうき世なれ」かなわぬまてをおもひてにしてとありけれハ、此うたの心をとりて、

かなわぬハうき世なりけり何事もとハおもへ共ぬるゝ袖かな（一二一頁）

と記している。典拠を『伊勢物語』としているのは慶念の思い違いであろうが、そのように思いこむほどこの文句は著名なものであったことがうかがえよう。

この言葉はさらに寛永末年の『大仏物語』[35]に継承される。「思事合ぬとて道心発す」という考えに対して、「天下の身上のならぬ百姓小物ざるふりなどは皆々世すて人になるへきか」と批判し、そこから、

おもふ事かなはねハこそうき世なれ、万事かなはぬ所をかなへんとおもふ心がはりあひになりてこそ、味もあれ楽も亦其中にある

と、前の二作品のようなかかわりをひっくり返している。「おもふ事かなは」ぬはもはや考えてもどうにもならぬ当然の前提とされながら、それでもなお「かなへん」と思う態度が推奨される。前の二作品が因果や無常という仏教的思惟を基調にこの言葉を発したのに比べると、ここでは非仏教的に解釈されているかの感を受ける。しかし心山義文[36]は「積極的な心的態度をすすめ、社会生活の現実から逃避的な道心を否定し」たと評価し、また、『大仏物語』そのものが無常や後生を否定し「今世」を第一義におく立場でありながら、そこで禅的思惟を展開するものであるというから、作品の基調は決して禅的＝仏教的思惟そのものを否定するものではないことになる。事実、先掲の世捨て人的道心を否定した文に続いて、道心とは在俗において発するものという立場が表明され、その根拠が「人々具足の自性」「人々具足箇々円成」というように、人びとの心に内在する仏性の存在に求められていく。先の二作品では因果や無常という心から生まれながら外在的に人間を束縛する原理が問題にされたのに対して、『大仏物語』では一転してそれらを心的内的に取りこもうとしているのであり、再び仏教的〈心の思想〉としての性格を鮮明にしている。

寛文期の浅井了意の作品『浮世物語』[37]は、「浮世」という言葉を主題化した最初の作品と規定されるが[38]、ここ

にも「思ふ事叶は」ぬが登場する。

今は昔、国風の哥に、「いな物ぢや、心は我がものなれど、まゝにならぬは」と、高きも賤しきも、男も女も、老たるも若きも、皆歌ひ侍べる。「思ふ事叶はねばこそ浮世なれ」といふ歌も侍べり。万につけて心に叶はず、まゝにならねばこそ浮世とは言ふめれ。……いやその義理ではない。世に住めば、なにはにつけて善悪を見聞く事、皆面白く、一寸先は闇なり。……歌を歌ひ、酒飲み、浮に浮いて慰み、手前の摺切も苦にならず。沈み入らぬ心立の水に流る、瓢簞の如くなる、これを浮世と名づくるなり。（二四四頁）

「思ふ事叶は」ぬのはなぜか、などという問いはここにはもうない。叶わぬのが「浮き世」なのだと前提化されていて、その点では『大仏物語』と同じながら、『大仏物語』がそれに張り合おうとしたのに対して、ここでは、叶わなければ浮きに浮いて浮かれていけばよい、そうすればこの世は憂き世ではもはやなく、浮き世であると主張される。仏教的思惟は完全に姿を消したかのように見える。

しかしながら、ここでそもそも問題になっているのが「いな物ぢや、心は我がものなれど、まゝにならぬは」という歌に示された、自由にならないものとしての心であること、そしてこの歌が、明暦二年（一六五六）に刊行された仮名草子『いなもの』[39]の冒頭第一段に見えていることに、注目しなければならない。すなわち、

いつのころ。はやり候やらん、いな物じや。心ハ、わかままなれど。まゝに、ならぬハ。いな物しや。と、いふ。こうた、はやりたり。（二二九頁）

と書き出している。よく見ると、『浮世物語』が「心は我がものなれど」とするが、ここでは「心ハ、わかままなれど」である。心が、我が物であれば自分の思うままになるはずであり、したがって自由にならない嘆きが生まれるが、我が儘であれば本来自分の自由にならない物としてあることになろう。後者であるなら、その後に「まゝに、ならぬハ。いな物しや」と続くことと矛盾するので、「わかまま」の「まま」は、「思うまま」などと

同じ用法で、『浮世物語』が引用したように「我がもの」の意味なのであろう。

さて、『いなもの』はこの後に「本来、何と、したる心より。いでたる」ことかと問い、答えるに、この世の無常を感じて殊勝にも題目を唱えてみても、

六ぢんのきやう。六こんのまよひ、はなれがたく。物のこゑ、おと。いろかを、み、きゝ候へハ。其まゝ、心それにうつり。口と心と一すぢに。だいもく、となふる事の、ならぬハ。心ハ、わかまゝなれど。まゝに、ならぬ、と。いふ事にて、候ハんや（二二九頁）

と、六塵の境にあって六根を持つ身であるゆえに、心を専一に保つことができない故に心は自由にならないという。そして続けて、お経に「善悪不二・邪正一如」とあるから、仏法を良く聞き悟る人は心を儘にすることも可能であるが、これは建前のことであつて、

とかく、め、くち、みゝ、はな、といふやつハ。ぬす人の。ひき入どうぜんにて候ハんや。……をしい。ほしいに《ママ》。くい。かわひ。くいたい。のミたいとて。いろ〳〵の、しうしん、しうじやくの。ねんの、おこるハ。ミな、め、くち。みゝ、はなが、しわざなり。ほうかいの。あくがうを、みつけてハ。とめおき。きゝつけてハ、とめをき。そのまゝ、一念殿へ、ひきあハせ。大じの一ねんを、ミな、あく念に、わりくだき。さま〴〵のあくを、つくらせ……（二二九頁）

というように、六根が作る六欲のゆえに心の正しい一念も悪に染められてしまうのが現実であるという。しかし六根は、あたかも国主が家臣の中の悪人をそれと知りながらも抱えなければならないようなものであるが、それでも国主の心が正しければ、悪人も善の心を持つように、六根がいかに悪を勧めても「一心殿が、たゞしくハ」悪道に迷うことはないと、このように説くのである。

いささか紹介が長くなったが、つまるところ我が物である心の自由を妨げるのは人として肉体を持ったことに

よるのであり、そこに生まれる悪を抱え込みながら、心を正しく保つことで、悪を善に転ずることが可能であると説くのである。心のあり方による心の自由が、我が物なれど心が自由にならないという嘆きに対して説き出されている。これが「心外無別法」の〈心の思想〉であり、仏教的思惟であることはいうまでもなかろう。先に『彝倫抄』や『鑑草』が禍福は一心のありようにかかるという論理を展開していたことを見たが、それは心の根源性をいう仏教的思惟、つまり心に〈住み着〉いた仏教思惟を儒教の言葉で語ったものであることが、改めて明らかになろう。

心はわがものなれど自由にならないという流行歌を引くことで、『浮世物語』は『いなもの』への対抗言説であることを暗示している。したがって、『浮世物語』が「いやその義理ではない」と否定したものは、『いなもの』の論理である心を正しく保つことで心の自由が得られるという論理、なのである。それを否定したとき、心を自由に解き放つ道は、一切の現実を「何の糸瓜の皮」と放念し、浮きに浮いていくしかなかったのである。〈心の思想〉が建前化したことを見破ったのが『浮世物語』であったことは間違いないが、それは〈心の思想〉の崩壊を意味するよりは、むしろ深化と見るべきではなかろうか[40]。心を正しく保つという『いなもの』の立場が今や成り立たないという現実が、暴き出されたのである。そのことを証明するかのように、この作品の主人公浮世房は「浮に浮いて慰み、手前の摺切も苦にならず、沈み入らぬ心立の水に流るゝ瓢箪の如く」生きていくのである。そして最後にはもぬけのからとなって行方知れずとなってしまう。その書き置きに「今は我が心ぞ空に帰りける残る形は蟬の脱殻」（三五四頁）とあった。浮きに浮いて形を脱し、本来の姿である空に帰したという意味であれば、浮きに浮いて浮世房は悟りを得たことになる。心を正しく保つ〈心の思想〉は、本来空の仏教思想に立ち返ることで、実態的唯心論から空の唯心論へ、つまり、心といえども実態は空であり、心は空であると観ずるところに立脚する〈心の思想〉へと深まったのである。

以上、「思ふ事、叶は」ぬという思想課題が、仮名草子において継続的に問題化されてきた状況を、一つの例として考察してきた。因果や無常という仏教的原理が否定的にとりあげられることで、一見脱仏教のように見えながら、むしろ〈心の思想〉となることで、仏教的にはかえって深まりを見せてきているのである。おそらくこのことは、たんに仮名草子という文書の世界だけでのことではないであろう。

## 五　近世仏教の思想的生産力――むすびにかえて――

近世初期の天道思想や儒学思想のうちに仏教が〈心の思想〉として〈住み着〉き、また仮名草子に継続的に受け継がれた人びとの思想課題が思惟されて〈心の思想〉となり仏教思想としての深まりを示している、などを明らかにしてきたのであるが、そのことによって近世、あるいは少なくとも近世初期においては、人びとが仏教的に思惟した世界が大きく広がっていたということができるであろう。あるいは、人びとの思惟の根底に〈心の思想〉として〈住み着〉いた仏教があったことにおいて、諸思想は根源的に仏教に規定されていたから、近世初期の世界は本質的に仏教的世界であったといってもよい。

しかしながら、これをもって〈仏教的世界としての近世〉を捉えたというには必ずしも十分ではない。仏教が〈心の思想〉として〈住み着〉いたにしても、それが近世世界においていったい何であったのか、それはいかなるものとして存在したのかが、問われねばならない。そのとき、野口武彦[41]が江戸の儒学は「この時代の思想家たちにとって何であったのだろうか」と問い、次のような三つの観点から考えていることが参考になろう。

第一に包括的かつ整合的な世界観を提供し（儒学的世界像）、

第二に思考の枠組み（パラダイム）をしつらえ（体系的思考装置）、

第三に朱子学―対―反・朱子学、ならびに後世諸学派間の論争（つまり批判と反批判）を通じて、パラダイムそれ自体をさえ革新するという思想的生産力をそなえていた（思考活性化能力）（二一二頁）。

これに習いながら、ただし近世世界の「思想家たち」ではなく、「人びと」にとって、と言い換えた上で、仏教は何であったかと問うてみよう。

まず第一の、世界観提供、仏教的世界観という問題である。この点において仏教は、過去・現世・未来の三世を流転輪廻の世界と捉えるという時間軸と、天竺・唐・本朝の三国を仏教の展開した世界とする空間軸、という二元からなる世界像を持ち、それが中世以来の伝統として人びとに共有されていたことは間違いないところである。けれどもそれは世界「観」というよりは、世界「像」的であって、儒学のような理気二元と陰陽五行による世界の生成と構成というようなレベルでの世界「観」ではなかった。

問題はこのような仏教的世界観がどのように近世世界に意味を持っていたかである。三国からなる仏教世界の像は、たんに伝統的観念的なものとしてあっただけではなく、近世初期にいたるまで人びとが現実の活動の場としていた東アジア世界を一つのまとまりを持った世界と認識することに預かって力があったと考えられる。たとえば近松が『国性爺合戦』(42)で

大明国は三皇五帝礼楽をおこし。孔孟教をたれ給ひ五常五倫の道今にさかんなり。天竺には仏因果をといて断悪修善の道有。日本には正直中常の神明の道有り。韃靼国には道もなく法もなく、……（二三〇頁）

というのは、儒・仏・神の三「道」はおのおの大明・天竺・日本という文明世界を意味づけているが、韃靼国は、そのような文明を持たない野蛮世界であるとして、文明世界から排除されている。ここでは、儒・仏・神三教は三国に対応しているだけであるが、同じく近松がたとえば『用明天皇職人鑑』(43)冒頭で、陸象山の言葉として「東西海の聖人此の心を同じうし此の理を同じうす。南北海の聖人も又同じ」（五八頁）という文を引用しているのを三教一致観の表明と見るならば、三教は一体となって文明世界の原理となっているのである。

このようなアジア文明世界の根底的価値としての三教とその一体の観念は、この世界とまったく異質の文明世界である西洋と対峙したとき、より鮮明なものとなる。西洋世界は端的にキリシタンとして出現したが、これに対して、独自の言説をもって対抗しようとする様相が儒教・神道にきわめて少ないことと比べて、仏教は西洋＝キリシタンに積極的に対抗したといってよい。そのような仏教の排耶論の根底には「仏教東漸」の論理が見出されるのであり、それがアジア世界の一体観念の基盤となっている。すなわち崇伝の「排吉利支丹文」(44)に、

それ日本はもとこれ神国なり。陰陽不測、名づけてこれを神と謂ふ。聖の聖たる、霊の霊たる、誰か尊崇せざらん。……五体六塵、起居動静、須臾も神を離れず。神は他に求むるものにあらず、人々具足し、箇々円成す。すなはちこれ神の体なり。また仏国と称す。……上古、緇素、おのおの神助を蒙り、大洋を航して遠く震旦に入り、仏家の法を求め、仁道の教へを求むること孜々屹々。……仏法の昌盛なる、異朝に超越す。あにこれ仏法東漸にあらずや。（四二〇頁）

とある。「仏法東漸」とは、本来インドから日本への仏教の展開をいう概念であるが、唯一神道の理論家吉田兼倶によって、日本に根を持ち種子となった神道が中国で儒教という枝葉、インドで仏教という花実となり、再び日本に帰った、という論理に逆転されたのである。崇伝がこの根本枝葉花実論(45)を用いていることは有名であるが、ここでは、本来のものであれ、兼倶流のものであれ「仏法東漸」論がキリシタン＝西洋に対抗するアジア一体観の根底に据えられていることに注目したい。アジア世界を一体として認識するには、アジア世界を横断する普遍的価値として仏教が有効であったのである。近松にはこのような「仏法東漸」論はなく、その一方で露骨な神国意識が見られるのであるが、それとても「仏法東漸」を裏返しにしてアジア世界の普遍的原理を見出そうとしているのである。

このようなアジア世界の一体観は、「海禁」政策によって人びとがアジア世界を活動の場とすることから閉め

出された後においても衰退することはなかった。逆にこれを基盤として、日本中華論や神国思想などのエスノセントリズムを生み出した[46]。それには、大陸における明朝の崩壊と清の建国という変動が、中国文明(中華)が野蛮(夷狄)によって駆逐された文明の大変動、つまり「華夷変態」と受け止められたことが関係している。このとき、儒教・神道の「思想家たち」は仏教をむしろ野蛮に位置づけることで日本の文明化の遅れを言い、仏教を排斥するが、「人びと」の意識では、前記の近松のように、仏教を欠いては東アジア文明世界はありえなかった。新しい世界観を生み出すようなものではなかったにせよ、仏教は東アジア世界を秩序づけ、日本を意味づける機能と役割(イデオロギーといってもよい)を持っていた、と言い得るのではなかろうか。「思想家たち」の次元よりは「人びと」の世界においてそうなのである(イデオロギーの社会的基盤)。

一方、仏教の三世の観念は、世界観次元よりはむしろ第二の〈思考の枠組み=パラダイム=体系的思考装置〉という問題にかかわって考えるべきであろう。三世にわたる因果応報観念が問題解決の仏教的体系的思考装置であり、それが人びとの共有のものであったことは、本稿で言及したことである。因果からの脱却をめざし憂世観念の克服をこころみながら、その不可能を認識して浮世観念が登場するのであり、少なくとも近世初期から中期にかけては因果の問題がパラダイムとして大きかったといわねばならない。後期においても伝奇・怪奇小説・芸能の流行のように、因果の問題はパラダイムとして機能しているのである。

これまた新しいものを生み出すといった性格のものではなかったが、仏教的三世観念、なかんずく後生の問題は、キリシタン=西洋批判の論理として強力なものであった。奈倉哲三[47]は「この「後生」観念こそは、宣教師たちが日本人仏教徒をキリスト教徒に転換させていく上で、カギとなる観念であった」から、「後生」の再組織化は転びキリシタンを仏教に引きもどすために、「キリシタンを排除した権力にとってどうしても必要なことであった」といっているが、このことだけで多言は必要ではなかろう。

こうして第三の〈論争を通じてのパラダイム革新＝思想生産力＝思考活性化能力〉が問題となる。宗派内・宗派間の論争は存在したが、それがパラダイム転換にいたるほどの新しい思想的生産力となったということは難しい。儒学が評価され仏教が意味的存在と認められないのはこの点にかかっているようである。仏教は何も新しいものを生み出さなかったではないか、と。

しかし、ここで「思想家たち」にとってではなく「人びと」にとってと言い換えたことから考え直してみなければならない。思想史研究は思想・思想家が対象であることは当然であるが、それならば「人びと」にとって、思想とは、思想家とはと問えばどうなるのか。「思想家たち」にとっては世界像や世界観やパラダイムが課題であろうが、「人びと」は世界観やパラダイムによって生きるのではない。それらは己の生きざまを意味づけ、正当化・合理化する必要が生じたときに、それを支えるものとして求められる。そうした観点から見ていくと、「人びと」にとって、思想的生産力なるものは、新しい世界観やパラダイムを生み出すというレベルのことではなく、己の生き方を常に新しいものとして生み出していく、昨日と今日の自分が変えられてしまったというような意味においての思想的生産力が問題なのである。世界観・パラダイムの転換はその結果としてありうるのである。

このように考えれば、「人びと」にとっての仏教は、三世三国観や因果観のように、共有された世界観と思考のパラダイムとしてあったが、それを基底としてどのような人間が生み出されたのかを問うことが、近世仏教研究の核に据えられねばならないことになる。しかも大事なことは、前掲別稿にも述べたように、仏教自体を「人びと」が自ら創りあげていかねばならなかったということである。近世仏教の思想的生産力とは、「人びと」が仏教を創造することであり、それを介して「人びと」自身が思想的深まりを獲得するという意味で考えられなければならない。つまり思想的生産力は「人びと」と仏教の相互創出として現れたものなのである。このような観点から仏教の生み出した新しい人間像が問題とされねばならない。

仏教教団側がそのような新しい人間を把握しそれにもとづいて教理形成を行ったこと、また新しい人間の元禄期における成立、とくに近松が心中物で造形した人間像などに関しては別稿に譲り[48]、後者に関しての結論のみを示しておく。まず、近松作品を全体的に見渡すと次の三点が指摘できる。その一、近松には仏教的モチーフで構成され、主人公たちの人間性が仏教的視点から造形されている作品がいくつかあること。たとえば『出世景清』[49]は「観音威力」の物語であり、その大筋の中で、主人公景清とヒロイン阿古屋の葛藤は、嫉妬という人間的感情が獅子心中の虫のように罪悪となってわが身を責める、と捉えられる。このような心が心を責める罪悪観念が〈心の思想〉であり、仏教的思惟にほかならない。その二、三教一致的ながら仏教に足を置き、唯心弥陀観が見られること。第三、「誠の心ぞ夫婦なる」というように、男女の愛情の究極を夫婦の愛情に比定し、これを人間の理想としての〈まこと〉と見る人間観が見られ、それが唯心弥陀観によって基礎づけられていること。つまり〈心の思想〉は心の真実としての〈まこと〉を求めようとするのである。

ここに立って、心中劇の代表作『曽根崎心中』[50]を見ると、この心中劇は、「恋を菩提の橋となし、渡して救ふ」という言葉のように、観世音菩薩の誓願による恋と、その恋の成就としての心中が心の〈まこと〉の成就であり、「未来成仏疑ひなき」観音の救済の実現にほかならないと説くものである。したがって、それは人間の〈まこと〉としての「恋の手本」なのであり、煩悩たる恋の成就が即菩提であることを歌いあげる。煩悩即菩提の思想がこの作品のバックボーンなのである。

このように近松が描き出した元禄の新しい人間像は、唯心弥陀や煩悩即菩提という思惟に依拠して人間の〈まこと〉を命を賭して貫こうとするものであった。おそらくこのような仏教的思惟を欠いては心中劇は成立しないであろうし、心中という行為の解釈も、〈唯心弥陀―心のまこと―恋―煩悩―即菩提―未来成仏〉という回路で人間の〈まこと〉を確保しようとする、そのようなものとはならなかったであろう。この意味で仏教的思惟は、〈まこと〉を最上の価値とし、これを命を賭して守り抜こうとする新しい人間を生み出している。

恋を、罪・妄執とする観念と、心の〈まこと〉とする観念との葛藤と捉えるという、思想課題そのものが〈心の思想〉としての仏教性をもち、それへの応答としての煩悩即菩提・未来成仏という仏教性において、元禄の世界は思想史的には仏教的世界といわねばならない。近世世界の深まりは、やがて一方では、このような仏教性からの脱却を指向するが、その一方では、奈倉哲三[51]が指摘するような強烈な往生信仰を生み出すことで仏教的世界はかえって深化するのであり、同様な性向をもつ民衆宗教の形成も、このような仏教世界の深化を背景に考えねばならないだろう。

（1）唐木順三「和辻哲郎の人と思想」（現代日本思想大系28『和辻哲郎』、筑摩書房、一九六三年）

（2）和辻哲郎『風土』（一九三五年、『和辻哲郎全集8』、岩波書店、一九六二年）

（3）和辻哲郎『人間の学としての倫理学』（一九三四年、同右）

（4）和辻哲郎「日本の文芸と仏教思想」（一九三三年、『和辻哲郎全集4』、岩波書店、一九六二年）、以下の引用はこれによる。

（5）尾藤正英「日本における国民的宗教の成立」（『江戸時代とは何か』、岩波書店、一九九二年）

（6）黒田俊雄「仏教革新運動の歴史的性格」（『日本中世の社会と宗教』、岩波書店、一九九〇年→『黒田俊雄著作集2』、法藏館、一九九四年）

（7）大桑斉「近世民衆仏教の形成」（『日本の近世1』、中央公論社、一九九一年＊→大桑著『民衆仏教思想史論』所収、ぺりかん社、二〇一三年）

（8）野口武彦『日本思想史入門』（ちくまライブラリー、筑摩書房、一九九三年）

(9) 黒住真「儒学と近世日本社会」(『岩波講座日本通史13』、岩波書店、一九九四年↓『近世日本社会と儒教』、ぺりかん社、二〇〇三年)
(10) 黒住真「近世日本思想史における仏教の位置」(『日本の仏教1』、法藏館、一九九四年↓同右)
(11) 黒住真他訳『徳川イデオロギー』(ぺりかん社、一九九〇年)
(12) 石田一良「前期幕藩体制のイデオロギーと朱子学」(日本思想大系28『藤原惺窩　林羅山』解説、岩波書店、一九七五年)
(13) 圭室文雄編『論集日本仏教史7』「はじめに」(雄山閣出版、一九八六年)
(14) 奈倉哲三『真宗信仰の思想史的研究』(校倉書房、一九九〇年)
(15) 児玉識「西中国における真宗的特質についての考察」(前掲注13所収)および『近世真宗と地域社会』、法藏館、二〇〇五年)
(16) 有元正雄『真宗の宗教社会史』(吉川弘文館、一九九五年)
(17) 子安宣邦『本居宣長』(岩波新書、岩波書店、一九九二年)
(18) 前掲注(7)大桑論文
(19) 樋口浩造「度会延佳と近世神道の成立」(『江戸の思想1』、ぺりかん社、一九九五年)
(20) 前掲注(12)日本思想大系28所収
(21) 『鈴木正三道人全集』(山喜房仏書林、一九六二年)
(22) 大桑斉「近世初期民衆思想史研究――『心学五倫書』と『恨の介』――」(『大谷大学研究年報』43号、一九九二年＊↓前掲注(7)『民衆仏教思想史論』所収)
(23) 前掲注(12)日本思想大系28所収
(24) 玉懸博之「松永尺五の思想と小瀬甫庵の思想」(前掲注12日本思想大系28所収↓『日本近世思想史研究』、ぺりかん社、二〇〇八年)
(25) 『藤樹先生全集3』(岩波書店、一九四〇年)

(26)　高橋文博「中江藤樹における死後と生」(前掲注19『江戸の思想1』↓『近世の死生観　徳川前期儒教と仏教』、ぺりかん社、二〇〇六年)および心山義文「『鑑草』をめぐる仏教的心性論」(『季刊日本思想史』48号、ぺりかん社、一九九六年)
(27)　前掲注(26)高橋論文
(28)　前掲注(26)心山論文
(29)　前掲注(12)日本思想大系28所収
(30)　『林羅山文集・下』(ぺりかん社、復刻一九七九年)
(31)　前掲注(7)(22)大桑論文および同「煩悩即菩提の思想史・寛永編――『露殿物語』と『七人比丘尼』」(『大谷学報』74巻3号、一九九五年＊↓前掲注7『民衆仏教思想史論』所収)
(32)　日本古典文学大系90『仮名草子』(岩波書店、一九六五年)
(33)　日本古典全書『仮名草子集』(朝日新聞社、一九六〇年)
(34)　内藤雋輔注『朝鮮日々記』(『朝鮮学報』35号、一九六五年)＊↓朝鮮日々記研究会編『朝鮮日々記を読む』(法藏館、二〇〇〇年)に収録
(35)　活字化された刊本はない。ここでは前掲注(36)心山論文から引用した。
(36)　心山義文「近世前期諸人教化における禅的思惟について」(福間光超先生還暦記念『真宗史論叢』、永田文昌堂、一九九三年)
(37)　前掲注(32)日本古典文学大系90所収
(38)　前田一郎「『浮世物語』の思想史的性格」(『大谷大学大学院研究紀要』6号、一九八九年)
(39)　『仮名草子集成5』(東京堂出版、一九七四年)
(40)　前掲注(38)前田論文および同「浅井了意の思想――「勧進の論理」と仮名草子――」(『真宗研究』34輯、一九九〇年)
(41)　野口武彦『江戸の兵学思想』(中央公論社、一九九一年)

(42) 日本古典文学大系50『近松浄瑠璃集・下』(岩波書店、一九五九年)
(43) 同右
(44) 日本思想大系25『キリシタン書　排耶書』(岩波書店、一九七〇年)
(45)「唯一神道名法要集」(日本思想大系19『中世神道論』、岩波書店、一九七七年)および大桑斉『日本近世の思想と仏教』(法藏館、一九八九年)
(46) 塚本学「江戸時代における「夷」の観念について」(『日本歴史』371号、一九七九年)
(47) 奈倉哲三「近世人と宗教」(『岩波講座日本通史12』、岩波書店、一九九四年)
(48) 大桑斉「江戸真宗の信仰と救済」(前掲注19『江戸の思想1』)および同「恋を菩提の橋となし――煩悩即菩提の思想史・近松編」(衣笠安喜編『近世思想史の現在』、思文閣出版、一九九五年)＊→前掲注(7)『民衆仏教思想史論』所収
(49) 前掲注(42)日本古典文学大系50所収
(50) 同右
(51) 前掲注(14)奈倉著書

# 第三章　近世国家の宗教編成とキリシタン排撃

二〇〇七年十月二十日に日本思想史学会大会シンポジウム「日本思想史の問題としてのキリシタン——思想と暴力——」（於長崎大学環境科学部）で同題名で報告し、『日本思想史学』40号（二〇〇八年九月）に掲載された。掲載論文は、紙幅制限によって文章を簡略化し史料を割愛するなどして圧縮したが、ここでは報告当時の原稿にもとづき、史料を記載するなどして修正を加えて再構成した。

## はじめに

長崎というキリスト教徒殉教の地で、弾圧にかかわった仏教側からその排撃思想を語ることの重さを思う。正当化に流れる危険性をはらんでいる以上、慙愧の念ぬきには語れない。キリシタン排撃が近世国家の成り立ちからして必然とされたことを語ることになるが、それは、宗教が近世国家、延《ひ》いては国家という歴史的な他者排撃の暴力装置に組み込まれたとき、あるいは進んで国家に身をすり寄せたとき、他者排撃の暴力を振うことになり、万人の救済を目指すという宗教の理念への背反として結果することを示そうとするものである。己が真実と信ずる宗教によって対立する宗教を排撃する、いわば護法の精神が、国家による暴力的他者排撃を正当化する。それには、仏教が鎮護国家の宗教となり、国家を相対化する宗教を抑圧してきた歴史がかかわっている。排耶論の形成は、そのような宗教史の帰結でもある。
ここでは、キリシタン排撃の論理が、仏教の如何なる論理から導き出され、国家編成原理と如何なるかかわりを持ったかを解明し、思想史としての排耶論の意味を問うことを意図している。具体的には排耶論の内容を重点的に紹介し、その本質を解明し、次いで近世国家の宗教編成をとりあげ、排耶論の性格とのかかわりを論じたい。

## 一　排耶論の展開

十七世紀前半の排耶論は、元和六年（一六二〇）のハビアン『破提宇子』(1)、寛永十九年（一六四二）の鈴木正三『破吉利支丹』(2)、雪窓宗崔の正保四年（一六四七）『興福寺筆記』・同五年の『対治邪執論』(3)の四書に代表させることができるが、ハビアンと雪窓を中心に、正三は参考に留め、核心をなすキリシタン諸教相似論・擬似仏法論とキリシタン奪国論の様相を検討する。これらは、国家とのかかわりで語りだされたから、信仰的営為であるというよりも、キリシタンによる奪国というイデオロギー暴露の性格が強い。

### (1)ハビアン

ハビアンは、日本人で最初のキリシタン教理書『妙貞問答』を慶長八年（一六〇三）に著わしたが、同十三年には棄教、その後長崎に赴き、奉行長谷川権六と協力して排耶活動に従事し、元和六年にいたって排耶書『破提宇子』を著わした。将軍秀忠への献上書であったという(4)。

『破提宇子』では、デウスは、天地の能造主で四時を主宰し、本性は無始無終無色形、万徳の根源（史料①）であり、現当二世賞罰の源（史料②）となり、万物に遍在する（史料③）という特質において捉えられる。

史料①　夫、提宇子門派、初入ノ人ニ対シテハ七段ノ法門アリ。ソノ初段ノ所詮ト云ハ、天地万像ヲ以テ能造ノ主ヲ知、四季転変ノ時ヲ違ヘザルヲ以テ其治手ヲ知。（中略）提宇子云、此デウスハインピニイト、テ始モ終モナク、スピリツアル・ス、タンシヤトテ色カタチナキ実体、（中略）其外諸善万徳ノ源也。（四二六〜七頁）

史料②　提宇子云、此デウスハ現当二世ノ主。賞罰ノ源也。去バ主ハアリテモ、現在ノ善悪ノ業ニヨリ、当来ニテ賞罰ニ預ルベキ者ハ何ゾト云フコトヲ知ズンバアルベカラズ。（四三〇頁）

史料③　デウスハイヅクニモ満満テ在マスト云ハ、真如法性、本分ノ天地ニ充塞シ、六合ニ遍満タル理ヲ聞ハツリ云フカト覚ヘタリ。似タル事ハ似タレドモ、是ナル事ハイマダ是ナラズ（四三三頁）

デウスのこのような性格は、諸教に通ずるものであるというのが『破提宇子』の主張である。各論点別に検討を加える。

第一に、デウスの能造主としての性格が諸教に相似するという論で、老子では先天地存在の「万像主」があり、それは「無形本寂寥」であり、『論語』の「天」は四時を行じ百物を生ずる能造主、仏法は四劫説で世界の生成転変を説き、神道は国常立尊始め三神の天地開闢があって（史料④）、それぞれ能造主性を持ち、デウスのそれと相似する。

史料④　破シテ云。是何ノ珍シキ事ゾ。諸家イヅレノ所ニカ此義ヲ論ゼザル。「有レ物先二天地一、無レ形本寂寥。能為二万像主一、逐二四時一不レ凋」トモ云。「天何言哉、四時行焉、百物生焉」トモアリ。其外仏法ニハ、成住壊空ノ次第ヲ以此義ヲ論ジ、神道ニハ天神七代、地神五代ト神代ヲ分ツ。就レ中天神七代ノ初メ、国常立尊・国狭槌尊・豊斟渟尊、三神在マシテ天地開闢シ玉フ。（四二六頁）

このように、諸教の究極原理は先天地・無始無終無形の非実体である。それらと相似するから、デウスもまた非実体究極原理と捉えられている。デウスは人格神ではなく、究極原理なのである。また続いて『中庸』の「斎明盛レ服、以承二祭祀一」の文が引かれる（史料⑤）。

史料⑤　神ト申スヲバ、至聖ノ孔子ダニモ、「使二天下之人一、斎明盛レ服、以承二祭祀一、洋洋乎、如レ在二其上一、如レ在二其左右一矣」ト宣玉フニ（四二七頁）

本来この文の前にある「鬼神之為レ徳、其盛矣乎、視レ之而弗レ見、聴レ之而弗レ聞、体レ物而不レ可レ遺」からすれば、鬼神の徳の非実体性を暗示していると思われるから、これまた非実体的究極原理を意味している。

第二に、第一の非実体究極原理論に立てば、神仏は人間という実体を持つことで能造主ではありえない、というキリシタンからの神仏批判が生まれる。それに対して『破提宇子』は、応化の如来は仏が衆生済度のために人間と生まれた姿、神は本地から垂迹して人間と現れたのであり、本体は人間ではないという。仏法では「法身如来、無始広劫ヨリ本有常住」で言語道断の存在である（史料⑥）。本地垂迹論からすれば、菅原道真は本地観音の垂迹天満大自在天であり、国常立尊は人間に先立った神であった（史料⑦）。

史料⑥　仏神ヲ人間トバカリ見ハ、無学ノ人ノ邪見。尤モ提宇子ニ似合タル見計也。夫諸仏ハ法・報・応ノ三身在ス。応化ノ如来ハ、衆生済度、利益方便ノ為ニハ、八相ヲ成ジ玉フトイヘドモ、法身如来、無始広劫ヨリ本有常住ノ仏ニテ在マセバ、言語道断ニシテ、是トモ非トモ手ノツカザル法性法身ノ本仏ナリ。故ニ経ニモ、「如来常住無有変易」トモ説レタル（四二七頁）

史料⑦　人間トノミ思フハ愚癡ノ凡夫也。又神モ人間也ト云ハ右ニ同ジキ無学也。カケマクモ忝ヤ。神ニハ本地垂迹ノ謂レ在マス。譬ヘバ天満大自在天神ハ、御本地大慈大悲ノ観世音ニテ在マセドモ、光ヲ和ゲ塵ニ交リ玉フ時ハ、菅丞相ト顕レ、（中略）国常立尊ト申シ奉ルハ、天地未開闢、人間一人モナカリシ以前ヨリノ神ニテ在マスヲモ、人間也ト申サンヤ。（同右）

このように仏神人間論へ反駁がなされる一方で、ゼズ‐キリシトはジョゼイフとサンタ‐マリヤから生まれた人間であると逆批判し、その人間キリシトという存在を、神仏の因位と同様であり、一旦は人間として現れることにおいて両者は同じとして議論を打ち切っている（史料⑧）。

史料⑧　然ラバジヨゼイフヲ父トシ、サンタ・マリヤヲ母トシテ、提宇子ノ本尊、ゼズ・キリシトモ誕生ト云フ時ハ、是コソ人間ノタヾ中ヨ、此方ニハ人ヲ天地ノ主トハセズト云フ事也。提宇子云、ゼズ・キリシトモ因位ノ処ハ、本ヨリ人間ニテ、神ノ垂迹仏ノ因位ニ異ラザレバ、此段ハ互ニ暫クサシヲク。神ノ本地モ仏ナレバ論ズルニ不ㇾ及（四二八頁）

キリシタンからの、神仏は人間であって能造主ではありえないという批判に対して、神仏の本体は非実体究極原理であるという『破提宇子』の主張は、キリシタンと諸教相似論に帰結する。

第三に、能造主が現当二世の賞罰の源である（史料②）ためには、霊魂不滅論が問題となる。キリシタン説での、スコラ哲学の草木・禽獣・人間の三魂格別説から、人間の心にのみ付与されたアニマ・ラショナルは無色無形、不滅であるゆえに、後世に生き残って賞罰の対象となるという説が問題にされる。破するに、「事アレバ理ナクテ叶ハズ」というように、理が事に賦せられているという事理説によって、理は事である万物に賦せられているが、人間の心にはアニマ・ラショナルという身欲を制する究極の理が付与されているというのは、儒の人心に対する道心、仏の意・識に対する心、それと同じであるという（史料⑨）。来世での賞罰が人間に特有であるというキリシタン説がこれら諸教の説と同一であることを知らないという反論である。

史料⑨　惣ジテ色形アル物ハ、人畜草木皆終リアツテ、焼バ灰、埋メバ土ト成。後生ニイキ残テ苦楽ヲ受ン者ハ何ゾト教ユベシ。然レバ精魂ニ品品アリ。先草木ノ精（中略）。又禽獣ノ精命（中略）、ツレテ滅スル命根ナリ。サテ人間ノ心ヲバ、アニマ・ラシヨナルト云。此ラシヨナルト云アニマハ、右二ツノアニマノ用ノミナラズ、是非ヲ分別スルヲラシヨナル・アニマト云也。（中略）色相ヨリ出ズ、却テ色相ヲ制シ、スピリツアル・スタンシヤトテ、無色無形ノ実体ナリ。（中略）色身トツレテ滅セズ、後生ニ生残テ（中略）。破シテ云、（中略）

我真理ヲ説テ汝ニ聞セン。惣ジテ万物ニ事理ノ二ツアリ。這事アレバ此理ナクテ叶ハズ、此理ヲ賦命ト云。千差万別ノ物アリトイヘドモ、理ハ二ツモナク三ツモナク、唯一ノ理也。用ノ差別ハ事ノ品品ニ随フ。（中略）別シテ人間ノ心ハ、アニマ・ラシヨナルト云テ各別ノ物ナル故ニ、身欲ヲ制スルト云ヲ究竟ノ理トシテ、諸家ニハ不レ知レ之思ヘリ。誠ニ管見ノ第一也。儒家ニハ気質ノ欲ヲ人心ト云イ、義理ヲ思フヲ道心ト云。（中略）仏法ニハ心意識ノ三ツヲ挙テ論ズル（四三〇～一頁）

つまり霊魂不滅、賞罰対象説は、キリシタン説の独占ではなく、通有であるという諸教一致説なのである。ここでの事理説は、仏法のそれが本体（理）と作用（事）の関係論であるのと異なり、むしろ儒教の理一分殊論と見るべきで、アニマ・ラシヨナルが儒の理との相似において捉えられ、霊魂不滅と理の事物への遍在性が問題にされる。このアニマ・ラシヨナル論がハビアンのキリシタン書『妙貞問答』(5)を貫く論理で、東アジアのキリスト教思想におけるまったくユニークな観点であったという論(6)は注視してよい。

第四は、能造主万物遍在論で、真如法性は本分の天地に充塞して世界に遍満する理であるという仏説を示して、キリシタン説との相似をいう（史料③）。これもキリシタンは真如法性という非実体的究極原理を知らないという批判である。

以上の相似論は、「何ゾ提宇子ノ宗バカリニ……説ヤ」（四二六頁）、「無学ノ人ノ邪見」（四二七頁）、「汝知ベカラズ」（四二九頁）というように、キリシタンを無学無知の邪見とすることで、相対化するものである。さらには「此異端ニ惑セラル、」（四三一頁）、「誑スハ曲事」（四三二頁）というように、人を騙す異端であると語られる。つまりは相似性の内での差異としての異端なのである。キリシタン説は、仏法、儒教、神道などが独自に存在しながら相互に相似しているように、同じ思想基盤に立脚しながら、その中の異端であるという認識となる。

第五には万徳根源論である。キリシタンからの、究極原理としてデウスは無始無終の非実体でありながら万徳の根源となる（史料①）が、法性は無智無徳である故に万徳の根源たりえないという批判に対して、無智無徳こそ真実、朱子の虚霊不昧の理を知らずと反論する（史料⑩）。

史料⑩　提宇子云、（中略）法性法身ノ処トデウストタクラベ看ヨ。デウスハ右ニ云シ如ク諸善万徳ノ源也。法性ハ無智亦無徳ト説ク。然ラバ無智亦無徳ノ処ヨリ、如何トシテ此天地万像ヲ造作セン。其上今日ノ我等ニアル慮智分別ハ、本源ニ智徳アラズンバ、何トシテカアルベキ。破云、提宇子ハ真理ヲ弁ヘズ。法性ハ無智無徳ト聞テハ不可也ト思テ捨レ之。デウスニ智徳アリト聞テハ可也ト思テ取レ之。待、我汝ニ真理ヲ説テ聞セン。先無ノ一字ニモ不可思議ノ謂レアリ。（中略）無智無徳コソ真実ナレ。デウスヲ有智有徳ト云バ落居スムベカラズ。（中略）デスウニハ智慧分別アレバ法性ニ越タリト云ヘルハ、笑ニ不レ堪。虚霊不昧ノ理ヲバ、汝知ベカラズ。（四二八～九頁）

究極原理が非実体であることにおいて共通しながら、そこに個別性の根源を見出すか否かという差異である。柳の根、花の木には緑も紅も備わっていないが、柳は緑、花は紅となるのは自然の道理であり、老子の「道生レ一、一生レ二、二生レ三、三生二万物一」、虚霊不昧の本源から陰陽が生成して万物に気の差異として個別性が付与される（史料⑪）。

史料⑪　破シテ云、柳ハ緑、花ハ紅、是ハ只自然ノ道理也。柳ノ根ヲ砕テ看ヨ。緑モナク、華ノ木ヲ破テ看ヨ、紅モナケレドモ、自然天然ノ現成底也。（中略）「道生レ一、一生レ二、二生レ三、三生二万物一」。虚霊不昧ノ本源ヨリ陰陽生ジテ、清濁動静ノ気備リ、天地人共ニ万物ヲ生ジ、我等ガ智慮分別、鳥獣ノ飛鳴走哮、草木ノ開花凋零、皆是二気ノ転変、清濁動静ニ随フ（四二九～三〇頁）

無である究極原理から有の個別性が成立することが自然の道理と説くのであり、これがハビアンの根本的立脚点で、キリシタン教理との最大の差異なのである。

以上の全ての論点において、ハビアンはデウスの非実体的究極原理性を説くが、それは「自然ノ道理」論でもあった。そこに個別実体性が根拠づけられるか否かが問題であった。『妙貞問答』の儒道論では、太極は陰陽であり無智無心であるから、そこから和合離散という運動が起こりえない、虚無自然から天地陰陽は生まれないと、「自然ノ道理」論を否定していた（一一六〜八頁）。『破提宇子』はこの論理を逆転して「自然ノ道理」論に立って、デウスの能造主性を批判する。

第六に、キリシタン奪国論である。キリシタンと諸教は相似性においてあり、共通の思想基盤にあるなら、キリシタンは何故排斥されねばならないのかが問題である。凡夫を惑わし（四三一頁）、無量恒沙の人を造り地獄に堕さしめた（四三二頁）という罪悪が掲げられるが、神国仏国である日本では、仏神を罵詈した結果としてすでにキリシタンは神罰仏罰を蒙っていると、大友宗麟以下の没落が例にあげられている（史料⑫）。

史料⑫　日本ハ神国、東漸ノ理ニ依テハ仏国トモ云ベシ。サレバニヤ、仏神ヲ罵言スル提宇子ハ、当来ヲ待ニ不レ及、現世ニテモ仏罰神罰ヲ蒙ルベキ事、踵ヲ回ラスベカラズ。人ノ名ヲモ知ザル者共ハ、不レ遑レ数。看看、豊後ノ大友宗麟ハ、（中略）提宇子ノ門徒トナラレシ後ハ、（中略）子孫尽テアルカナキカノ為体也。又小西摂津守モ（中略）明石掃部モ（中略）又京洛ノ中ニ於テ桔梗屋ノジュアント云シ者ノ一類、泉南ノ津ニテハ日比屋ノ一党ハ（中略）亡ビニキ。（四二七〜八頁）

それなら斥破するまでもないことになる。そこで、キリシタンは悪を育て善を蔑《ないがし》ろにすることが排除の理由にあげられる（史料⑬）。

史料⑬　蓋シデウスハ人ノ悪ヲバ巣立テ、人ノ善ヲバ蔑ニスルノ主歟。又悪ハデウスニ縁ジテハ増長シ、善ハデウスニ対シテハ滅亡スル物歟。（四三七頁）

加えて、十戒の第一に、主君父母よりもデウスを敬い、デウスの心に背くことは、君父の命といえども従わず、身命を惜しまず、国家を傾け奪い、仏法王法を泯絶《びんぜつ》せんとの心（史料⑭）が籠められているという。また、仏神帰依の君命に背いて身命を惜しまずデウスに随うから、仏法神道が滅びて王法も傾き、風俗が破壊され、これによって国が奪われる。ノウバ・イスパニアなどは武力によって国が奪われたが、日本は勇猛であるので法によって千年後に奪うつもりである。マルチルと言い、法のために身命を投げ打つ徒こそ「国ヲ奪ントスル残賊之徒」という（史料⑭）。

史料⑭　初条ニデウスノ内証ニ背ク事ナラバ、君父ノ命ニモ随ハザレ、身命ヲモ軽ンゼヨトノ一条ハ、国家ヲ傾ケ奪ヒ仏法王法ヲ泯絶セントノ心、茲ニ籠レル者也。何ゾ早此徒ニ柄械ヲ加ヘザラン。（中略）其デウスノ内証ニ背ク義ト云ハ、第一デウスヲ背テ仏神ニ帰依スル事也。故ニ提宇子ノ宗旨ヲ替ヘ、仏神ニ帰依セヨトノ君命、サシモニ重ケレドモ、身命ヲ惜マズ、五刑ノ罪ニ逢フト云ヘドモ、却テ悦ㇾ之。看看、君命ヨリモ伴天連ガ下知ヲ重ジ、父母ノ恩恵ヨリモ、伴天連ガ教化猶辱シトスル事ヲ。日本ハ神国ニシテ、（中略）聖徳太子ハ権化ノ神聖ニテ在マセバ、天照大神ノ御心ヲウケテ、吾国ノ道ヲヒロメ玉ハン為ニ、仏法ヲサカンニシ玉ヒシヨリ仏国トモナレリ。然ヲ提宇子、時節ヲ守リ、日本悉ク門徒トナシ、仏法神道ヲ亡サントス。神道仏法アレバコソ王法モ盛ナレ。王法在マシテコソ、仏神ノ威モマスニ、王法ヲ傾ケ仏神ヲ亡シ、日本ノ風俗ヲノケ、提宇子、己ガ国ノ風俗ヲ移シ、自ラ国ヲ奪ントノ謀ヲ回ラスヨリ外、別術ナシ。呂宋、ノウバ・イスパニヤナドノ、禽獣ニ近キ夷狄ノ国ヲバ、兵ヲ遣シテ奪ㇾ之、吾朝ハサシモ勇猛他ニ越タル国ナルガ故ニ、法ヲ弘メテ千年ノ後ニモ奪ㇾ之思フ志シ、骨髄ニ徹シテアリ。イブセイ哉。マルチルトテ法ノ為ニハ身命ヲ塵芥ヨリモ軽クサスル事。（中略）彼徒ハ真ヲ乱ル仏敵法敵、特ニハ国ヲ奪ントスル残賊之徒也。誰カ不ㇾ悪ㇾ之。（四四一～二頁）

ここでは、デウス尊重による君父背反が奪国となるというだけで、相似論・異端論とは別のレベルでいわれているが、そのための特別な論理が用意されているわけではない。しいて関連づければ、相似論の中心となったデウスの究極原理論は、その人格的絶対神の性格を剝奪することで、デウスの命そのものを相対化し、奪国への展開を遮断する機能をもとう。それにしても奪国という政治的レベルの問題が先行的に存在し、まず奪国ありきであり、その排除のためには信仰が奪国となるというイデオロギー暴露があれば十分であった。

以上を要するに、ハビアンのキリシタン批判は、その絶対者であるデウスが儒仏などの究極原理非実体と相似するという論であり、それでは排耶たりえない故に、それとは別個に、その異端性が人を惑わし国を奪うという排耶論がいわれているだけである。

（2）雪窓

正保四年（一六四七）五月に行なわれた雪窓の長崎排耶説法の筆録が『興福寺筆記』である。長崎では、すでに元和期から幕命による排耶活動が行なわれていた。一庭融頓は寛永十九年（一六四二）に家光・明正天皇に謁して禅師号・紫衣と普昭皓台寺号を与えられ、天草に国照寺、長崎に三か寺を開創して排耶に努めた。浄土宗大音寺伝誉も元和期から排耶活動を始め、キリシタン跡地に寺地を与えられ、寛永十八年には朱印を受けた。法華宗本蓮寺開基日慧の活動も同様であった。こうした幕命による長崎排耶活動を踏まえて雪窓の排耶説法があった。

正保三年、大陸の内乱に鄭成功の救援要請が幕府にいたると、直ちに西国大名に海防が指令され、長崎には日根野吉明が派遣され、キリシタン査験が実施された。雪窓は、寛永十七年に後水尾上皇に召されて説法し、正保二年江戸へ出、翌三年には妙心寺に出世して紫衣を勅許されたのち一旦臼杵多福寺に戻り、次いで長崎にいたる。幕命によると記した史料もあり、盟友正三が天草に仏寺を建立するなど排耶活動に従事し、長崎奉行馬場利重と密接な関係を持っており、雪窓の説法には馬場の命による長崎町人の組織的聴聞があったこと、説法修了後に、排耶を担当する大目付井上政重の長崎出張があったことなどは、雪窓の排耶説法が幕府との関連においてあったことをうかがわせる。『対治邪執論』（以下『邪執論』と略称）はその報告書であるが、説法の記録『興福寺筆記』（以下『筆記』と略称）を踏まえて翌五年に新たに執筆された。その論理は、仏法・外道を学んでキリシタン説が成立したという意図的擬似仏法形成論、盗用論を基調にしている。以下『筆記』によって検討する。

第一に、キリシタンが「深頼二天主一、死後生二彼天一而受二無量楽一」と、天主への帰依による死後生天を説くのは、三界唯心の理を理解しない六師外道の説を受け、心の外部の勝妙天という天地万物生成者を取り込んで、仏法外道混雑一法として作りあげた説であると論ずる（史料⑮）。

史料⑮　喜利志祖説曰、深頼二天主一、而其信心不退転者、死後生二彼天一、而受二無量楽一矣、彼宗所レ立者、只以二思量卜度一為レ学、而不レ会二真如常住之性一、以二眼見耳聞一為レ至、而不レ知二因果不亡之理一、是故、説諂二偽法一、以縛二住凡夫一、為二已《（ママ）》徒党一、而奪二他人国一、原二夫彼宗本国一、有二一沙門一、彼宗初祖、依二此沙門一、修二学仏法一、用以為二計略之助縁法一、原二此本源一、天竺有二六師外道一、（中略）不レ会二三界唯心之理一、向レ外作為而説曰、有二勝妙天一、此天主、造二作天地一、生二長万物一矣、今喜利支祖所レ説法、取三如来法与二外道法一、混二雑于一律一、而名二天主法一者也（六八頁）

キリシタン説を天主帰依、来世往生という特徴において捉え、それは三界唯心の理という究極原理内在論に反して外部に造物主を立てる外道の説、擬似仏法であると論ずるのであり、雪窓独自の論理である。ハビアンでは三界唯心の理に相当する究極原理が「自然ノ道理」であり、正三では三界唯心の理論であるが、それらが天主帰依や来世往生と結びつけて説かれることはなかった。これまた雪窓の独自な論点である。

その後の『邪執論』では、意図的擬似仏法の形成論拠が詳述される。是寸須が仏の名相を学んで外道となったと言い、天主教法という名は最勝王経の王法正論から、天主の独住は倶舎論の梵天王を取り込んだという。論拠と想定される経典からの長文の引用がなされ、梵天王を泥烏須とするような名相の剽窃が列挙される（史料⑯）。

史料⑯　評曰、言二喜利志祖一者、是寸喜利志徒所レ立宗旨也、求二其由来一、是寸須帰二依釈氏一、而学二名相一、自起二邪見一而作二外道一者必矣、其証具見二仏家経論及喜利志祖書一矣、最勝王経曰、（中略）有二王法正論一、名二天主教法一、（中略）倶舎論曰、大梵王於二劫初時一、独一而住、（中略）説二作者一為二生因一故、作者是何彼勝妙、是生二梵天一之天主也（八九～九〇頁）

雪窓排耶論で、天主帰依死後生天が問題とされたのは何故かという問題が生ずる。それは第二の念仏宗・日蓮宗批判と関連する。念仏宗・日蓮宗における弥陀・釈迦への一仏帰依という専修性、称名・唱題での死後往生説がキリシタン説と相似すると批判する。それらは、応機無法之正法が内にあることを知らず、外に向かって仏を求めることで専修主義となり、衆生本来成仏、現身成正覚を知らないことで来世往生となる（史料⑰⑱⑲）。

史料⑰　今時称二釈氏一者、依二一経一論一、而失二応レ機無法之正法一、向レ外求レ仏、而不レ会二衆生本来成仏之道一、念二死後之仏一、而不レ知二現身成正覚一（序文、六九頁）

史料⑱　又弥陀ヲ頼テ、西方ニ往生スト云、昔法蔵比丘ト云人アリ、世自在王仏ニ向テ、四十八願ヲ立テ、其行成就シテ、弥陀ト云。又法華経ヲ頂戴シテ、其題号ヲ唱、釈迦ヲ頼テ、寂光土ニ生スト云、西方寂光皆下界、弥陀釈迦皆人間也（六九～七〇頁）

史料⑲　今時念仏宗、向二西方一、立二浄土一、頼二弥陀一口唱二名号一、依二此力一死後生二彼国一、取二如来随宜一法一、為二一定法一、縛二住諸人一、令レ起二執着一、日連《ママ》宗、頼二釈迦多宝一、頂二戴法華一、口唱二題目一、依二此勲力一、死後生二寂光土一、雖レ然不レ用二如説修行一、取二一経名一、縛二住諸人一、令レ長二情識一、喜利志祖亦然、向レ外頼二天主一、依二口誦模様等力一、死後生二彼天一、教二一定法一、令レ起二執心一、為二己徒党一（七二頁）

外部ではなく内部にある応機無法之正法とは三界唯心の理であるから、三界唯心への理の無智が擬似仏法としての専修性や来世往生を成り立たしめているという。排耶は、排念仏・排唱題であり、排専修性・排来世往生であり、心の外部に絶対者を立てることへの批判に立つ。

浄土宗大音寺、日蓮宗本蓮寺の排耶活動を面と向かって批判するものであったから、大音寺から激しい反駁があった（史料⑳）。これに先立って、肥後から来たった一向宗僧も反論を行なっていた（史料㉑）。

史料⑳　於レ是、法然門下念仏沙門、大音寺主、起二嫉忌心一、集二己門徒一、開二大悪口一、罵二倒予一者五日、（中略）雖レ造二十悪五逆一、死後往二生西方一、即時成仏、（中略）我為二弥陀一、捨二身命一罵レ之、（中略）喜利志祖所レ謂、テイウスノ為ニ、身ヲ捨テ、マリチリニ逢人ハ、即時ニ、テイウスヨリ、アンジヨヲ下シ、迎テ、ハライソニ参ト（八六頁）

史料㉑　此時有二一向坊主一従二肥之後州一来、集二己徒一、而説二西方引化一曰、雖レ為二五逆十悪人一、憑二弥陀一者、命終之時、往二生極楽一、即時成仏（中略）破レ之（中略）是只引レ人帰二己之方便一也、（中略）皆是外道見解

（七八～九頁）

これらに対して雪窓は改めて説法を行ない、悪人往生、弥陀への捨身命を問題とし、キリシタンのマルチリに同じと難じている（史料⑳）から、専修性や来世往生に付属した悪人救済や捨身命の熱烈な信仰を危険視しているのである。雪窓の排耶は、三界唯心を逸脱し、外部の絶対者に向かう熱烈な信仰心を排斥するものである。

第三に、キリシタンが仏法を謗《そし》って、法蔵比丘という人間が所願成就して阿弥陀となったという弥陀人間論、その西方浄土や寂光土は下界である、法蔵菩薩の師世自在王仏とはデウスのことであるという論が述べられる（史料⑲）。ハビアンの第二論点であるデウスを人間として相対化する論に対応するものであるが、三界唯心の外部に立とうとする念仏宗・日蓮宗の弥陀・釈迦が人間化されることは、雪窓にとってむしろ有利であり、これを三界唯心の理から内部化すればよい。弥陀は仏の智恵である「妙観察智果号」であり、心に内在する「自性弥陀

仏」として究極原理の内在化がいわれる（史料㉒）。

史料㉒　原二世尊一代所説本源一、皆本二一心一、華厳曰、三界唯一心、々外無二別法一、（中略）釈迦五百大願、弥陀四十八願、不レ出二自心中一、西方者、肺臓属レ西故、法蔵比丘者、第六識因名、弥陀者、妙観察智果号、（中略）則現二妙観察智一、是則自性弥陀仏、西方去レ此不レ遠（七二～三頁）

『邪執論』では、『筆記』と同様にキリシタンからの釈迦・弥陀人間論が再論され、反論も詳細化し、三界唯心を悟れば仏であり、釈迦は無上正覚の仏であるから、譬え人であろうとも釈迦以外に教化主はありえない（史料㉓）と、現世成仏の教化主と規定しなおすのである。

史料㉓　人々具二真性一、箇々備二智用一、雖レ然、不レ学則不レ作レ聖、悟レ之謂二之仏一、迷レ之謂二之凡夫一、釈迦者成二無上正覚一、万徳円満、（中略）入二此門者一、皆得二利益一、故三界独尊、四生慈父、若除二此人一除二此仏一、更求二何物一為二教化主一乎（九四～五頁）

外部に出ようとする弥陀を、自性弥陀として三界唯心の内部に引き込むことを意味する。ハビアンのゼズス人間論がデウスの相対化をいうものであったのに対し、雪窓では一歩進めて、三界唯心論に立って、デウス・弥陀・釈迦の外部性を否定する論理なのである。

第四に、デウスの本体であるスヒリツと三界唯心の理の差異が説かれる。ハビアンでの第一能造主無始無終論、第三霊魂不滅論に対応する。スヒリツは見聞を離れた不生不滅の体である（史料㉔）と非実体的超越性と捉えられるが、仏法の名義を学習しながら実を理解し得ず、スヒリツは人々具足の真如と知らなかった（史料㉕）と批判する。それに対して真如は、昭々霊々たる一物で、不生不滅、名不得、超言説の存在であり、天地万物の根となる（史料㉖）ことで非実体的超越的であり、釈迦所説の本源である三界唯一心、心外無別法という唯心論、そこに立脚する自性弥陀と、原理内在性をいう。キリシタンにはその唯心論と内在論が欠落している故に、外部に向かう「向レ外頼二天主一」（史料⑲）という誤りとなる。

史料㉔　デイウスト申ハ、スヒリツノ体トテ、離二眼見耳聞一、不生不滅之体ニシテ、此界ヨリ、十六天ノ外、十一天目ニ住、其十天ノ外ハ、皆テイウスノ体ナリ、天地万物ノ作者ニテ、此上ナシ（七〇頁）

史料㉕　喜利志祖之始ル事、凡一千六百余年、其時分、天竺仏法末ニナル故、此出家所レ教法ハ、仏道外道、混雑シテ不レ分、セス、仏法ノ名ヲ習テ、未会二其実一故、スヒリツノ体ト云タハ、真如性也、雖レ知二其名一、不レ知二此性人々具足一（七一頁）

史料㉖　経所謂、衆生本来成仏者、有二一物一、昭々霊々、作二万物根一、作二天地祖一、不二曾生一、不二曾滅一、名不レ得、言説之極、名レ之曰二真如一、因二此生起一而弁レ之、則天地世界、及衆生、同二其根源一（七三頁）

三界唯心論に外部はないという論理がすべてを貫いている。デウスと弥陀が非実体的超越的であることを共有しながら、その外在性と内在性において相違するのであり、これが絶対的な差異なのである。

第五に奪国論がある。『筆記』序文には、キリシタンの専修性と来世往生が凡夫を縛住《ばくじゅう》し、徒党を組ませ、国を奪うと説かれていた（史料⑮）が、さらに展開され、ゼズスが徒党によって奪国を企て、ジュデヤで磔形となったけれども、弟子たちは終にロウマや諸国を奪ったのであり、日本を取らんとする謀も四、五度におよんだという（史料㉗）。「喜利志祖之法、奪二他国一之計略也」（史料㉘）という言葉のように、奪国性の暴露に帰結する。

史料㉗　原二喜利志祖本源一、イタリヤト云国ニ、サンタマリヤ云女アリ、其国之主之孫也、其子ニ、ゼズ、ト云者アリ、又其国ニ出家アリ、此出家ヲ師トシテ、仏法ヲナライ、此法ニテ、人ヲス、メ、徒党シテ、国ヲトラントタクミ、カナタコナタヲ、ス、ムルニ、ジユデヤト云国ニテ、此謀ヲシリ、セス、ヲトラヘテ、ハリツケニカクル、其後セス、カ弟子共、諸方ニカクレ居テ、サテセス、カ事ヲ、ウラヲモテニカタリ、人ヲス、メテ終ニラウマヲ取ル、其後諸国ヲ、此宗旨ノ、ハカリコトニテ取、又其後日本ヲトラントスル謀、四

五度也、具ニハハテレト《（ン脱カ）》モ、公方ニ書上ル書ニ見タリ（七一頁）

史料㉘　喜利志祖之法、奪二他国一之計略也、以二此計略一、取二他邦一之例、多見二外道奉レ公之書一、（七三頁）

改めて評論するまでもなく、専修性と来世往生での縛住が奪国となるというイデオロギー暴露である。「今時邪師」も、一様の法を説く故にその門葉は一味をなし、一定法で人を縛住し徒党を結ぶことで外道に同じ（史料㉙）というのは、念仏宗・日蓮宗にもキリシタン同様の危険性を見ていたことを示す。『邪執論』では奪国論は『筆記』以上の展開がない。

史料㉙　外道、不レ説二三業善悪一、只説二天主奇特玄妙一、図二画其形像一、以令三人着二其形一、教二口誦模様一、以令三諸人修二一様法一、皆是昔物語之法、故人能聞二得其法一、而深信二其主一、依レ之、其門葉人、作二一味一也、今時邪師、以二一定法一、縛二住人一、不レ会二衆生本来成仏之理一、向レ外求レ仏、以二口誦模様等一、為レ学二仏行一、而不レ知二四威儀上妙行一、求二死後成仏一、而不レ知二現身成正覚一、（八二頁）

雪窓の奪国論は、ハビアンでは君父背反（史料⑭）、正三では神社仏破壊（史料㉚）に根拠づけられたことからすれば重要な変化である。

史料㉚　一、近年来るばてれん共、更に天道の恐れもなく、私に天地の作者を作立、神社仏閣を滅却し、此国を南蛮へ取べき謀を以て、様々虚言して、人をたぶらかす。（『破吉利支丹』四五六頁）

キリシタンが現実的危機と認識された時期であったことが相似論から疑似論への展開を促し、かつて一揆による奪国を実現した真宗やそれに類する日蓮宗をキリシタンに擬えるのは極めて有効な戦略であったろう。

第六として、奪国論を補うように神祇論がある。『筆記』では全く言及がないが、『邪執論』では、神祇は天子以下の異徳者あるいは子孫が祭った先祖であり、忠孝の問題であって、これを罵倒し社堂を破壊するのは衆力による奪国である（史料㉛）と、忠孝否定＝神祇破壊＝奪国論が述べられる。

史料㉛　夫神祇者、自二天子一已下、神聖而有二異徳一者、崇レ之為二神明一、又レ不拘二徳之厚薄一、崇二其祖考一、以為二神廟一、育レ民者君、生レ我者親、故斉明盛服、以承二祭祀一、則宗廟饗〈響〉レ之、子孫保レ之、即是忠之至、孝之尽、然而至誠不レ息、必有二感応一、汝随〈堕〉二邪魔教一、生二妄想〈之〉心一、認レ名失レ実、沈レ虚背レ天、違二君臣之義一、無二父子之親一、（中略）窃二仏典一窃二神通〈道〉一、仮レ詞撃難、弁駁繁端、卑二劣聖賢一、罵二倒仏神一、焚二焼経像一、破二壊社堂一、引二誘多方一、党二于邪見一、令三凡夫親二〈于〉我一法一者、是何謂乎、無レ他、為レ欲下仮二衆力一奪中国位上故、原二邪宗起本一、全非二後世事一、只謀計法而已、（九六～七頁）

以上のような雪窓排耶論は、キリシタンを念仏宗・日蓮宗と等置して、三界唯心の理の外部に立つ擬似仏法であるとして排除しようとするものである。三界唯心の外部のデウスや弥陀に絶対的に帰依し、来世往生を求める信仰によって、人びとを呪縛し、徒党を組ませ、忠孝に反し神祇を否定することが奪国となると論ずる。ハビアン相似論は排耶論としては明確さを欠いたが、雪窓擬似仏法論では原理の外部にキリシタンを置くことで排耶論としての性格が明瞭になっている。

## 二　宗教編成論

原理は内部にあり、外部に原理を立てるものは排撃されねばならない。これが近世国家の要請に応えた排耶論の帰結であるなら、近世国家の編成原理との関係が問われねばならない。かつて考察したことがらをベースに述べることにする。(7)

近世国家は仏教諸教団を〈統制〉したとされてきたが、何故〈統制〉されねばならなかったのかと問うなら、信心によって自立しようとする百姓(8)を基盤に国家を編成するには、百姓の宗教性を統御しうる仏教教団を〈統制〉する必要があった、と見なし得る。仏教教団を寺院諸法度で制度的に囲い込み、体制内部に取り込むことであるが、それは〈統制〉というより〈編成〉が相応しい。そのとき、〈編成〉する側に諸教団を吸引する求心力が求められる。権力者の神格化、国家体制の神聖化が課題となる。

## (1)神格化

駿府時代に家康は、寺院法度で囲い込みを始めるとともに、自身の神格化の試みを開始していた。およそ百六十回催されたという僧を招いての論議・法問[9]は、それが元来宮中御斎会の内論議に由来し、仏法によって統治する君主たる転輪聖王としての天皇が八宗を総覧する場であったから、家康を諸宗総覧の転輪聖王に擬えるものであった。論題を見れば、則身成仏、現世安穏後生善処、五逆罪人成仏、自力他力、法華弥陀一体など、民衆救済にかかわるものが中心で、それを総覧する家康は救済主体に上昇してゆく。

家康は、日課念仏で「南無阿弥家康」と書したと伝えられ、阿弥陀仏となったと信じられた[10]。ある浄土宗僧が、諸宗を博雑に学ぶ非を言上したのに対して家康は、一身の後生ならともかく、天下国家の主としては、「天下万民をして悉皆成仏せしめんと思ふ大願を立ねばかなはず[11]」と述べたと伝えられる。転輪聖王は諸宗教に超越してこれらを総合編成する。諸宗教は自律しつつ共存し総合されねばならない。死後に家康は東照大権現となる。

## (2)王権神話と体制神聖化

東照大権現を国家の始祖神として神話化する動向が、家光政権期に顕著になる。家光自身が「二世権現、二世将軍、二世転輪」と意識した[12]のは、徳川将軍権力が神聖王権であり、始祖東照大権現に始まって家光に受け継がれたという王権神話の始まりである。東照大権現は王権神授者の位置にあり、神授された家光王権とその国家は神聖体制となる。王権神授者東照大権現は、天海によって宗教的統治の開創者と意味化される。山王権現、天照大神と一体であり、大日如来と同体の釈迦から授けられて治国利民法の実践者[13]という東照大権現は、土着神でありつつ、天皇権威を自らの内に体現する国家神でもあり、その治国は仏法に起源する利民という宗教的統治である。将軍権力は、神聖王権として確立する。

王権と国家の宗教的編成原理構築が目指される。家光が懇願して迎えた禅僧沢庵は、諸大名と親交を結び教戒を与え、東照大権現の神格を解説する。『理気差別論』[14]と題され、版を重ねた啓蒙書では、朱子理気論から仏教を説き、陰陽万物生成を言い、性を論じ、神仏論にいたって東照大権現は生きながらの神であったと論ずる。贔屓偏頗なき正直な心が神であり、神は「伸」であって「いたらぬ所もなく」天地に遍在する理でもある。儒の理＝仏の心＝神という論理が形成され、理が心に内在する故に神もまた心に内在する。こうして〈理＝心＝神〉論という究極原理内在論が形成され、それが国家の編成原理となる。東照大権現に限らず、明君聖王と呼ばれた人びともすべて神であるから、大名たちも神になり、将軍大名間秩序は神聖体制となる。儒者もまた同様な議論を展開する。羅山は『神道伝授』[15]で理当心地神道は王道と一理であると言い、心の外に別の神なく別の理なしと述べているから、沢庵の〈理＝神＝心〉論と同じ論理である。近世国家は、内部に究極原理を持ち、その原理に従う神聖国家として編成された、と認識された。

### (3) 社会的合意調達と仏教治国論

神聖国家は民衆救済を掲げることで、その正当性の社会的合意を調達する。『東照宮御遺訓』[16]は、神儒仏一体の天道による治国者家康を描き出し、慈悲が万物の根源であり、そこから流れ出る知恵と正直によって、公正で安穏な治国が実現されると説く。この書は、貝原益軒によって儒教的改変を蒙っているが、原初形態を伝え、寛永期成立と判断される『井上主計頭覚書』[17]は、仏教ないし三教一致の言説によって武道＝撫民仁政＝神儒仏三教一致＝慈悲が根本、という思想が展開される。諸宗教に通底する慈悲が国家編成の原理となる。益軒本では抹消された家康阿弥陀仏論も見えていて、慈悲の体現者阿弥陀仏の治国として徳川国家がある。権現様慈悲の君主観念は『三河物語』[18]にも顕著に見られ、この観念は、徳川家中から元和・寛永期に出現したことが知られる。諸宗教一致による民衆救済の神聖国家として社会的合意が目指される。

同様な議論を政権の周辺で構築したのが、鈴木正三を中心とし雪窓もその一員であった仏教復興運動の僧侶たち[19]であった。彼らは盟約を結び、衆生済度に立ち返る誓願を発し、元和・寛永期に各地を行脚、修行し、人びとに受戒し、大名たちに説法し、寺院を復興した。正三は、禅と念仏・戒律の一致重修を掲げる。その根底にあるのが唯心弥陀、心外無別法の唯心論であった。究極原理は内在するという論理であることにおいて、〈理＝心＝神〉論と同じ位相にある。神仏は水波の関係で、天照大神も熊野権現もその他の神々もみな本地弥陀であると説き、救済主弥陀へと神仏を結びつける諸教一致論であった。職分仏行役人説を説き、「衆生の成仏国家の治本」（『石平道人行業記』）と考え、「仏法ヲ以テ国土ヲ治ル事」（『驢鞍橋』[20]）を公儀へ献策することを念願し、「聖王正治」（同前）を理想とする神聖体制を考えた。島原の乱後は、弟で天草代官となった鈴木重成の依頼でこの地に寺々を開いて民衆済度の拠点とし、『破吉利支丹』を備えたのである。神聖君主による民衆救済の治国、唯心論での三教一致と排耶、この時期の課題がすべて正三に見出せる。誂えてもこれ以上は難しいイデオロギーとヘルマン・オームス[21]をしていわしめた。

### （4）東アジア心学世界の形成[22]

心を万物の根源とする唯心論は、心の制御と解放を課題とする。正三を始めとする仏教復興運動の唯心論は、究極原理としての仏性が心に内在すると説き、禅念戒の実践によって心をあらゆる束縛から解放し、自由に働かせることを目指した。この意味で〈心学〉であった。儒学でも、藤原惺窩が天理体認して洒脱の境地にいたる心の修養に傾倒し、羅山も理を心に取ったように、全体的に〈心学〉に傾斜している。

十六～十七世紀の交点から、東アジア世界は唯心論世界を形成する。明朝では、陽明心学の隆盛に呼応して仏教に万暦四大師が出現し、儒仏道三教一致、禅念融和の思想が唯心論を基盤に展開し、その意味で〈心学〉であった。朝鮮では李退渓の朱子学が隆盛であったが、これまた心の敬の哲学であり、心を制御し規範としながら、そのことによって心の解放を目指したと捉えるなら、これまた〈心学〉である。日本での仏教・儒教の〈心学〉形成は、東アジア〈心学〉世界の成立を意味する。

唯心論ないしは〈心学〉が日本近世国家を支える思惟となって、日本は東アジア世界の内部となる。その国際関係の内部にありながら、日本は自立した独自な神聖国家たろうとして外部性を主張する。それが神国観念であるが、内部性の確保の必要から仏国観念と結合せざるを得ず、神観念も唯心論となる。東アジア世界に向かっての外部の主張であった神国観念も、結局は内部性に収斂する。こうなれば、内部性を徹底し、その優越性を誇示する以外に独自性の確保はありえない。排耶は、近世日本国家が、東アジア世界にあって、その内部性を誇示しつつ独自性を確保しようとするエスノセントリズムでもあった。

### (5)編成と排除

神国仏国規定によって排耶を宣言したのが「排吉利支丹文」(23)である。神国仏国という諸宗教総合に対して、正宗を惑わし奪国を狙うものとしてキリシタンが位置づけられ、排除された。排耶という原則とその論理が決定された。キリシタンは神国仏国という諸宗教総合の内部に包摂されえない外部となった。しかし、その外部性を論理的に明確にする排除の論理は、いまだ形成されてはいなかった。

慶長段階で、羅山が松永貞徳に論戦を挑んだことがあった(24)。仏が儒を盗用したという羅山と、儒は仏の異端という貞徳の論戦である。盗用や異端という論理の根底には、儒の性の観念と唯心弥陀説の相似論があるから、羅山も貞徳も唯心論において同一基盤にある。羅山がハビアンを想定しながら、キリシタンは儒老荘列からの盗用論をいうが、それは相似論の域を出ることがなかった。

ハビアンにおいても、非実体究極原理内在論にもとづく諸教相似論でのキリシタン把握であり、精々のところ擬似仏法論であった。その内でのキリシタン側からの神仏人間論は、神仏権威の相対化を計ることで、東照大権現や大名たちの神聖性を打つ意味を持ったが、それへの反論もまた、キリストとデウスの関係を応化や垂迹の論理で把握したように、相似論の範疇に留まっていて、排撃の論理にはなりえていない。

こうして漸くたどり着いたのが雪窓によるキリシタン奪国論と排撃の論理化であった。この間には、唯心論を編成原理とする神聖国家の論理が構築されていた。雪窓はそれに対応するように、かつて奪国を企てたものとして真宗や日蓮宗を名指して、その外部性を批判する。専修主義と来世往生信仰は、その弥陀・釈迦が真如常住、自性弥陀に反して外在するところに成立根拠を持ち、現身成正覚に反する来世信仰となったというのがそれであり、キリシタンのデウスは、そのような弥陀・釈迦の内在性への無智による擬似的な外在的絶対者であるとして、排撃される。唯心論世界東アジアにおいて、その原理に依拠して編成された日本近世国家は、その原理を保持しようとすれば、外部に立つキリシタンを排撃せざるを得ない。その意味で、東アジアの国際関係において、その内部でありつつ独自に自立するという日本近世国家の主張が、排耶論を必然としたという側面も考慮されねばならない。

キリシタンを究極原理内在論で捉えて相似論・疑似論が展開された。新たに出合った宗教・思想は、認識しえたことの再構成となる。それでは排撃の論理になり得ない。外部に絶対者を立てる在来宗教の奪国性を手がかりに排撃の論理が構成される。思想史における他者認識と排除という問題として排耶論がある。

（1）日本思想大系25『キリシタン書　排耶書』（岩波書店、一九七〇年）
（2）同右
（3）大桑斉編『史料研究雪窓宗崔　禅と国家とキリシタン』（同朋舎出版、一九八四年）
（4）井出勝美『キリシタン思想史研究序説』（ぺりかん社、一九九五年）
（5）前掲注（1）所収
（6）キリ・パラモア「「ハビアン」対「不干」」（『日本思想史学』36号、二〇〇四年）
（7）大桑斉「徳川将軍権力と宗教——王権神話の創出——」（『岩波講座天皇と王権を考える4宗教と権威』、岩波書店、二〇〇二年→本書第一部第二章）、同「東アジア世界と日本近世の仏教」（『日本仏教の射程』、人文書院、二〇〇三年）
（8）倉地克直『近世の民衆と支配思想』（柏書房、一九九六年）
（9）曽根原理『徳川家康神格化への道』（吉川弘文館、一九九六年）
（10）徳川義宣「徳川家康の一連の偽筆と日課念仏」（『金鯱叢書8』、思文閣出版、一九八一年）
（11）『東照宮御実紀』附録巻十七
（12）藤井譲治『徳川家光』（人物叢書、吉川弘文館、一九九九年）
（13）菅原信海『日本人の神と仏』（法藏館、二〇〇一年）
（14）『沢庵和尚全集』第二巻（一九二九年）
（15）日本思想大系28『藤原惺窩　林羅山』所収（岩波書店、一九七五年）
（16）『東照宮御遺訓』は近藤斉『近世以降武家家訓の研究』（風間書房、一九七五年）所収。新たに大桑斉・平野寿則編『近世仏教治国論の研究』（清文堂、二〇〇七年）に収めた。
（17）前掲注（16）大桑・平野編に収録

(18) 日本思想大系26『三河物語・葉隠』(岩波書店、一九七四年)
(19) 大桑斉『寺檀の思想』(歴史新書、教育社、一九七九年)、同『日本近世の思想と仏教』(法藏館、一九八九年)
(20)『鈴木正三道人全集』(山喜房仏書林、一九六〇年)
(21) 黒住真他訳『徳川イデオロギー』(ぺりかん社、一九九〇年)
(22) 本書第二部第四章による
(23) 慶長十八年十二月発布(前掲注1所収)
(24) 大桑斉・前田一郎編『羅山・貞徳『儒仏問答』註解と研究』(ぺりかん社、二〇〇六年)

# 第四章　東アジア近世世界の思想史的成立

二〇〇三年八月二十一日、大谷大学で行なわれた第二回日韓宗教研究フォーラム国際学術大会での記念講演「東アジア近世世界の思想ネット」を改題した。「東アジアの宗教性とネットワーク」が大会のテーマで、同題名の冊子に収録し、当日配布され、読みあげる形式をとった。話し言葉を論文体に改め、それにともなう文章的修正を行なった。脚注的に記した注は、番号を付して末尾にまとめ、省略した出典や、本書の一章とするために必要と思われる事柄など、若干の注を追加した。

## はじめに

十五〜十七世紀の日本、いわゆる戦国時代から江戸時代の初期を対象に、仏教を中心とした民衆思想史の研究を行なっている。儒教の研究者でもなく、中国・朝鮮思想史の研究者でもないような者が、今大会のテーマにちなんで「東アジア近世世界の思想」を問題にして、韓国の方々、専門の方々の前で、前近代の中国・朝鮮に関して発言をするのは、大変な勇気がいることであった。しかしながら、日本の江戸という時代の思想、仏教や民衆思想を考えるには、同時代の東アジア世界を捉えることがどうしても必要であり、その必要に迫られて考えたことをこの機会に皆様に聞いて頂き、ご批判、ご教示をいただければまことに幸いと思い、蛮勇を奮って思いを述べたい。

時代的には専門とする十五〜十七世紀が中心となるので、十九〜二十世紀を中心とするこのフォーラムとはズレがあるが、アジア近代の前提となる東アジア近世世界の認識にかかわる問題として提起したい。

## 一　東アジア近世国家群の性格

### (1)神聖国家としての明・朝鮮

アジア世界と呼べるような実態が果たして存在したのか、という問題がまずある。前近代の東アジア地域が、それが一つの「世界」と呼びうるような、思想的共通性や結びつきを見出すことができる、と想定して始めたい。

東アジア世界と呼ばれる世界は、隋唐帝国時代に華夷意識にもとづく中華秩序の世界として成立し、一旦崩壊したのち十四〜十五世紀には再生する。すなわち大陸で元朝を打倒して明朝が成立（一三六八）すると、半島では朝鮮王朝が生まれ、列島では南北朝内乱が終結して室町政権が確立し、十五世紀初頭にはともに明朝から冊封《さくほう》を受け、東アジア世界が中華秩序として再生する。

この世界の核である中華帝国は、天命思想と華夷思想によって、王朝の正当性を確認してきた。すなわち、徳によって天命を受けた天子が、臣民および周辺の夷狄を教化する使命を持つことで王朝としての正当性を保持していた。従って中華帝国は、天命による徳治というイデオロギーに立脚する国家であり、その意味で神聖帝国と呼んでよい性格を持っている。明朝がそのような中華帝国であったことは論ずるまでもないと思う。

その中華帝国の周辺国家の一つである朝鮮もまた、そのような神聖国家であったといえよう。すなわち、聖人の道に従って徳治を行なうのが朝鮮王朝であり、その支配階級である士大夫層は、国家の社稷祭祀を村落レベルで行なう里社制によって国家祭祀に加わり、民間信仰や仏教を統制する、いわば国家の司祭となった。朴承吉(1)はこのような朝鮮王朝を「聖化された人倫共同体」と呼んでいる。そうした神聖国家朝鮮は、その神聖性の根源である中華帝国明朝に事《つか》えることで自らも小中華と規定しえたのである。(2)

朝鮮とともに明朝から冊封を受けたが、列島の室町政権には、朝鮮のような神聖国家の意識は全く感じられない。十六世紀朝鮮で外交を担当した申叔舟は『海東諸国紀』(3)の序文で、日本人は「習性は強悍にして剣槊に精なり。舟楫に慣れ」と述べているのは、まさに倭寇としての日本、つまりは武力に頼る野蛮と見ている。列島の国家に朝鮮のような中華秩序の一員としての文明国家、神聖国家を見なかったからだろう。室町政権では五山禅林が官寺とされていたから、形式的には仏教国家であるが、それは仏教にもとづく神聖国家の理念によるものではなかった。その後に起こった壬辰・丁酉倭乱は、まさに日本国家の野蛮性を証明するものであった。明末における、東北の満州族、北方のモンゴル族の侵入と同様な、蛮族の文明への攻撃と見なされた。

### (2)日本の後進性

このように十五世紀から十七世紀初頭の東アジア世界の内で、列島の国家のあり方は異質であった。それは国家体制の根底に横たわる社会構造の差異にもとづくものと考える。簡潔に述べれば、大陸・半島における地主制社会と、列島社会の領主制社会という差異である。地主制は、前近代の農業社会としての最高の発展段階であろう。生み出された剰余は地主を介して国家に集積され、地主たちは文人として文化をにない、一方で官僚となって国家の支配層となった。彼らは農民支配を国家にゆだね、自ら武装することはなかった。これに対して列島の領主制は、地主制の未成熟の段階で、地主が自ら武装し、個別に農民を支配する、いわば武装地主制であり、その武装地主の政権が幕府という軍事政権であった。大陸や半島の地主制社会とその国家からすれば、まことに野蛮な、異様な国家として見えていたに違いない。一六〇二年に北京で刊行された「坤輿万国全図」（京都大学附属図書館など蔵）に、列島に小国が分立し「各ニ国主有リ、俗ニシテ強力ヲ尚ビ」「其民多ク武ヲ習イ、文ヲ習ウハ少シ」と、先に見た『海東諸国紀』と同様に、武力の国という認識を示している。

こうした後進地帯の列島でも、十七世紀に入ると地主制への傾斜が顕在化する。十六世紀に見られた兵農分離状況は、武装地主が農業経営から離脱する可能性を示し始め、武装地主統一政権はその可能性を政策的に推し進め、やがて武士の都市集住と官僚化という状況を生み出し、事実上、武力は個別地主から離れて国家へ集中された。こうして十七世紀には列島社会も変則的ながら地主制に移行した。それとともに、武装地主の軍事政権も、徳治の文民政権に転換されねばならない。こうして宋学受容が本格化するが、しかし宋学の徳治という理念は、文民政権を志向したにしても武装を放棄できない武士というあり方とは直ちに結びつくことは困難で、新しい国家理念を生み出すことは容易ではなかった。その役を担当したのはむしろ仏教ではなかったかと考えている。軍事政権はその正当性について社会的合意を調達しなければ正当政権たりえないが、社会的合意調達の相手である民衆は仏教信仰によって自立し始めていたから、彼らを支配に組み込もうとするなら、政権は仏教を取り込み、それによって国家理念を構築しなければならなかった。その期待に答えて、十七世紀には仏教復興運動が起こり、そこから政権のイデオローグが出現した。

### （3）徳川神聖国家の形成[4]

徳川政権の国家理念には、幕府創始者家康を権現様、つまり仏が人間として現世に生まれたものという観念、それを基軸にして、徳川の天下は仏から与えられたとする観念が重要な意味を持っていた。家康は死の直後に東照大権現となって日光に祀られて以来、権現様とか神君とか呼ばれ、その本体は薬師如来とか阿弥陀如来とか観念される。あるいは家康のイデオローグ天台僧天海は、権現様を、世界を一元的に支配する最高神・山王権現と見なし、天皇の祖神・天照大神と一体であって、釈迦から「治国利民法」を授けられることで、日本の支配者となったというイデオロギーを組み立てる。

これを受けて、三代将軍家光は、自らを権現様の生まれ変わりであって、世界を支配する転輪聖王と自覚する。その側近にあった有名な禅僧沢庵は、天地に遍満する万物の根源的原理である「理」が人に内在すると、万民を贔屓なく哀れむ心となるが、そのような心を持った人は生きながら神であり、それが東照大権現であったと、儒教理気論を援用しながら、家康を神格化する。

こうして十七世紀に列島の国家も、王権神聖化による神聖国家を志向し始める。日本の参入によって東アジア世界は神聖国家群からなる世界としての同質性を獲得した。そして、列島では十七世紀の末期までに、その支配が神聖秩序であるという神話形成にいたる。おそらく十八世紀初頭に文字化されて成立したと考えられる徳川王権神話として、『松平崇宗開運録』という書物があり、出版はされなかったが、確認できただけでも、さまざまな異本を含めて八十数点存在している（一五三頁以下の「写本所在一覧表」参照。紀州や尾張の徳川家や各地の大名家に所蔵されるものから、庶民が読んだ貸本まで、非常に広く普及した様相がうかがえる。

その内容は、第一に、弥陀天下授与説とでもいうべき説で、徳川家康の先祖親忠に対して、菩提寺の大樹寺勢誉は幾度でもこの世に生まれ変わって「松平の家へ天下を取渡さん」という念願を告げ、その生まれ変わりの登誉は家康に「弥陀の諸神より天下を取て君へ渡し給ふ」と予言し、「厭離穢土・欣求浄土」と大書した軍旗を与えた。天下分け目の関が原合戦への出陣に当たって、江戸の菩提寺増上寺存応は「公の天下ハ弥陀より御請取の天下」と激励する。このような一連の物語は、いわば日本における王権神授説の役割を果たした。徳川王権は仏から授与された神聖王権とされた。

第二に、「四民の行ふ所皆則菩薩の行」という職分菩薩行説が述べられ、これが仏教治国論となる。武士は

「仁慈を専にし」「只人を救ひ助けんと思ふ心こそ真の武士にして、ほさつの行とハ申也」というように、武士の職分は民衆救済であり、その意味で菩薩行とされる。なかでも、天下を治める将軍の職は「念仏の行を世間に繁昌させ、万民を現当二世共に相助けんと、大悲利生」であって、それによって「其時国家穏にして民栄へ、浄土往生の勤をなし、順次に解脱を得」と、弥陀に代わって念仏繁昌、来世の救済までも担当するものとされる。つまり徳川氏を将軍とする近世の列島国家は、人びとの来世の救済までも保障する神聖国家であるという神話が出来上がった。

こうして十八世紀初頭までには、東アジア世界の三国は、それぞれ神聖国家としての性格を鮮明にしたと考えられる。ただし、大陸では、十七世紀に明清交替という事態が持ちあがり、問題は複雑化する。そのことは後に考える。

同質な国家群が形成されて、国家観念のレベルでの共通した思惟の基盤が出来上がったという意味で、ここに一つの世界として東アジア世界が成立したということができる。朝鮮との間での国王号をめぐる問題、通信使の問題などは、神聖国家という認識から再検討する余地がありそうである。

## 二　〈心学〉世界としての東アジア世界の形成

### (1)〈心学〉としての儒教の展開

社会構造や国家形態を右のように理解した上で、次に、思想のレベルでは東アジア世界としての共通性や特質がどこに求められるかが問題になる。国家理念のレベルで見れば、大陸・半島では儒教がその基盤となっているが、列島では仏教である。儒教ということをさらに詳細に見れば、明では陽明学が隆盛となったが、清朝初期には朱子学派から激しい批判を受け、考証学が中心となったといわれるように、儒教といっても明と清では大きく異なる。一方の半島では、十六世紀に李退渓と李栗谷という二大儒が出て朱子学を究極まで押し詰め、十八世紀に実学が起こるまで、この学が国家の支持を得て全盛となった。また列島の儒学は、これらのいずれとも異なって、十七世紀初頭にようやく仏教から自立し、日本朱子学の形成が始まったが、まもなくそれを批判して孔孟への回帰を唱える古学派が台頭する。このように東アジア世界を儒教で括《くく》るにしても、その内容には相当に開きがあり、儒教のどのような側面をもって東アジア世界の思想的特質とすべきか、にわかに判断がつかない。

そこで少し観点を変えてみる。そもそも宋明学を代表する朱子学は、程伊川の言に「学びて以て聖人に至る道なり」「聖人は学びて至る可きか、と。曰く、然り、と」(5)とあるように、修養を通じての自己変革を目的とする学である。その方法は「居敬窮理」で、精神を集中する「敬」の実践によって絶対的客観的原理である「理」を窮《きわ》め、それを規範として厳しい道徳的実践を行なう学であった。これとは逆に「理」の規範性から心を解放し心の自由を拠点として自己を修めるのが陽明学であり、朱子学が「理」学と呼ばれるのに対して「心」学と呼ばれている。朱子学と陽明学は、心を制御するか解放するかという方向性の差異を持ちながら、心を拠点とする修養ということにおいて共通していると見ることができる。その意味で両者ともに〈心学〉と呼んでいいのではないかと考える。

心を拠点とする修養法ということになれば、儒学だけではなく、仏教、とくに禅もまた〈心学〉である。十六世紀末期の明で、陽明心学の隆盛とともに、万暦四大師（四高僧）と呼ばれる仏教者が輩出し、仏教復興状況が起こったのも偶然ではなく、〈心学〉という共通の思想が興隆したことを示している。そこでは儒仏道三教一致とか、儒仏和合がいわれ、仏教内部では浄禅一致・禅念一致などが叫ばれて、宗教や宗派の違いを超えた心の自由な解放がいわれ(6)、思想界は〈心学〉世界の様相を示していた。また清朝考証学でも、その代表者の黄宗羲は、気一元論といわれるが、それは、気によって心が生ずるのであり、心は気の霊、天地に充満するものは全て心、という[7]のを見れば、これまた〈心学〉と捉え返すこともできそうである。

同じ時期に儒教を国教とした朝鮮でも仏教中興が見られた。一五五〇年代の明宗の治下で、摂政となった文定王后が虚応堂普雨を起用した仏教保護があり、これは短期間で終わったが、この時代に世に出た僧たちが壬申倭乱に義軍を率いて活躍し、にわかに仏教界は活況を呈する。西山大師休静・松雲大師惟政がその代表者である[8]。西山大師の仏教は禅と教の一致の立場に立ち、自性すなわち弥陀というような、心に弥陀・仏の内在を説くものであった[9]。まさに〈心学〉といってよいあり方を見せている。

しかしながら朝鮮国家自体は儒教国家であり、そこでは朱子学が深められ、仏教や陽明学とは様相を異にすると考えられてきたが、果たしてそうであろうか。朝鮮朱子学の大成者李退渓の学は、道徳的規範主義ともいわれる[10]ように、心の制御を課題とするものである。李退渓が「天即理」と端的に言い切ったのは、天の超越的絶対性を道徳規範としての「理」に解消したことを意味している。朱子学のセオリーに従えば、その「理」が人間に内在して「性」と呼ばれ、その「性」と「情」を統《す》べるのが「心」で、その「心」を修める方法が、退渓が重視した「敬」に他ならない。朱子の「敬は一心の主宰にして、万物の本源」という言葉に従い、退渓は「敬の一字あに聖学始終の要ならずや」と「敬」を中心とする学の体系を築きあげた[11]。退渓学は「心」を「敬」によって制御する〈心学〉なのである。このように見ることが誤りでなければ、十六世紀には大陸でも半島でも朱子学とか陽明学とかいう枠組みやその対立を超えて〈心学〉が展開していたのであり、その意味で東アジア世界の中心部は〈心学〉世界を形成していたと考えられる。

日本でこのような〈心学〉を形成したのが藤原惺窩であり、山崎闇斎であった。[12]惺窩は、秀吉軍によって日本に連行された朝鮮儒者姜沆から儒学を学ぶが、この姜沆は李退渓学派に属する学者で、惺窩はその影響下で退渓の『天命図説』によって朱子学への理解を深めるが、同時に、朱子の初期の師匠であった李延平の「黙座澄心」

によって、天理を体認し「洒落」の境地にいたることを理想とした心の修養法に傾倒する。また一方で明の心学者林兆恩が提唱した「艮背心法」という、背中に精神を集中して心を解き放つという修養法を取り入れるなど、もっぱら心の制御に関心を示している。惺窩はこのような心の極《きわ》まり所が『大学』三綱領の「至善」の境地であると考えた。惺窩は日本朱子学の祖といわれるが、その真髄はこのように〈心学〉であったと考えている。その弟子林羅山に、惺窩はこうした〈心学〉を薦めている。羅山自身は、師の惺窩に反対して朱子学の正統を自認するが、しかし朱子の「性即理」に対して「心即理」を唱えて、やはり〈心学〉への傾斜を見せている。その意味で十七世紀初頭に始まった日本朱子学の形成も、朱子学を標榜しながら〈心学〉としてスタートしていたのである。

日本朱子学の最も厳格な実践者で、十七世紀中期に道学者として名をなした山崎闇斎が李退渓の『自省録』を読んで感奮興起し、そこに哲学的基礎を置いたことは有名である。その闇斎学が、たとえば「人の一身、五倫備わる。而して身に主たるものは心なり。この故に心敬すれば、則ち一身修まりて五倫明らかなり」（『敬斎箴』[13]序、原漢文）と述べられるように、身の主である心を敬によって修める道学であり、その意味で〈心学〉である。日本朱子学の流れを、惺窩・羅山・闇斎に見てゆけば、それは〈心学〉の展開であったと言いうると思う。

## （2）日本の仏教復興運動と〈心学〉[14]

十五～十七世紀の東アジア世界を〈心学〉世界と捉えれば、日本近世における仏教もまた〈心学〉であることが、改めて問題化されてくる。明で〈心学〉の興隆が仏教復興を呼び起こしたように、日本でも〈心学〉の形成と並行現象として仏教復興運動が見られる。周知のように、江戸幕府、つまり武装地主の軍事政権は、真宗門徒を中核とする百姓の連合戦線である一向一揆と戦い、また武装仏教勢力の要の比叡山を打倒し、さらにはいま一つの民衆的仏教勢力の法華宗を弾圧するなど、もろもろの仏教勢力を屈服させて成立した。これによって既成仏教諸教団は政権に組み込まれてしまったが、人びとの仏教信仰は武力では抑圧できるものではない。まして武装地主の統一権力による百姓征服が、人びとの「現世安穏・後生善処」という願いを実現するというスローガンを掲げた以上、人びとの宗教的救済願望を圧殺することはできなかった。

日本近世における仏教復興運動は、「現世安穏・後生善処」を求める民衆の救済願望に答えるべく、民衆救済を掲げて出発する。その中心人物は、鈴木正三という禅僧で、徳川配下の小土豪出身の武士で、早くから仏教への志を持ち、四十二歳にして出家する。江戸幕府創設者徳川家康が没して三年目に当たる年（一六一九）であった。以後彼は、臨済宗の本山妙心寺を脱して仏教復興を念願して諸国修行を続けていた青年僧侶たちと交わり各地に修行し、また民衆的な読本である仮名草子を著わして思想活動に乗り出し、また仏教治国を幕府に献策すべく、幕府要人と交流するなど、活発な活動を展開する。それとともに彼を有名にしたのは『万民徳用』と名づけて出版された民衆倫理書である。武士・農民・職人・商人という職分が、すべて仏行である、万民を救済する菩薩行である、その意味で国家の役人である、と説くもので、職分仏行〈役人〉説と呼ばれている。その思想はヨーロッパにおけるプロテスタンティズムの職業倫理と同質であるとして注目されたが、現今では、むしろ近世初期に広範に成立する身分制職分論を仏教によって菩薩行と意味化したものと評価されている。

この鈴木正三を中心に、宗派を超えて結合していたその盟友の僧侶たちは、おのおの独自の仏教復興を成し遂げる。妙心寺派の僧たちは朝廷・大名の外護を受けながらその中で禅の独自性を守る道を模索し、やがてその流れから盤珪永琢や至道無難という民衆的禅者を生み出し、さらには近世臨済禅の大成者である白隠慧鶴を生み出すことになる。また、仏教復興の一方の柱であった戒律復興運動は、これも正三の盟友であった真言宗の賢俊良永を起点に比叡山や泉涌寺での戒律復興となり、十八世紀には慈雲飲光の十善戒という民衆的戒律運動の母胎となった。

より重要なことは、これらの仏教復興運動が、〈心学〉の性格を持っていたことである。それを象徴的に示すのが「唯心弥陀、己心浄土」というタームで、すでに中世仏教の中で重要な意味を持っていたが、近世には再びこの言葉が盛んに用いられる。鈴木正三の仮名草子『念仏草紙』から一例を示しておけば、「われすなはち、ほとけなるとき、ほとけをみる事あるべからず。ゆいしんのじやうど、己心のみだとおしへたまふなり。ただ心のじやうど、こころのみだをしりたまふべし」というように、心に浄土・弥陀を見る思想である。心に内在する弥陀を発見することが修行の方法になるから、座禅も念仏も、さらには戒律を守ることも、皆心の弥陀を念じだすことであるとして一致させられる。こうして禅念一致・禅念戒一致などの諸宗一致論、さらには儒教をも含めた諸教一致論となるが、それはすべて心に内在する仏（真理）という思惟に立脚しているという意味で〈心学〉に他ならないのである。そう見れば、闇斎が身体に備わっている五倫を「敬」によって見出すといっていることと、思惟の様式としては同様であると言いえよう。あるいは林羅山が「理トイフモノハ即我心也。心ノ外ニ別ノ理アルニアラズ」（『随筆』四）というのは、仏教の言葉でいえば「唯心弥陀」であり、あるいは「心外無別法」という言葉に相当する。仏教唯心論といってよいであろう。

### （3）日本近世民衆思想と〈心学〉(15)

このような唯心論は民衆思想のうちに充満している。十七世紀の始めに、新しい民衆文学として仮名草子が生まれ、その第一作の『恨の介』という物語は、恋を、従来の仏教の観念に従って「心の妄執」と否定的に言いながら、一方でその成就を清水の観音に祈るという、きわめて矛盾的な始まりを持っている。それは「思へども、思ふ事、叶はねばこそ憂き世なれ」という言葉で表現される。流行語であったらしく、あちこちの作品に見出せる。この「思ふ事」は、ここでは恋であるが、一般化すれば欲望・煩悩ということになる。それがなぜ叶わないのか、という思想課題となって、これ以降のいろいろな作品がこの言葉を問題化している。つまり十七世紀の民衆は、煩悩成就（真宗の開祖親鸞の言葉）を当然のこととして追求する生き方をしており、その煩悩成就にこそ救いがある、恋の成就こそ往生である、というように考えている。それを〈心学〉という視点から見れば、心の自由な解放こそ求むべき境地であるということになり、ここに〈心学〉の基盤があると見ることができる。

なぜ心の自由な解放が叶わないのか、そのひとつの回答を、十七世紀後半の代表的な仮名草子の作者で真宗の僧侶でもあった浅井了意の『浮世物語』に見ることができる。了意は、やはり仮名草子の『いなもの』という作品から、「心は我ものなれど、まゝにならぬ」という言葉を引用して、心とはそもそも自由にならぬもののことだ、とひっくり返し、そこから「浮に浮いて慰」む「水に流るゝ瓢箪の如く」という虚無的享楽の姿勢が提示される。しかしこの生き方は、主人公が最後に「今は我が心ぞ空に帰りける」といって行方不明になって終わるように、仏教本来の「空」という立場を導き出す。つまり心の自由、煩悩成就は「空」という立場においてしかないということを意味している。

このことをより鮮明に表明したのが、これより先に出た『七人比丘尼』という作品である。手伝いの若い比丘尼とともに年老いた比丘尼が営んでいた巡礼宿に、泊まり合わせた五人の比丘尼が、各々の出家の動機を語り合い懺悔して、煩悩を断じて出家したことによって、煩悩即菩提という真実へ導かれたと喜びあう物語なのである。宿の手伝いの若い比丘尼が、それらの物語を聞いて、煩悩即菩提とは、そんな寝言のようなことではないと一蹴し、貪欲・瞋恚・愚痴という三毒、すなわち煩悩は、真実そのものである心の現れであり、「しんげ（心外）にほう（法）なし、何をかすて何をかさとり、何をかあいし、何をかかなしむべけん、煩悩即菩提なればなり」と、心以外に存在するものはない、その心の現れである煩悩がそのままで菩提なのだ、と説く。あるいは「煩悩と菩提とを、とりもなをさず、其性ふかとく（不可得）にて、一じち（子地）のめうたい（妙体）なるをぼんなふそくぼだい」ともいう。煩悩も菩提も心の現れとして一体であるというのである。ここに、人びとが求める煩悩成就が、心の解放としての菩提と同じであり、ともに心の現れであることにおいて一体であるという〈心学〉が展開されている。

このように十七世紀の列島の民衆世界はまさに〈心学〉の思惟に満ち満ちていた。ここに基盤を置く仏教はもとより儒学も、そして権力の思惟も、ともに〈心学〉となった。それは、大陸・半島とも共通する思惟であり、ここに東アジア世界は〈心学〉世界として、共通の思想基盤に立つことになった。そのような共通の基盤の形成こそが、東アジア世界の思想的一体化とも呼べる状況の出現と考える。

## 三　東アジア世界の変動と解体の始まり

### (1)南蛮と神国・仏国

十七世紀は、日本がようやく参入したことによって東アジア地域が一つの文明世界としてまとまりをもった世紀であった。その一方で、前世紀に姿を現したヨーロッパという外部への対抗と、内部的大変動である明清交替という事態によって、成立したばかりの東アジア世界が、解体にむかって動き出す、そのような問題をはらんだ世紀であった。

ヨーロッパが姿を現したとき、日本ではこれを南蛮と呼んだ。厳密には、南方の植民地から来航したポルトガル・スペインを指すが、ここではヨーロッパを指すと一般化しておく。南蛮は、華夷観念における南方の野蛮民族・地域のことであるから、南蛮という呼称はヨーロッパを華夷観念に包み込んで認識しようとするものであった。けれどもヨーロッパが東アジア世界とはまったく異質の、キリシタンという宗教の世界、それを中核とする別の文明世界であることを、包みきれるものではなかった。南蛮は、中華世界の内部とされながら外部であるという二面性を持つ世界として登場したわけである。その内の〈南蛮＝キリシタン〉という外部性は、日本がその中に位置する東アジア世界を、内部として改めて認識しなおすことを要請してくる。つまり〈南蛮＝キリシタン〉なら〈日本＝東アジア〉とは何か、という問題が提起されたのである。それは本来、中華世界であり、華夷秩序の世界であり、儒教世界であったが、日本はいまだ儒教世界として成立しておらず、むしろこの世界の夷狄的存在であったから、〈日本＝東アジア＝儒教(中華)〉と規定することはできない。そこで呼び出されたのが古くから親しまれてきた三国世界観、つまり天竺・震旦(唐)・本朝から構成される仏教世界という世界観によって、〈日本＝東アジア＝仏教〉という観念が形成される。まずは〈南蛮＝キリシタン〉という外部に対して、内部として〈アジア三国＝仏教〉という認識が成立する。丁酉倭乱の直前に、豊臣政権の守護神として京都東山の大仏殿に三国伝来の善光寺如来が安置されたのは、この如来の来たった路〈仏法東漸〉を逆にたどることで、東アジア世界に仏教を再興するという名目を掲げることが可能になるからに他ならないが、その背後の〈南蛮＝キリシタン〉観念との対抗関係を考えねばならない。

それより先の天正十五年(一五八七)に、秀吉はバテレン追放令を出してキリシタン禁制を開始するが、それは「日本は神国なり」という宣言文で始められた。ここで日本＝神国観念が登場するのは何故かと考えれば、〈南蛮＝キリシタン〉を、東アジアの外部としてではなく、日本の外部として排除しようとしたとき、キリシタンに向き合う独自な日本、その内部が何であるかという問いを生み出し、ここから神国観念が呼び出されたといえよう。〈南蛮＝キリシタン〉という日本の外部、これに対する内部として〈日本＝神国〉と図式化できる。この図式は徳川家康に受け継がれ、慶長十九年(一六一四)の「排吉利支丹文」[16]では「それ日本はもとこれ神国なり」と〈日本＝神国〉規定が確認され、続いて「また仏国と称す」という〈日本＝仏国〉規定が併記される。独自な内部としての〈日本＝神国〉と、共通の内部としての〈東アジア＝仏国〉を接合して〈日本・東アジア＝神国・仏国〉規定によって、日本と東アジア共通の外部として〈南蛮＝キリシタン〉を排除する役割を持っていた。このような日本の神国・仏国性は、「排吉利支丹文」では「神明応迹の国にして、大日の本国なり」という本来性に由来するとともに、「上古、緇素、おのおの神助を蒙り、大洋を航して遠く震旦に入り、仏家の法を求め、仁道の教へを求む（中略）、あにこれ仏法東漸にあらずや」というような仏法東漸に根拠が求められる。

こうして十六～十七世紀の交点に、ヨーロッパという外部を媒介にして、東アジア世界と日本の構造的認識が形成され、東アジア世界を内部として一体的に認識しようとする側面と、その中での日本の独自性を主張しようとする日本中心主義をも生み出した。「排吉利支丹文」の〈日本＝神国・仏国〉規定の基本にも、このような日本中心主義を見ることができるが、それは、十五世紀末期に神道の宗教化を図り、唯一神道という神道の大系を構想した吉田兼倶に発するものであった。兼倶は『唯一神道名法要集』[17]において、仏法は万法の花実、儒教は枝葉、神道は根本であり、花落ちて根に帰るように仏法は日本に到来したのであり、これを仏法東漸という、というように、神道を三国の根本と主張した。仏教三国世界観で「東海の粟散辺土」とされていたのを逆転する日本中心主義の主張である。「排吉利支丹文」はこの思想をよみがえらせている。同じ時期に、日本人ヤソ会士不干斎ハビアンは、棄教後の『破提宇子』[18]で「日本ハ神国、東漸ノ理ニ依テハ仏国トモイフベシ」と神国・仏国規定をとって日本中心主義を展開するが、他にも多くの事例を示すことができる。

なお、十七世紀初期のいわゆる鎖国によって、琉球・蝦夷・朝鮮の日本服属という認識から、日本型華夷意識（秩序）の成立をいう議論があるが、それは「武威」を誇示する秩序であり、日本の内部統合を支えるイデオロギーにはなりえても、東アジア世界の中での日本の位置づけという側面が弱く、大きく評価することはできないと考える。

## (2)明清交替とエスノセントリズム

十七世紀前半期の明清交替は東アジア世界での驚くべき大変動であった。文明の根源にして中心の中華帝国・明が崩壊し、夷狄満州族・清が大陸支配を確立したからである。日本では、林家の儒者鵞峰（春斎）とその子鳳岡（信篤）が編纂した「唐船風説書」を『華夷変態』（国立公文書館蔵）と名づけたように、中華が夷狄に敗北するという異常事態と認識された。

清朝自体にとってもこの問題は重要で、明朝を継承することを表明し、満州族独自の祭祀に加えて、中国の国家最高の典礼で皇帝が天を祭る儀礼である天壇祭祀を執行し、中華世界の天子であることを宣言する。清朝を夷狄視する者に対しては「文字の獄」と呼ばれた厳しい思想統制を加える一方、中華帝国を、それまでの漢民族の独占から解放して、満・蒙・漢・蔵（チベット）・回（ウイグル）の五民族を統合する多民族国家と標榜した。かつて元朝がそうであったように、夷狄であっても有徳であれば中華の天子になりうると主張し、第五代皇帝擁正帝は勅命で『大義覚迷録』を編纂刊行させ、清朝こそ、そのような中華であると宣言した。また明の洪武帝の「六論」を摸した「聖論広訓」によって民衆教化に勤め、『康熙字典』や『四庫全書』の編纂などの大文化事業を興し、明朝の後継者であり、中華文明の中心であることの宣揚に努めたのである。

一方、小中華を自負する朝鮮では、清の侵攻（丙子胡乱）をうけてこれに服したが、倭乱における明の恩義に報うべしとする反清北伐・対明義理論が根強く残存し、小中華意識の基盤を形成した。十七世紀思想界をリードしたといわれる宋時烈は、明に劣らない礼の国を築いた朝鮮こそが中華であるという朝鮮中華意識を標榜し、その門下の参与によって、一七〇四年に明皇帝を祭る大報壇が設置されその祭祀が執行された(19)。これは尊明排清の国家祭祀であり国事行為で、これによって朝鮮中華意識を鮮明にしようとするものと考えられる。また十八世紀に安鼎福が、堯舜と同時期に朝鮮では壇君・箕子が出て礼・文を完成したと考証し、朝鮮こそ天下第一の文明の継承者であると主張したのも、そうした中華主義の現れである。[20]

このように見れば、明清交替は、逆説的に大陸・半島で各々の中華意識の高揚をもたらし、それらが相互にせめぎ合う状況を生み出したと見ることができる。中華たることを証明するために、清も朝鮮も儒教的神聖国家であることを鮮明にする必要があった。日本でも、すでに述べたように、徳川将軍権力の神聖化という現象が起こるが、それも東アジア世界の変動の一環と見ることができる。十七世紀前半期の家光政権段階で神聖国家への道が鮮明にされ、さらには明清交替が完了した十七世紀後半からの綱吉政権期にも、別途の方法で神聖国家への道が模索された。こうして十八世紀初頭には、清朝が多民族国家を標榜しながら自国中心主義をとり、朝鮮も儒教国家の正当な継承者を主張して朝鮮中心主義へと展開し、結果的には東アジア世界は一体性よりも分裂への方向が強まっていった。

その中で日本でも、普遍主義を掲げる仏教に代わって、日本中心主義を唱えた儒者たちが登場してくる。その一人の山鹿素行を例にとれば、彼は、日本は異朝におよばず、聖人も異朝にこそ出現すると思っていたが、それは誤りであり、日本古来の道である神道が聖人の教えと同じと気づき、日本を「中朝」＝中華と主張した。このように〈日本＝神国〉規定が根拠となって日本中心主義が組み立てられている。そこではかつての〈日本＝神国・仏国〉規定から、エスノセントリズムにふさわしくない〈日本＝仏国〉規定は排除され、本来神国であった日本が「えびす」とされたのは仏教という邪説によって風俗が乱れたことによるというような排仏論に帰着する。このような日本中心主義が、やがて朱子学的「自―他」認識の枠組みを解体して、国学的「自―他」認識へと展開するといわれるが、それについては本稿の言及すべき範囲を越えている。

東アジア世界が近代に遭遇したとき、そこには一体としての東アジア世界はもはや存在せず、儒教的中華主義を基本とするエスノセントリズムの三国が存在しただけであった。しかしながら、その以前の段階には、民衆思想を基本とした〈心学〉世界、そこに立脚した神聖国家群の世界があった。国家形態や知識人の思想レベルでは、近代に遭遇して東アジア世界は解体し分裂してしまったが、民衆思想のレベルではどうなのであろうか。いまだ検証していないが、日本の近代においても民衆思想の世界は〈心学〉世界であろうし、朝鮮の東学などもそれではないかと考えている。そのような視点から、近代においてはかえって東アジア民衆世界の思想ネットが考えられるのではないか、と思っている

（1）朴承吉「朝鮮朝末期における中華的世界観の崩壊と民族宗教運動」（柳炳徳・安丸良夫・鄭鎮弘・島薗進編『宗教から東アジアの近代を問う——日韓の対話を通して——』、ぺりかん社、二〇〇二年）
（2）河宇鳳著（井上厚史訳・解説）『朝鮮実学者の見た近世日本』（ぺりかん社、二〇〇一年）
（3）申叔舟著（田中健夫訳注）『海東諸国紀　朝鮮人の見た中世の日本と琉球』（岩波文庫、一九九一年）
（4）この節の記述は、本書第一部第二・三・四章をもとにしている。なお大桑斉・平野寿則編『近世仏教治国論の史料と研究　松平開運禄／東照宮御遺訓』（清文堂、二〇〇七年）も参照。
（5）新訳漢文大系『近思録』巻二（明治書院、一九七五年）、島田虔次『朱子学と陽明学』（岩波新書、一九七六年）
（6）荒木見悟『仏教と陽明学』（レグルス文庫、第三文明社、一九七九年）
（7）『中国文化叢書3思想史』（大修館書店、一九六七年）
（8）金煐泰『韓国仏教史』（禅文化研究所、一九八五年）
（9）鎌田茂雄『朝鮮仏教史』（東京大学出版会、一九八七年）
（10）朴忠錫「朝鮮朱子学——その規範性と歴史性——」（朴忠錫・渡辺浩編『日韓共同研究叢書3国家理念と対外認識17—19世紀』、慶応義塾大学出版会、二〇〇一年）
（11）「進聖学十図・大学経」（『李退渓全書』巻七、前掲注10朴論文）
（12）大桑斉『日本近世の思想と仏教』（法藏館、一九八九年）参照

(13) 日本思想大系31『山崎闇斎学派』(岩波書店、一九八〇年)
(14) この節は前掲注(12)大桑著書によっている
(15) この節は大桑斉『民衆仏教思想史論』(ぺりかん社、二〇一三年)によっている
(16) 日本思想大系25『キリシタン書　排耶書』(岩波書店、一九七〇年)
(17) 日本思想大系19『中世神道』(岩波書店、一九七七年)
(18) 前掲注(16)日本思想史大系25所収
(19) 桑野栄治「朝鮮小中華意識の形成と展開――大報壇祭祀の整備過程を中心に――」(前掲注10『日韓共同研究叢書3　国家理念と対外認識　17―19世紀』)
(20) 李豪潤「一八世紀における朝鮮王朝の自他意識――安鼎福の思想を中心に――」(『日本思想史学会会報』20号、二〇〇三年)

# あとがき

本書に収めた論考は、一九九六年から二〇一四年の二〇年近い間の私の営為の一部である。最も新しい仕事でありながら、真冬の幽霊かな、との思いが頭をよぎる。時期遅れの、場違いな出現。それでも出なければならない幽霊である。己のしわざをまとめたいという執念には違いないが、それだけではなく、いわれなく見捨てられた近世国家論への執着がある。

近世国家は百姓征服によって成立したというテーゼがそれである。かつて朝尾直弘は武家領主と百姓勢力との決戦、本気での殺し合いによって近世国家が成立したといった。本書でもこれを上野千鶴子のパシフィケーション論で補足した。戦国期変革期論であるが、しかし今や池享に代表されるような戦国期移行期論に変わってしまった。それらでは、なぜ変革ではなく移行なのかという議論をともなっていない。序言でとりあげた渡辺京二もそうである。朝尾の論に対して、「戦後の左翼歴史学は散々馬鹿の限りを尽くして来た」（『日本近世の起原』、弓立社、二〇〇四年）と罵倒するだけである。

歴史的に国家は、外部を差異化し内部を均質化する〈限る思想〉で成り立っている。近世国家も然りである。征服した百姓を、慈悲の仁政を施す王権という幻想によって領民に編成し、統一した列島を外部世界と異なる聖なる領域と意味化するのが近世国家である。それには王権の下に宗教を編成して加担させねばならない。宗教の側からは国家を包み込もうとするが、国家はそれをさらに逆手に取って、王権の正当性の根拠に意味化しようとする。この思想闘争が近世の国家と宗教の歴史だろう。今の歴史学界には、このような論は通用しそうもない。だから幽霊なのである。出現して、この世に生きるために、足を持たねばならないのである。

　日本近世を宗教から検討した本書は、第一部は国家・王権と宗教、第二部は心に土着した仏教という問題で構成されている。外部の国家と内部の心を宗教を媒介に結合することで、近世という世界を宗教性において捉えようと意図したのである。

　一九九四年の日本宗教史懇話会サマーセミナーで、本書第二部第二章の近世仏教世界論を報告したとき、天理大学の幡鎌一弘さんから、トーマス・ルックマンの『見えない宗教』（ヨルダン社、一九七六年）やピーター・バーガーの『聖なる天蓋』（新曜社、一九七九年）などがいう世俗化論を教えられたことが、大変に印象深い。以来、この世俗化論、見えない宗教論を何とか近世宗教思想史に適用できないかと思いながら、独自に理論化することができないまま現在にいたった。ただし、本書第二部のタイトルや第一章で用いた「土着」という概念は、それらを念頭においている。本書では収録を見送ったが、別稿「仏教土着論」（『論集』仏教土着』、法藏館、二〇〇三年）は、その理論化の試みであり、本書は全体的にその視点を根底としている。近著『民衆仏教思想史論』に対して、幡鎌さんから「問題は宗教性の強調ではなく、国家（世俗）と宗教とがどのように線引きされているのか、なのではあるまいか」と批判を受けている（『寺社史料と近世社会』一二頁、法藏館、二〇一四年）。国家と宗教の規定にかかわる指摘である。本書でも、国家とは、宗教とは、というように大上段に振りかぶって規定していないが、統治装置としての国家と、心に住み着いた超越としての宗教という意味合いで考えてきたことが、回答になっているのではと思っている。

　近世仏教世界論をいうのに、なぜに思想史という方法なのかと振り返れば、仏教史や宗教史研究には理論的研究が少なく、思想史には理論があるという思いからである。研究に従事するようになった当初は、農村調査などによって真宗教団史にかかわったのであるが、そこには理論への欲望を満たしてくれるものが少なかった。それでも蓮如や一向一揆と思想史的に向き合うことを心掛けた。一向一揆の末裔意識が根底となって権力・国家と宗教という課題が横たわっていた。

議論の場を求めて、近世思想史研究会へ顔を出した。一九九〇年の岡山閑谷学校でのサマーセミナで、板敷の床に正座して『論語』を唱和させられたのが印象深い。異世界との出会いであった。『徳川イデオロギー』を翻訳中の黒住真さんからヘルマン・オームスという存在を教えられ、大谷大学大学院の特別セミナーに招聘した。子安宣邦教授をリーダーとする大阪大学・立命館大学の若手研究者や院生諸氏と出会い、桂島宣弘・樋口浩造・宇野田尚哉さんなどの論客との応答で、議論への渇望を満たすことができたが、同時に勉強不足、理解力不十分を思いしらされた。思想史を志しながら、何をどのようにということを明確にし切れていなかったところに、この一連の出会いが大きかった。

こうして思想史への歩みを始めたが、折からの言語的転回のなかでの物語の意味論から、独自に見出されたのが第一部第二～四章で扱った『松平崇宗開運録』である。科学研究費の助成を受けることができ、倉地克直・若尾政希・曽根原理さんたちと共同で調査研究に従事したのは貴重な体験であった。研究結果を報告書として提出し、さらには平野寿則さんと共編で、これまた出版助成を受けて『近世仏教治国論の史料と研究』を公刊した。そこに収録した『松平崇宗開運録』関連の論文を再構成したのが第一部第四章である。

思想史学会へ出席するようになり、前田勉・高橋文博さんなどとの交流からも随分と教えられた。第二部第一章の戦国思想史論は、同会での石毛忠さんとの機縁によるものである。石毛さんと同じく権力者神格化を論じた野村玄さんとは、これまで全く縁がなかった。今回、同じ出版社から時期的に少し遅れて本書の刊行となったので、思い切って第一部第三章で補説としてコメントを加えた。

思想史学会から日韓宗教セミナー（フォーラム）への道ができた。韓国宗教など全く無知であったにもかかわらず一九九六年にこれに参加し、天理での研究会での宿泊で、安丸良夫さんと膝を突き合わせて議論した。第一部第二章の将軍権力と宗教の論文は安丸さんの推挙によって成った稿である。また島薗進さんと帰りの電車に乗り合せて話し込んだこともあった。これらの縁によって、日韓宗教フォーラムを大谷大学で開催（二〇〇二年）し、基調講演をすることになった。これが第二部第四章の東アジア心学世界論である。さらには長崎大学での思想史学会大会のシンポジウム（二〇〇七年）での講演の依頼を受けて、第二部第三章の排耶論と宗教編成論が生まれた。

思えば、実に多彩な研究者の恩恵を受けてきた。この他に多くの方々にお世話になった。第一部第一章の近世国家の宗教性論は日本史研究会編集部からの依頼であった。あまり宗教史に関心を示さない同会であったから、近世宗教史関係の事柄に関しては何度か仕事を引き受けたその結果であろうか。この論文と第一部第二章での綱吉政権への見通しを実証すべく取り組んだのが第一部第三章の綱吉政権論である。それには尾藤正英さんから朝日ブックレットへ執筆を依頼された（一九九八年）という契機があって、講義で元禄文化と綱吉政権をとりあげたことがベースになっている。論文化は退職後に持ちこされたが、綱吉政権と仏教のかかわりを具体的に解明した結果、先の見通しの誤りが明らかとなり、本書ではその訂正が大きな課題となった。

第一部第一章の近世国家宗教性論の最後に真宗をとりあげた。近世真宗は特異な存在として無視されてきたが、この機会に近世宗教史での位置を明らかにしたかったことによる。その前提となったのが第一部第五章の権力と真宗の関係論である。このテーマで、旧加賀藩領の北陸地域で、何度か講演したことがベースになり、長年の学友である平田厚志さんから講演の機会を得たことによっている。

なお、この他に収録を見送った関連論文がある。時期遅れや内容的に重複することによる。記して参考に供する。

「幕藩体制と仏教——近世思想史における仏教思想史の位置づけの試み——」(『仏教史学研究』第一七巻第一号、一九七四年→『展望日本歴史16近世の思想・文化』、東京堂、二〇〇二年)

「仏教思想が近世に生み出したもの——煩悩即菩提と王権神授説——」(『日本仏教の射程』、人文書院、二〇〇三年)

「東アジア世界と日本近世の仏教」(同右)

ところで、校正しながら、史料にせよ論文にせよ、引用に誤りが多いことに愕然とした。どうしてこうも誤記があるのかと考えれば、執筆中は論理構築が最大の関心事であり、引用文への目配りが後になってしまったことによっているると思い当たる。この史料によって、あるいはこの論文で、こういうことがいえると気付くや、そこから走り出して論理構築に向かう。多くの研究者の方々に不快な思いを与えてきたのかもしれない。お詫びせねばならず、今回、最大限の訂正に努めた。

引用文の誤りは訂正でお許しいただくとして、問題は評価や結論、見通しなどの誤りが問題である。綱吉政権論にそれが典型的に現れた。第一部第二章で立てた見通しが甘く、それが第一部第一章に引き継がれている。第一部第四章でこれを訂正したが、元の論文をどうするのかに悩んだ。現時点での見解に従って訂正すれば、初出論文との間に齟齬を来たす。無断で改訂してしまうわけにはいかない。再録は元のままが原則だろう。苦慮の結果、本文中に＊印を付して訂正文を挿入する方法を採用した。あまりこのような論文集に御目にかかったことがない異例のものとなった。永い研究生活を通じて右往左往の試行錯誤を経てきたその軌跡が、この結果であると認識頂き、ご了解を頂くことしかない。しかしながら、とまた言い訳が頭に浮かんでくる。そもそも拙論は「論」である。思想的歴史事象をいかに認識し意味化するかという作業が論文だから、いきおい論理を振り回すことになる。そして論理は決して固定されることなく、発展ないしは変化する。かくして誤りが発生した。

既発表論文の採録であるから、校正は楽に済ませるとおもったが、事実は大違いであった。出版社には随分とご迷惑をかけてしまったようである。お世話頂いた思文閣出版の原宏一さん、綿密に面倒な校正をしていただいた担当者に心から御礼を申しあげたい。

二〇一五年三月三日

大桑　斉

# 索　　引

［注：各章本文を対象とし、前書・後書・注・表などは除く］

## Ⅰ　研究者

注にのみ見える研究者も採録した。

### ア　行



### カ　行



### サ　行



### タ　行

## Ⅱ　人　　物

姓を付して立項、別名･院号、僧侶の寺院名も必要に応じて(　)内に付記した。

### ア　行



### カ　行



### サ　行

## タ　行



## ナ　行



## ハ　行

## Ⅲ 文　　献

### ア 行



### カ 行



### サ 行

マ　行



ヤ　行



ラ　行



## Ⅳ　名辞・用語・術語

類似語や類似表現も採録した。

ア　行

## サ 行

## タ　行

## ナ　行



## ハ　行

## マ　行

## ヤ　行



## ラ　行



## ワ　行

◎著者略歴◎

大桑　斉（おおくわ　ひとし）

1937年，石川県生まれ．金沢大学法文学部卒業．大谷大学大学院文学研究科博士課程満期退学．博士（文学）．大谷大学教授を経て，現在，大谷大学名誉教授．
専攻—日本近世宗教思想史
主著—『日本近世の思想と仏教』『戦国期宗教思想史と蓮如』（以上，法藏館）『寺檀の思想』（教育社）『羅山・貞徳『儒仏問答』——註解と研究』（共編，ぺりかん社）『民衆仏教思想史論』（ぺりかん社）

近世《きんせい》の王権《おうけん》と仏教《ぶっきょう》

2015（平成27）年７月１日発行

定価：本体6,500円（税別）

著　者　大桑　斉
発行者　田中　大
発行所　株式会社　思文閣出版
〒605-0089 京都市東山区元町355
電話 075-751-1781（代表）

印　刷
製　本　株式会社 図書印刷 同朋舎


ISBN978-4-7842-1811-0　C3021